日本国を建てるもの

信仰・教育・公共性

梅津順一

新教出版社

目次

I　明治日本とキリスト教

第4章　日本国を建てるもの
――「内村鑑三不敬事件」再考

Ⅱ 日米のキリスト教大学

第6章　日本のキリスト教大学……195

――過去と現在

Ⅲ　信仰なき市民社会への挑戦

第10章　神学なき社会科学、信仰なき市民社会 …… 324

――近代日本への一視点

装丁・桂川　潤

I　明治日本とキリスト教

第1章　マクレイ博士の中国伝道
――日本上陸以前

一　はじめに

今回の公開講座は、青山学院創設期の宣教師とその働きを積極的に支えた人物を取り上げております。青山学院がアメリカのメソジスト監督教会の宣教師が建てた三つの学校を源流としていることは皆様ご存じの通りで、学校が始まった順序からすれば、ドーラ・スクーンメーカーの女子小学校、ジュリアス・ソーパーの耕教学舎、それにロバート・マクレイの美會神学校です。ただし、当時のメソジスト教会の日本伝道において果たされた役割という点では、今回取り上げるマクレイ博士がもっとも重要な位置におりました。まず、年齢からいっても、マクレイ博士は一八二五年生まれであるのに対して、スクーンメーカーが一八五四年生まれ、ソーパーが一八四五年生まれ、それに青山学院を含む、アジアのメソジスト系学校に多大の援助を行ったガウチャーも一八四五年生まれですから、マクレイ博士がおよそ二〇歳年長ということになります。

したがって、日本に来られる前のキャリアという点でも、マクレイ博士はすでにアジア伝道のベテランというべき立場にありました。スクーンメーカーとソーパー宣教師は海外伝道の最初の任地として日本に来られたのですが、マクレイ博士は日本上陸以前に中国の福建省の省都、福州で二〇年以上伝道の経験がありました。しかも、それだけでなく、マクレイ博士はたまたま香港で、ペリー提督率いる黒船の二隻の軍艦の乗組員と接触があり、日本の開国を知っておりました。そこでマクレイ博士は、日本伝道の必要をいち早くアメリカのメソジスト教会に訴えていたわけで、それがようやく実現したのが一八七三年ですが、このときマクレイ博士は日本伝道の責任者として日本に上陸する任務を与えられました。従いまして、マクレイ博士はメソジスト監督教会の日本伝道の父とも呼ぶべき存在であったのです。

マクレイ博士は日本では、福音伝道とともに美會神学校の設立に取り組み、ソーパー宣教師が手がけた耕教学舎と美會神学校が合同してできた東京英和学校の総理となりました。青山学院は東京英和学校が改名してできたものですから、東京英和学校総理のマクレイ博士を青山学院初代院長として位置付けているわけです。マクレイ総理、院長は、教会指導者であり、大学教育者、それにアメリカの伝道団体から託された資金を管理する役割を担っていたわけです。このマクレイ総理の役割は、現在の青山学院でいえば、宗教活動の責任者である宗教部長で、教育の責任者としての大学長、かつ学院の財政的な経営を担う理事長の役割を兼務していたことになります。

では、現在の院長の役割はどうか。現在の青山学院には経営を担う理事長がいて、他方で、大学長をはじめ、高等部、中等部、初等部には校長の役割を果たしておられる方々がおります。ただし、幼稚園だけは、伝統的に院長が幼稚園長を兼務することになっております。ですから、幼稚園を除いて、青山学院院長は教育の現場を持っているわけではありません。とすると、現代の院長はどのような役割を果たすのか。マクレイ博士の話から、院長としての自分の話になってしまいましたが、院長は幼稚園を除いて、教育の現場は持たないわけですが、逆に言うと、間接的な形で、青山学院の教育全体を俯瞰している。青山学院の建学の精神からして、それぞれの学校が適切な方向に向かっているのか、各学校の協力関係は上手くいっているのか、そのような課題をチェックし、後方から支援する役割を担っています。

マクレイ宣教師の話が、院長の就任あいさつのようになってしまいましたが、マクレイ博士については、これまでまとまった研究が見られません。わずかに一九五九年に『マクレイ博士伝』という六五ページの小冊子が刊行されております。あるいは、アメリカのメソジスト関係の大学に行けば、マクレイ博士の伝道報告書や手紙の類が見つかるかも知れませんが、今回の講座にはとても間に合いません。そのこともあって、この夏に思い切ってマクレイ先生の最初の伝道地福州に調査に行ってまいりました。東京神学大学の朴憲郁教授をはじめ、アジアの教会に詳しい何人かの方に教えていただき、マクレイ博士たちが中国で最初に建てた天安堂教会が今日も存立していることを知り、現地を訪れて中国伝道の足跡をたどってみたいと考えたのです。

本日のお話はそのお土産といいますか、現地で思わぬ出会いから生じた貴重な情報、現地の様子などをご紹介しながら進めていきたいと存じます。マクレイ博士の日本伝道の前史になりますが、その後の日本の伝道との比較から興味深いものがあります。

二　マクレイ博士とメソジスト監督教会

１　マクレイ博士の出自

ただし、メソジスト教会（正式にはメソジスト監督教会）の中国伝道について話すには、そもそもメソジスト教会の特徴について、お話しておかなければなりません。さきほど、マクレイ博士は、一八二五年生まれと申しましたが、出身地はペンシルヴェニア州のコンコードという町です。マクレイ（Maclay）はスコッチ・アイリッシュの家系でありました。スコッチ・アイリッシュといいますのは、スコットランド系のアイルランド人で、スコットランドから現在の北アイルランドに移住した人々を指します。アイルランドはカトリックの影響が強いところで、アイルランド系のアメリカ移民はおおむねカトリックですが、スコッチ・アイリッシュはスコットランドの長老派に属する人々です。

アメリカはプロテスタンティズムが主流の国ですが、細かく見ていきますと地域的にさまざまな違いがあります。初期アメリカの歴史でいいますと、ピルグリム・ファーザーズやマサチューセッツ湾植民地への宗教的移民が有名ですが、彼らは一七世紀前半にピューリタンと呼ばれた人々です。ニューイングランドはそのピューリタニズムが主流の社会で、教派的には会衆派で、組合派とも言われます。日本では新島襄が教育を受けた土地で、伝道者新島を支援したのがこの会衆派の人々でした。

これに対して、植民地期のアメリカで、宗教的な自由を徹底させてあらゆる教派の人々を受け入れたのがペンシルヴェニアです。ペンシルヴェニアはその言葉の意味からすれば「ペンの森」で、クエーカーの指導者ウィリアム・ペンが開拓した地域です。クエーカーは、一人一人のこころにやどる聖霊の働きを重視したことから、個々人の宗教的な判断を尊重することを徹底させて、あらゆる宗教的な見解に寛容だったのです。ですから、一八世紀当時の生活を今日まで保持して注目されるアーミッシュの人たちもペンシルヴェニアに入植しました。一八世紀にスコッチ・アイリッシュがアメリカ移民を考えたときにも、このペンシルヴェニアが有力な候補となりました。地形的にもペンシルヴェニアは平地が多く、内陸に進出して農地を開拓するには絶好の地であったのです。

長老派であったマクレイ家がどのような経緯でメソジストに変わったのかは明らかではありません。メソジズムが一八世紀イギリスの宗教指導者ジョン・ウェスレーに始まることは皆様ご存じの通りです。ウェスレーは英国国教会の聖職者で、国教会の内部からの改革者でありました。ウェスレーが指導したメソジスト伝道は、既存の教会から離れた、既存の教会の手の届かないところにいた人々に向けられました。イギリス経済が発展し産業革命を迎えつつあった時期に、都市の貧民や炭鉱町に、教会とは無縁の人々が大勢生まれました。そのような人々への伝道をウェスレーは重視したのでした。メソジスト教会はアメリカの独立後、本国の教会から分離する形で成立しました。ですから、メソジスト監督教会はアメリカ大陸で最初にできたのです。

2　メソジスト監督教会の伝道

このように独立後に発足したメソジスト教会は、最初はごく少人数のグループでした。アメリカ独立時点での教会員数は、ニューイングランドを地盤とする会衆派が六六万人、中部に多い長老派が五八万人、英国国教会が五〇万弱、クエーカーが三〇万あまり、これに対してメソジストの数は、六万人程度といわれています。それが一九世紀前半にメソジストは急速に拡大し、アメリカ合衆国最大の教派に成長しました。ある調査によりますと、一九世紀半ばの最大の教派がメソジストで三四・二パーセント、次いでバプテスト二〇・五パーセント、カトリックが一三・九パーセント、長老派が一一・六パーセント、これに対して、独立時に最大であった会衆派は四・〇パーセント、英国教会は三・五パーセントに留まっています。ついでに申しますと、一九世紀後半からメソジストよりもバプテスト派が成長して、最大の教派となっていくのですが、一九世紀前半は、メソジスト教会の成長が著しかったのです。

アメリカのメソジストの指導者にフランシス・アズベリー（一七四五―一八一六）という人物

がおります。彼はイギリスのスタフォードシャーの出身で、ジョン・ウェスレーによって地域の信徒説教者として取り立てられ、その後アメリカに派遣されて、一七八四年にはアメリカのメソジストの二人の監督の一人に任命されました。彼はジョン・ウェスレーと同じくあらゆる場所で説教したといわれています。人々が集まる街角で、市庁舎の前で、あるいは野原で、人々が集まりそうなどんな場所でも説教しました。彼は伝道のために旅をしました。毎日毎日旅をし、行き着く先で毎日説教しました。彼は教会から離れた人々に向かって説教しました。とくにまだ教会のない西部開拓地に向けて伝道しました。その伝道の旅は年間六〇〇〇マイル、ほぼ一万キロにも及んだといわれています。

このアズベリー説教者の姿がメソジストの伝道者のモデルとなりました。メソジストの伝道者は「サーキット・ライダー」(circuit rider)、「巡回区の騎手」とでも訳せるのでしょうか、そう呼ばれました。馬の背に乗って、自分が担当する広い地域を、毎日毎日旅したからです。旅先では土地ごとに、クラスすなわち組会を組織しました。組会は一二人ほどが一単位の信者の交わりですが、そこには信徒の指導者がいて、毎週の集会をもっていました。「巡回区の騎手」は各地の組会を回って説教をし、祈り、組会の指導者を指導し、信徒に必要な配慮を行ったのです。伝道者はまた信仰の指導書や小冊子を配ることもありました。ある巡回伝道者はそうした広大な地域に、多いときには四〇〇もの集まりを抱えて指導しました。四〇〇であれば、一年に毎日訪問しても全体をカバーすることができなかったわけで、彼らがどれだけのエネルギーを注いだかが想像されます。

世界の各地から定着した開拓民にとって、メソジストの信徒の交わりは、社会生活の基本となりました。開拓地には古くからの近隣団体があったわけではなく、近くにいる人といえば、民族も文化も習慣も言葉も違う人々で、親戚も頼れない、地方の政府も頼れない中で、信仰を共にする者たちが、共に礼拝し、祈り、悩みを語り合い、支え合って生きていきました。メソジストは厳格な生活指導をも行いました。禁酒はもちろんのこと、主の日の礼拝をまもり、週日は勤勉に職業に従事して、消費生活も浪費に走らず堅実に過ごす。開拓地は安定した生活の基盤があったわけではなく、ちょっと気を緩めたら没落する危険が絶えずあったわけで、厳格な信仰は彼らの生活の支えでもあったのです。

マクレイ宣教師の両親が長老派からメソジストに改宗した時期は、メソジスト教会がある程度安定して、地域ごとに教会を建て、その教会に定住する牧師を配置できるようになった頃かと思います。最初、勢いよく開拓地をまわった「巡回区の騎手」たちで大学教育を受けている人は少なかったのですが、人々は次第に牧師に高等教育を求めるようになります。一八三〇年代ごろから、メソジスト自身が自分たちの指導者の養成のために、大学を設立するようになります。マクレイ博士が学んだのはペンシルヴェニア州カーライルにあるディッキンソン・カレッジですが、このカレッジはアメリカで一三番目に創設された由緒あるリベラルアーツ・カレッジで、マクレイが学んだ当時は一時メソジストの影響下にあったようです。

３　海外伝道

このようにメソジスト教会は、その最初から伝道運動であったわけで、福音から隔てられた人々への伝道は、絶えず課題とされていました。開拓地への伝道の一方で、都市化に伴うスラムでの伝道、特別な必要があると考えられた船員への伝道、さらにアメリカ社会のなかのマイノリティへの伝道も試みられました。先住民への伝道は、異文化社会への伝道としては海外伝道の先駆というべきものでした。メソジストの先住民伝道として、自由奴隷出身のジョン・スチュアート（一七八六—一八二三）のイリノイのワイアンドット族への伝道があり、それが刺激となって一八一九年にメソジスト監督教会に伝道協会が設立されました。この伝道協会が主導して、チェロキー族への伝道をはじめ、さまざまな部族への伝道が試みられました。

『メソジスト監督教会の伝道と伝道協会』全三巻の著者リードによりますと、メソジストの外国伝道は、合衆国に隣接した地域から始められました。アメリカに併合される以前のテキサス、ニューメキシコ、アリゾナへの伝道があり、最初の海外伝道は、アメリカから黒人を送還したアフリカのリベリアで行われました。アフリカ伝道は、リベリアからシエラレオーネへと広がり、そこからアフリカ大陸内部への伝道が模索されました。アフリカに匹敵する大陸への伝道として、南アメリカ大陸への伝道も始められ、ブラジルから始まり、スペイン語を話す地域への伝道が試みられ、とくにアルゼンチンのブエノスアイレスでの伝道は成功を収めています。

メソジスト教会の世界伝道はさらに広がり、アジアでは中国とインド、さらには日本、朝鮮への伝道が試みられる一方、旧世界つまりヨーロッパへの伝道も試みられました。すなわち、スカンジナヴィア諸国への伝道、ドイツ語圏への伝道、それにブルガリア、イタリアへの伝道もなされました。一九世紀初頭にアメリカの西部開拓地で鍛えられた伝道の精神は、一九世紀中葉からアメリカ大陸を離れて地球規模で展開されることになったわけです。日本伝道の開始は、横浜で行われた一八七三年八月八日午前八時からの会合に求められます。議長はハリス監督が務め、日本における伝道計画が話し合われ、翌日の会合で、聖餐式が執り行われたのちに、ハリス監督はマクレイを日本伝道の監督に任命しました。このマクレイ博士こそが先にも申し上げたように、すでに中国伝道を二十数年経験した熟達した宣教師であり、日本の開国と維新を知り、本国の教会に日本伝道の必要を訴えた人物に他なりません。

　もとより、一九世紀に中国への伝道を試みたプロテスタントは、メソジストだけではありませんし、メソジストが最初でもありません。清がキリスト教を禁制としていた時期に、イギリス人のモリソンが聖書の中国語訳に着手して将来の伝道の準備を行っていましたし、やはりイギリス人のウィリアム・ミルンもマラッカで華僑を相手にキリスト教の学校を開設し、また文書伝道の準備を行っていました。アヘン戦争の後に、中国は南京条約によって、香港をイギリスに割譲した他、五つの港、広州、福州、厦門《アモイ》、寧波《ニンポー》、上海を開港しました。開港地は外国貿易の拠点となるとともに、そこにキリスト教会を建設できるようになり、欧米の伝道団体は中国に上陸することが可能となりました。この辺りは、幕末日本の開国の後に、限られた開港地の外国人居留区にキリスト教会の建設が許され、伝道が始められた経緯とよく似ています。

メソジスト監督教会で中国伝道のことが最初に話題になったのは一八三五年五月にウェズリアン大学で開催された伝道会議の席上であり、そのときはアフリカの内陸伝道との関わりで、有望な伝道地はどこかという問いから中国伝道が話題となりました。ただし、そこから具体的な進展はなく、そのほぼ一〇年後の一八四四年の伝道会議の席上で、ニューヨークの教会の牧師デンプスター博士が、自費で中国に渡って伝道の可能性を探ると発言し、博士の報告を受けて中国伝道に着手することが合意されました。マクレイ宣教師が大学を卒業したのが一八四五年ですから、ちょうど中国伝道が日程に上りつつあった時期でありました。一八四七年に母校ディッキンソン大学の学長がマクレイ博士に中国伝道を勧めたといわれます。マクレイ博士もさすがに即答はできなかったようですが、祈りをもってその提案を受け入れて、中国に向かうことになります。

三　マクレイ博士と中国伝道

1　福州

メソジスト監督教会から中国に最初に派遣されたのは、ホワイト夫妻とコリンズの三人の宣教師で、一八四七年四月にボストンを出港しています。ボストン出港ということは、大西洋を渡り、インド洋に抜けて、マラッカ海峡を越えて中国に達したわけです。マクレイ博士は第二陣として、ヒコック夫妻とともに、半年遅れて、同年一〇月一三日にニューヨークを出港しています。香港到着が翌年の二月といいますから、一六六日の長い航海でした。先にご紹介した、小冊子『マクレイ博士伝』には、航海の手記の一部が引用されております。少し長いですが、当時のマクレイ博士の姿がよく写し出されておりますので、読んでみることにいたします。

出帆の日はよく晴れていた。我々は小舟でノースリヴァーに停泊していたポール・ジョーンズ号に乗船した。見送り人と別れて東洋への航海についた。香港までの一五〇日の予定の旅が始まったのだ。航海生活は私にとっては初めての経験であった。幸いにして天候もよく、健康にも恵まれ、船が優秀なため動揺も少なく、船酔いすることもなく、万事が予期したよりもよかった。私の友人たちは私の遭遇する困難、航海の危険、健康の点などを憂慮してくれたが、実際に直面すればそれほど恐れるほどのものではないということを知り、自信を持つことができた。航海中の日課はギリシア語を読み、ヘブル語を勉強し、シナ《〔ママ〕》語の意味を記憶することであった。そのほか、ロバート・ホールの説教集、トマス・アーノルドの伝記および書簡、ウップハムの信仰生活と内的生活、ノップのキリスト教神学などは非常に有益であった。しかし私が最も関心をもって読んだものは伝道問題とシナ《〔ママ〕》に関する書物であった。私は毎日、日の出前に起き、薄暗くなるまで研究に没頭した。そのおかげで真っ暗な中でも衣服を着ることができ、顔を剃ることさえもできるようになった。この航海によって私は新しい宗教経験を得た。壮大な景色に打たれて神の御業を賛美し、いろいろな経験を通して神が常に私とともにいますという確信を一層強く持つことができた。私は他人が心配するような孤独感にも襲われず、新しい世界に入ってからの仕事に対する心配といったようなこともなく、神とともにあるという確信が私を強めてくれた。ヒコック夫妻も船長も実に親切にしてくれた。私たちは船中で礼拝を守り、トラクトを配布した。聖書は私にとって唯一無二の友であった。以前にもましてその真理が新しく神のように輝いているように思われた。私が独占している船室は私が神と交わる神聖な場所であり、時には私に迫ってくる誘惑や試練を避ける隠れ家でもあった。私は独り船室に閉じこもって断食する日もあり、静かに祈りに時を過ごす日もあった。私の常の祈りは私がシナ〔ママ〕伝道に着手する前に、もしも私のうちに神の目的と意志に適さないものがあったならそれを取り除くように、私の心がいつも神に対する愛によって充たされるように、与えられた使命を十分に果たすために聖霊の助けがあるように、そして私の行くところに宣教の道が開かれるようにということであった。私のこれらの祈りのきかれる日が来た。それは一八四七年一〇月二四日のことであった。私は部屋に籠って一生懸命祈っていた。その時、私は神が私を選んでシナ〔ママ〕伝道のために任命していること、私の前途にはいつでも神が道を備え、私とともに存して絶えず導いていたもうという確信を得た。私の魂は神の光に照らされ、私の心は平和に満たされ、私の全身全霊は神によって生かされているということを感じた。私は未だかつてない歓喜を覚えた。この時以来、私は如何なる問題に遭遇しても不安を感じたことはない。（マクレイ博士伝編集委員会編『マクレイ博士伝』青山学院、一九五九年、七―九ページ）

ところで、マクレイ博士が目指した福州ですが、福建省の省都でおおよそ台湾の対岸にあたります。中国の地図と開港地をご覧いただくとわかるように、アヘン戦争の後、割譲された香港の他、上海、寧波、福州、厦門、広州の五つの都市でプロテスタント伝道が開始されました。アメリカの伝道団体ごとの伝道地を挙げてみますと、アメリカン・ボードは、広州、福州、上海に進出しました。このアメリカン・ボードというのは、American Board of Commissioners for Foreign Missionという組織で、一時、ほかの教派と協力した時期もありますが、主として会衆派の伝道団体と考えてよいでしょう。それから長老派は寧波、広州、上海、北部バプテストは香港、寧波、南部バプテストは上海、広州に向かいました。さらに南部メソジストは上海を拠点とし、オランダ改革派は厦門に向かっています。こうしてみますと、上海を重視したところが多く、次に広州と続いています。香港ではイギリス系の伝道団体が活躍しています。メソジスト監督教会が福州を選んだのは、ほかの教派の伝道活動が手薄であったからです。

その福州ですが、閩江《びんこう》を遡って五〇キロくらいにある都市で、周りを山に囲まれた盆地です。閩江の北には、城壁に囲まれた旧市街が広がっていました。当時の人口、約六〇万人。その半分が城内にあり、半分が城外にあったといわれています。福建省の省都ですので、いわば政治の中心地で、官庁舎があるとともに、軍事的な拠点もあり、他面で文化都市、商業活動の中心地でもありました。官庁舎としては、総督府、軍舎、官舎、財務部門、裁判所、米と塩の管理事務所があり、寺院や儒学の宗教的な施設、学寮などの教育施設もありました。

これに対して、南部の郊外が商業地区で、とくに閩江の対岸が船着き場になって貿易が行われていました。大小の交易船が往来し、また船上生活者も見られたといいます。福州の取引商品としては、お茶、木材、米、塩、砂糖、木炭、紙、海藻、樟脳などで、とくに福建省内陸の武夷山周辺は鉄観音の産地で有名でした。ここは外国貿易の重要な港であって、その商業地区がまた外国人居留区となり、すぐに述べますように教会堂も建てられました。

２　教会建設と受洗者

中国で五つの開港地が設定されて、そこで外国貿易が盛んに行われ、外国人居留地ができ、キリスト教の伝道も進められるようになる、こうした経緯は日本の場合とよく似ています。たとえば、開港地横浜に外国人居留地ができて、貿易が行われ、キリスト教の教会堂も建てられるようになる。日本ではキリスト教が公認されるのは明治維新以後のことですが、宣教師がやってきて医療活動を行ったり、英語を教えたりして、事実上キリスト教の伝道も行われるようになりました。ご承知のように、日本メソジスト教会の初代監督である本多庸一先生も英学塾で学びながら聖書の世界に接して信仰を求めるようになったのです。ただ、中国の場合と日本の場合では、大きな違いもありました。

第一に、中国伝道は日本よりも二〇年以上早く、メソジスト監督教会の側の準備も十分ではなかったことがあげられます。先ほどのマクレイ博士の航海日誌にありますように、まず、言葉を学ぶことから始めなければなりませんでした。しかも、福州は福建語という北京から見ればかなり独特の方言の世界でした。さらに、中国の風俗習慣についての知識も乏しく、気候もアメリカのペンシルヴェニアとは似ても似つかぬ高温多湿の世界でしたので、病気になる宣教師も少なくなかったのです。マクレイ博士たちは、中国の生活に慣れることから始めて、言葉を身につけ、少しずつ伝道に取りかかっていきました。

日本伝道との違いの第二点目は、日本の場合は比較的短時間に信徒が現れたのに対して、福州では最初の信者が現れるまで一〇年近い歳月を要したことです。もっとも日本の場合も、最初の医療宣教師へボンが横浜にやってきたのが一八五九年で、最初の信者が誕生したのが六四年とも言われますが、この場合はキリスト教の伝道が禁止されていた時代であることを勘案しなければなりません。維新後でいいますと、たとえば本多庸一の学んだバラ塾では、数年のうちに、まとまった数の受洗者がでています。一説によりますと、福州では当初は、中国人の家屋を借りて集会をもっていたのですが、中国人に伝道の覚悟を示すには、教会堂の建築が必要であったようです。つまり、外国人の伝道者が本当に福州に根差して定着するかがあいまいな状態では不十分であった。教会堂を建ててキリスト教が確固とした足場を築くことによって、信徒も誕生したというわけです。立派な教会堂の建設は、中国人にキリスト教が永続することを確信させるものであったのです。

一八五六年に二つの教会堂が立ちました。ひとつは一八五六年八月三日に献堂された「真神堂」で、この献堂式には、メソジスト以外の教会関係者、すなわちアメリカン・ボード、英国教会関係者、それに福州在住の外国の貿易商人も出席した記録があります。もうひとつの教会堂は、一八五六年一〇月一八日に献堂された「天安堂」で、外国人の居留地域に建てられ、外国人用の英語礼拝所と現地の人々のための中国語礼拝所の二つがあったとされています。「真神堂」と「天安堂」のうち、「天安堂」は現在も存続していますが、建物自体は三代目で、これまで一八九七年と一九九六年に建て替えられています。

今回、中国伝道を経て日本に上陸されたマクレイ先生に敬意を表す意味もこめて、福州に調査に行ってまいりました。福州では英語もあまり通じないと聞いておりましたので、ガイドをお願いし、飛び込みで「天安堂」を訪問したのですが、たまたま主任牧師の陳先生がいらして、訪問を喜んでいただき、丁寧に案内してくださいました。この教会は会員数千名を超えていて、毎週日曜の礼拝者が四〇〇人は集う教会です。牧師二人体制で、陳先生の他に女性牧師がいたのも大きな発見でした。

一八五七年七月一四日に最初の洗礼式が行われましたが、最初の中国人受洗者は、四七歳のティン・アン（Ting Ang, 陳永高）という人物でした。彼は、真神堂で説教を聞き、キリスト教に関心をもつようになり、信仰書を読み始め、教会が経営していた子どもの学校に来るようになり、ついで天安堂での礼拝に来るようになりました。さらに、週日に行われる「質問会」に出るようになり、キリスト教の基本文書である十戒と使徒信条を暗記するまでになりました。教会に初めて来たころは文字が読めなかったのですが、文字を覚え、キリスト教教理を覚え、それに従って生きることを決意するにいたります。

宣教師たちはそれを見て、彼の家庭を訪問し、その家に信仰書があることに気が付き、彼の求道が真剣であることを知ります。また、彼の家には、中国の家によくある偶像が見られないことも確認しました。彼は個人的な祈りを大切にし、家族の祈りも始めていました。宣教師たちは、家族も彼の信仰を理解していることを知り、マタイ伝五章、すなわちイエスの山上の説教のところを読み、この家族のために祈りました。さらに、彼が続けて教会に来て真剣に生活していることを知り、その信仰と生活とを慎重に審査し彼の信仰が本物であることを確認して、洗礼を授けることを決定しました。その後、翌年（一八五八年）の一〇月一八日、陳さんの妻と子どものうち二名も受洗を許されています。

この陳さんが最初の受洗者ですが、少しずつ受洗者が増えていって、一八五八年には一三人の大人、三人の幼児が洗礼を授けられました。そこで、同じ年に中国人の組会が組織されています。先にも少し触れましたが、組会というのは、メソジストの伝道者がアメリカの西部を回ったときに、教会よりさきに作った小さな信者のグループを意味します。一二人くらいのグループで、そこでは神に結ばれた兄弟姉妹の関係をもちます。ともに聖書を学び、共に祈り、共に礼拝し、助け合って生活しました。メソジスト教会は、教会の基本単位としてこの組会を重視し、まず組会を作ってそれが集まって教会ができることを願ったのです。ただ、福州での伝道の場合には、その前に教会堂の建設があり、信者が生まれ、組会もできるようになったというわけです。

3　中国人受洗者の特徴

その後、中国人受洗者は少しずつ増えて、その翌年一八五九年には、大人三八人、幼児九人の受洗者がありました。では、中国で受洗したのはどのような人々だったのでしょうか。マクレイ博士の伝道報告書（Robert S. Maclay, *Life Among the Chinese: With Characteristic Sketches and Incidents of Missionary Operations and Prospects in China*, New York, 1861）には、キリスト教会堂には、種々雑多な人々が集まったと記されています。最初の受洗者陳さんは、福州周辺の農民だったようですが、鍛冶屋、商人、菓子作り、労務者といった人々が集いました。一口に言えば、中国社会の庶民というべき人々でした。逆に言えば、中国社会の支配層やエリートたちではありませんでした。マクレイ博士は具体的に説明しています。

たとえば、H・P・ミー（Mi）さんは三一歳。普通の教育水準で、職業は下級の兵士。謙遜で熱心で勇気があり、聖書の学びに熱意をもつ。N・T・ハイ（Hai）さんは三七歳。書記をしているからそれなりの教育水準にあり公共の場で話す能力を持つ。宣教師の公的な説教の助けとなる。W・C・クォン（Kuong）さんは五〇歳。普通の日雇い労働者だが、漢字を読む能力があり、信仰書にも積極的に取り組んだ。H・N・スー（Sue）さんは五七歳。政府の下級の仕事をしていて、普通の教育を受けている。このように、普通の庶民が受洗していますが、例外もあり、三五歳のW・T・ハン（Hung）さんは、文人階級出身でした。文人とは、中国の正統的な儒教的教養を身に付けた人物でした。したがって彼はプライドもあり、キリスト教の真理を受け入れるのに時間がかかったとも記されています。

日本の最初のクリスチャンのグループは、横浜バンドや、札幌バンド、熊本バンドと称されていますが、日本の場合はみな知的エリートでありました。日本の受洗者たちは、西洋文明を学ぶ動機で、当時ごく少数の者しか通えない西洋式の学校に通いました。彼らは横浜の英学塾、札幌農学校、熊本洋学校に通ったのですが、文明の学問を学ぶには西洋のキリスト教を学ばなければならないと考えてキリスト教を受け入れました。したがって、日本の初代のクリスチャンはみな頭脳聡明の若者でした。若い感受性豊かな時期に、キリスト教を受け入れています。これに対して中国人受洗者は壮年が多いのです。マクレイ博士の紹介する五人の事例でいえば、三〇代が三人、五〇代が二人ですから、自分の人生観が一通りできたのちに、キリスト教を受け入れたといえるでしょう。

それとも関係して、受洗に至る期間は中国人の方が長いことが注目されます。書記であったN・T・ハイさんは、三～四年ほど宣教団体と関係したのちに受洗していますし、政府の下級役人であったH・N・スーさんは、九年間宣教師の説教に通ってから受洗、先ほどの文人階級出身のW・T・ハンさんは、一一年間中国語の教師として宣教団体と関わった後に信者となったのでした。これに対して、日本人信者は若い日の感激の経験の中で信者になったともいえます。本多庸一の回心のきっかけとなったのはジェームス・バラの説教であったのですが、当時、バラ先生は日本に来て間もなく、日本語が流暢ではありませんでした。はっきり言って、本多先生もその語っている意味がよくわからなかった。しかし、バラ先生は涙を流して、学生と日本国の将来のために祈った。本多先生はいわばバラ先生の信仰の意気に感じて洗礼を受けたのです。熊本洋学校のジェーンズ先生もよく涙を流して祈ったそうですが、若者が感激して比較的短期間で受洗したというのが日本の場合でした。

それとも関係して、中国人の受洗者は同時に、あるいはほどなくして家族も信者になるケースが多かったことも特徴といえるでしょう。

4　伝道の進展と学校建設

中国福州の伝道では次第に伝道の拠点が増えていき、地域的な広がりがみられるようになります。二つの教会堂、真神堂と天安堂が建てられたことは申しましたが、そこでは日曜の礼拝があり、組会があり、日曜学校も設けられました。このほかに、旧市街に小さな家屋を借りて伝道が始まりました。また、郊外のAto地区という人口密集地での伝道も始まりました。ここではアメリカン・ボードつまり会衆派の伝道団体が建てた小さな教会を継承する形で行われたようです。Kuaninchang 地区でも、アメリカン・ボードから継承した小さな教会堂で伝道が始まりました。おそらくアメリカン・ボードの方は、伝道地区を選択集中する必要があったと推測されます。さらに、特筆すべきこととして、To-cheng（桃園）というところに、メソジスト教会として最初に、農村伝道の拠点が設けられました。一三人による組会が組織され、個人の住宅で集会がもたれたのでした。

当時のメソジスト教会の宣教体制は、マクレイ監督と六人の宣教師で構成され、宣教師夫人は宣教師補として働くケースが多かったようです。それに中国人の補助者が六人。メソジスト教会の伝道の特徴として、これもアメリカ西部開拓の時代からそうですが、信徒に積極的に役割を与えたことがあり、その中国人の補助者たちは勧告者と呼ばれていました。宣教師たちは外国人居留区近くの宣教師館に住み、真神堂や天安堂の礼拝説教を担当するほか、組会やさまざまな集会を指導しました。この二つの教会堂以外にも、さきほど述べた旧市街、郊外の集会にも出かけました。農村部の集会には中国人指導者が出かけることが多かったのですが、二週間に一度はアメリカ人宣教師も出かけています。そうした中で、「無知と堕落した偶像崇拝者の村」は、文明化されたキリスト教的共同体に回心したこと、中国人信徒は自覚を持って、月々には貧民のために献金し、四季ごとには福音宣教のための献金がささげられるようになった、とマクレイ博士は報告しています。

こうした福州でのキリスト教の伝道活動に教育活動、すなわち学校建設が伴っていたことは日本の場合と同じです。当初は、通いの学校が設立されていますが、本格的には寄宿学校としてスタートしました。ギブソン宣教師が男子の寄宿学校の責任者でしたが、年齢でいえば、一二歳から一八歳で、一六人から二〇人の生徒を集めています。その際には、生徒の親ないし保護者との間で同意文書を交わして受け入れました。修了年限は四年から六年間。学校は生徒に、食事、衣服、書物、部屋の設備を提供し、またキリスト教的ホームを与える。他方、生徒が学校の期待する水準を達成することができなければ、退学させる。学校側の意向に反して、親や保護者が生徒を退学させるときには、それまでの食費そのほかの費用を学校に支払うというルールがあったようです。

学校では聖書だけではなく、自然科学も教えました。自然科学は思考を向上させるとともに、創造主への畏敬を育むと考えられました。有能な中国人青年に聖書の光と自然の光を与えたいと考えたのです。日本の場合と同じく、女子のための学校も設立されました。マクレイ夫人、ギブソン夫人など宣教師補の人たちが、最初はやはり少女のための日帰りの学校を設立、のちに女子の寄宿学校も設立しました。注目すべきことは、これも日本の場合と同じですが、女子の学校がアメリカの教会婦人たちに財政的に支えられたことです。女子寄宿学校を設立したのは、ウールストンという女性宣教師ですが、彼女たちはボルティモアの婦人中国伝道協会に手紙を書き、中国における女子教育の必要性を訴えて賛同を得たのでした。

現在の天安堂の近くには、もともとメソジスト教会の系譜を引く学校が存立しています。残念ながら、ある時期、教会の手を離れて公立学校になっています。現在の福州高級中学には、かつて礼拝堂として使用されていた建物があり、今は体育館として使用されていました。この福州の学校は中国では西洋式の教育をいち早く行ったところで、その卒業生のなかから、数学者とか科学者とか、中国の教科書にはかならず登場する著名な人物が輩出されました。おそらく教会関係学校からアメリカ留学の機会を与えられ、当時の一流の教育を受けることができたのではないでしょうか。明治の青山学院にもそれに相当する人物がおります。

宣教師たちは学校教育とともに出版事業にも取り組み、福建語による聖書の翻訳出版、その他信仰書の出版も手掛けました。日本でいえば教文館に相当する事業もありました。

四　むすび――中国伝道の使命

以上が、マクレイ博士が監督として参与した福州伝道の概略ですが、中国に遅れて始まった日本伝道と比較して、とてもよく似ているところと、ずいぶん違うところがあります。今日の話は、中国と日本のキリスト教の比較の材料を提供しただけで、なにか結論を示唆するものではありません。最後に、マクレイ博士たちはどのような思いを持って伝道に従事したのかを、伝道報告書から見ておきたいと思います。伝道はイエス・キリストの福音を宣べ伝えることですから、魂の救いであり、神の国への招きであり、教会の建設という純然たる宗教的なものです。しかし、マクレイ博士はそれだけでなくもっと広く、中国の国家建設をも視野に入れています。

当時は清の時代ですが、清末に中国が近代国家を建設するにあたって、キリスト教は不可欠だとマクレイ博士は確信していました。マクレイ博士は中国の伝統的な宗教、文学、文明が衰微していて、国家建設を遂行する精神的基盤が欠如していると考えました。伝統的な宗教として、儒教、孔子の教えがあるわけですが、それらは二千年前のもので、生き生きとした信仰、思想として中国の国民の間に定着していないというのです。宗教としては道教と仏教もあるにはあるが、社会形成の積極的役割を果たしうるものではない。国民精神は後ろ向きで、過去を美化するのみで中国文明には活気がなく停滞していると診断しています。

そうした中で、中国は変革期に差しかかったというのがマクレイ博士の見解です。事実、中国の知識人の多くは、中国の危機が間近に迫っていることを意識している。中国政府は弱体化して機能不全に陥っている。政府は腐敗している上に、財政危機に陥り、通貨危機にも直面している。しかも、西洋諸国の東アジア進出のなかで、中国文明は過去の中華思想で孤立していることが不可能となった。それゆえ、キリスト教は中国の国家再建のための精神的土台となりうる、というわけです。その後、中国ではキリスト教ではなくマルクス・レーニン主義、毛沢東思想が国家建設を担いました。しかし今日、共産主義では満たされないものが自覚され、キリスト教が急速に広がっているとも言われます。もちろん、将来の予測は予断を許しませんが、マクレイ博士の論点は、今日なお重要な点を突いているのです。

中国における近代化、文明化のためのキリスト教という視点とともに、とくにキリスト教が女性の地位の向上のために尽力したことも注目されます。メソジスト教会が中国の女子教育に取り組んだとき、中国の女性が受けていた驚くべき虐待に眼を向けました。男系の血統が重視される中国では、女子の誕生は喜ばれず、経済的な余裕のない貧しい家庭の女の赤ちゃんは、良心の痛みもなく、嬰児のまま水死させられたり、捨て子にされたりすることが頻発していたといいます。また、誕生の際に生きながらえても、女子は劣悪な環境で生きることになります。上流階層の女子の場合は、いわゆる纏足《てんそく》の習慣があり、足が不自然に拘束され、健全な歩行が妨げられている。女子のほとんどは読み書きができず、不本意な結婚を強いられ、最良の場合でも、無知のままに放置され、軽蔑される。女性への人権感覚はキリスト教によって目覚めさせられるというわけです。

マクレイ博士とその宣教師仲間が、このようにキリスト教信仰の社会的な意味を意識し、語っていたことは、私にとっては新鮮な発見でした。思えば、西部開拓地でのメソジスト教会の伝道が、各地に組会をつくり、組会のネットワークをつくり、教会をつくっていったことは、アメリカ西部の精神的基盤、社会的基盤づくりでありました。州によっては、メソジスト教会のカンファレンス、年会を中心とする諸教会の地域的結合が、州社会のインフラになったとも言われています。あの中国の広大な大地に立つ福州の二つの教会堂といくつかの拠点、そこから教会のネットワークをつくって中国の国民精神を覚醒させ、中国の国家形成に貢献する。マクレイ博士の福音伝道はそのような大きな夢に支えられていたわけです。

翻って、マクレイ博士の後を受けて青山学院第二代院長に就任した本多庸一先生も、ご自分の回心を近代日本の建設に重ねて理解しておりました。ご承知の方も多いと存じますが、本多先生は横浜での学びを終えて、メソジスト教会の宣教師イングとともに故郷弘前に帰り、弘前教会を献堂し、伝道する傍ら、学校すなわち東奥義塾で教育に取り組み、学術結社をつくり、雑誌を発行し、自由民権運動にも従事しました。つまり、マクレイ博士の伝道の夢を日本で実現しようとしたのでした。では、マクレイ博士から本多院長に受け継がれた、伝道と教育、社会の文明化の課題を、今日どのように受け継ぐことができるか。これが私どもの課題であります。

表面的に見れば、現代の日本は、キリスト教抜きの文明化を謳歌しております。経済水準でも、政治制度でも、科学技術でも、学校教育でも、日本は世界の先進国であることは疑うことができません。日本だけでなく、欧米世界でも文明はキリスト教から離れて進展しつつあるようにも見えます。しかし、科学の最前線にたつ研究者の間で深刻な倫理観の欠乏が見られ、経済の発展が深刻な貧富の格差を生み出し、自然破壊を招き、学校教育も人間の道具化を推進しているようにも見えます。伝道と文明とを求めた一九世紀のマクレイ博士と本多院長の夢には、なお多くを学ぶことができると思わされます。

（二〇一四年九月二七日、於・青山学院大学）

第2章　本多庸一と明治日本

一　はじめに

今日は、「公開講座」本多庸一シリーズの最終回になります。第一回は、気賀健生名誉教授が、本多庸一の信仰と生涯全般をお話しくださいまして、第二回には深町正信名誉院長が、牧師、メソジストの教会指導者としての本多庸一を取り上げました。第三回は、嶋田順好学院宗教部長が、本多庸一の信仰の特徴を考えてくださり、前回は、若手の研究者を代表して教育人間学部の佐々木竜太先生が、本多の教育思想を論じてくださいました。今回のテーマは「本多庸一と明治日本」という形で少し漠然としております。私は明治の歴史の中に本多庸一の業績を位置付けてみたいと考え、このような表題にいたしました。

第一回が総論、本多庸一の全体像としますと、第二回のテーマは、監督、教会指導者本多庸一で、第三回は、信仰者本多庸一でありまして、第四回は教育者、青山学院院長本多庸一であります。では、今回取り上げる本多庸一をどういうべきか。私は、明治時代を本多がどのように生きたかを考え、「国士《こくし》」本多庸一としてお話したいと存じます。「国士」というのは、日本国の将来を考え、日本国のために働くことを使命と考えた人物です。本多庸一は優れた牧師として尊敬を集め、メソジスト教会を整えるのに尽力し、青山学院をはじめ明治のキリスト教学校のために貢献しました。しかし、本多はそれだけではなく、教会を通し、学校を通して、新しい日本国の建設のために尽力しました。そのような意味で本多庸一は国士でありました。それも単なる国士ではなく、「クリスチャン国士」であったのです。

明治という時代は、国士を必要とした時代です。と申しますのは、明治以前の江戸時代、徳川幕府と三百の藩によって統治されてきた時代には、藩士はいたけれども、国士はいませんでした。武士たちは代々藩主に仕えてきました。武士と一口に言っても、上は家老から下は足軽まで上下の階層があり、人口の比率として武士は家族も含めて六パーセントから七パーセントに過ぎませんでした。その少数の人たちが、農民や町人たちを支配していました。武士たちは、藩主に忠誠を尽くし、藩の安泰、藩の繁栄に尽力したのですが、日本国全体のためにという意識はなかったのです。まったくなかったわけではないとしても、大部分の人は藩の外への意識は少なかったといえます。

それが開国に伴う社会的な混乱の中で、徳川家よりも高い権威を中心に日本国を再編成しようという運動が起こってきました。徳川幕府は三〇〇年近く続いてうまく機能していない。ここは天皇家を中心に抱いて、尊王思想を基盤にして徳川体制を打倒し新しい体制を作り上げようとしたのです。結局、その運動が勝利して明治維新を迎えたのですが、では実際に天皇中心の政府とはどのような政府かについては、確たる見通しはありませんでした。維新の当時、福澤諭吉はいわば幕府の外務省で翻訳や通訳の仕事をしていましたが、新政府で仕事をするようにとお呼びがあったとき断っています。その理由のひとつは、尊王思想を掲げた維新政府は、もう一方で、攘夷、すなわち開国反対を掲げ、外国勢力を打ち払えともいっていた。そんな乱暴な人たちとは一緒に仕事ができないと考えたからです。

このように維新政府が右に行くか左に行くかわからない時に、これからは西洋諸国との交際は不可避である、西洋の進んだ文物を学ばなければならないと考えた人たちがいました。二〇歳で維新を迎えた弘前藩士の本多庸一もその一人で、明治三年に藩から派遣されて横浜に向かっています。それが翌年に廃藩置県となり、本多は藩という後ろ盾を失って弘前に帰るのですが、その一年後、今度は本多家の財産を処分して資金を確保して横浜に向かいました。本多はアメリカ人宣教師から英語を学ぶのですが、そこで一歩進んでキリスト教に入信します。どうして英語を学ぶだけでなく、西洋の宗教を求めたのでしょうか。当時、キリスト教はまだ禁制でしたから、キリスト教への入信は危険でした。それに一般にキリスト教には、邪教であり、外国人が日本人を惑わす教えであるとして、根深い警戒感がありました。

それでどうしてキリスト教を受け入れたのか。今日では想像することが難しいのですが、本多庸一は自分自身の魂の救いのためだけでなく、新しい日本国家を作るため、立派な日本国を建設するためにキリスト教を受け入れたのでした。これまでの藩士という枠組みを超えて、日本国全体に貢献したい、日本国の独立を守り、日本を立派な近代国家として整備するために自分は貢献したい。日本が文明国となるにはキリスト教が必要となるし、自分自身もキリスト者となってイエス・キリストに従う、そのことで、日本国をよりよく作り上げたい。それが本多の抱負でした。ここにクリスチャン国士、本多庸一が誕生することになります。

本日は、まず本多庸一がクリスチャン国士となった経緯をお話し、その上でクリスチャン国士としての本多の活動を、明治一〇年代の弘前での地方名士としての活躍、明治二〇年代におけるキリスト教教育者としての役割、それに日清日露を背景とした国際的な場面での活動と、順を追って取り上げてみたいと存じます。また、本多の活動の特徴は、さまざまな人々との協力によって事柄を成し遂げようとしたことにあります。クリスチャン国士としての本多は何を為そうとしたのか。同時代のプロテスタント指導者たちの言動も踏まえ、明治の歩みと本多の歩みを重ねながら、クリスチャン国士本多の足跡をたどっていきたいと存じます。

二　武士からキリスト者へ

明治初年、弘前藩の若武者本多庸一は、横浜に出て宣教師に英語を学んだだけでなく、キリスト教を受け入れて、クリスチャン国士となりました。この本多と同じような精神的な経路をたどった仲間は横浜バンドと呼ばれています。今日ではバンドというと、ロック・バンドなど音楽のグループを指しますが、当時クリスチャンの間で、横浜で入信したグループが横浜バンドと呼ばれたのです。同じ時期、横浜で英語を学んだ人々は数百人はいたといいますから、その内でキリスト教を受け入れたのは少数でした。その少数の人々は、多かれ少なかれ、本多と同じようにクリスチャン国士であって、自分の救いというだけでなく、新しい日本国の建設に貢献したいという積極的な意欲をもった人々でした。

今日教会で洗礼を受けようとする人が、自分は日本国を救うために洗礼を受けたいといったら、みんなびっくりするのではないでしょうか。ではこの時代、どうしてそのような結びつきができたのか。このキリスト教信仰と国家建設の結びつきを理解するには、日本に来た宣教師たちが聖書の教師というだけでなく、文明の伝道者であったことを知る必要があります。日本の若い武士たちは宣教師から、西洋文明を知ることができたのです。たとえば、幕末の時点で開港地横浜に最初に来たヘボン博士（James C. Hepburn 一八一五―一九一一）は、医師でありました。ヘボンは日本に来る前はニューヨークで医療活動に携わり、病院経営でも成功した人物でした。社会の名声を得、経済的にも豊かになったヘボンは、若い日に抱いた世界伝道の心が抑えがたく、ニューヨークの病院や土地住居一切を処分して、日本にやってきたのです。ヘボンが横浜にやってきたのが日米通商条約の一年後の一八五九年で、当然日本人への伝道は禁止されていました。そのなかでヘボンは無料で医療を始めました。しかし漁師に施した目の病気の治療が劇的な効果をもたらしたことから、幕府の役人から怪しまれて、それも一時禁止されます。それが外国人居留地の整備とともに、医療活動も再開され、英学塾も開くことができるようになりました。ヘボンの医療伝道は、キリスト教が文明の宗教であることを示すものでした。

日本に来た宣教師の側にも、キリスト教だけでなく文明の知識を日本人に伝え、日本の国づくりに貢献したいという積極的な意欲がありました。明治の初年に日本国家に貢献した宣教師にフルベッキ（G. H. F. Verbeck 一八三〇―一八九八）という方がおります。ヘボン来日の翌年に長崎に上陸した宣教師フルベッキは、ごく少数の人物に英語を教えることから活動を開始し、幕府が長崎に設立した語学校で英語を教え、また同時に、佐賀藩の設立した学校でも教えています。この学校でフルベッキは、英語だけでなく、アメリカ憲法をはじめ、政治や経済学、さらに国際法も教えています。フルベッキの門下生の大隈重信は、イギリスの外交官パークスと堂々と交渉したことから出世の足がかりを得たのですが、大隈の活躍はその先生であるフルベッキのおかげでもありました。そのような関係で、フルベッキは明治の初年に新政府に依頼されて東京大学の草創期に教頭として関わり、さらに明治政府の元老院の顧問として法整備などに協力し、また日本人留学生の世話などもしています。岩倉使節団の構想もフルベッキによるものでした。

フルベッキは後に日本政府の役職を辞して宣教師に戻り、伝道活動に尽力していますが、幕末にあって一宣教師が文明の学を教えて、明治新政府に貢献した例として興味深いものです。本多庸一に洗礼を授けたジェームス・バラ（James Ballagh 一八三二―一九二〇）も、神奈川奉行所が設立した語学校で英語を教えていますが、維新後は聖書を用いた英学塾を設立し、このバラに学んだ人々によって、最初の日本人のプロテスタント教会が設立されました。バラは伝道一筋の人で、地方伝道にも積極的に従事し、亡くなるまで六〇年近くを日本で過ごしています。彼は「熱誠の人」で、接する者に良い感化を与え、伝道を成功に導いたといわれています。本多も、バラ宣教師の熱誠に打たれて洗礼を受けています。当時バラ先生は日本語がまだ十分ではなく、本多は先生の話す聖書の話はよくわからなかった。ただし、その燃えるような祈りに心を打たれたといいます。バラが涙をもって、学生たちのため、日本国のために祈ったことは深く心に響いたのでした。

涙をもって祈る、これはほぼ同じ時期に熊本洋学校で教えたジェーンズ（Leroy L. Janes 一八三七―一九〇九）の姿でもありました。ジェーンズは宣教師ではなく南北戦争の退役軍人ですが、日曜には有志の学生を集めて聖書の学びを行いました。その最後にジェーンズは涙を流しながら生徒のため、日本国の将来のために神に祈ったのでした。アメリカから日本に来た宣教師の眼に日本の将来はどう映ったのか。当時アジアの国々の間で、独立を保っていた国は少なかった。日本国がこれから独立を保ち、順調に国づくりができるかどうかは決して自明ではなかったのです。アジア伝道の経験からさまざまな困難を知っていた宣教師から見れば、日本の将来は決して万全ではない、むしろ危うい。その中で、宣教師たちがキリスト教を伝え、文明を教え、涙をもって日本人の学生のため、日本国のために祈る姿がある、これには本多をはじめ横浜バンドの人々、さらに熊本から同志社に進んだ熊本バンドの人々も深く心打たれたのです。

文明の言葉を学び、文明の教えに接し、文明の宗教を受け入れて、日本国を文明国に作り上げたい――本多庸一をはじめ、横浜バンドの人々、日本初代のプロテスタントたちは、このようにキリスト教信仰と日本国への献身とを結びつけたのでした。横浜バンドの人たちには、明治維新において幕府打倒の薩長側ではなく、幕府側についた藩の出身者が多かったと指摘されています。一時奥羽列藩同盟に参与した弘前藩の本多もそうですし、後に日本基督教会の指導者となった植村正久（一八五八―一九二五）はれっきとした幕府一五〇〇石の旗本の家柄であり、また明治学院の院長となった井深梶之助（一八五四―一九四〇）は会津藩家老の出身です。また、東北学院の指導者となった押川方義（一八五〇―一九二八）は、一時長州藩と闘った伊予松山藩の出身です。これに対して、フルベッキの下で学んだ佐賀藩からは、まとまった形でクリスチャンは生まれていません。彼らは新政府の下でさまざまな活躍の機会に恵まれていました。

福澤諭吉は廃藩置県後に旧藩士たちをおそった精神的な危機を「モラル・タイの喪失」と呼んでいます。武士たちは、藩主への忠誠と藩の繁栄のために尽力しようとしてきたわけですが、藩がなくなって忠誠の対象を失い、職務を失ったことになります。「モラル・タイ」、つまり道徳の絆、伝統的な人間関係の絆が切れてしまったのです。藩主と家臣の関係もなくなり、家臣同士の上下秩序もなくなる。では、どうこれから生きていけばよいのか。とりわけ若い武士たちは、精神的に路頭に迷うことになった。維新政府の近くにいた者たちは、新しい政府で立身出世の見込みがあり迷うことはなかった。しかし、維新の敗者たち、維新政府から遠くにいた者たちには、それがなかった。本多庸一をはじめ、横浜バンドのクリスチャン国士たちは、藩主への忠誠をキリストへの忠誠に代えて、キリストに従う、すなわちキリストの神の国の国士となりつつ、日本国の国士として生きる道を選んだのでした。

三　自由民権とキリスト教

では、クリスチャン国士となった本多庸一は、具体的に何をしようとしたのでしょうか。横浜バンドの仲間、植村正久や井深梶之助はそのまま横浜に残り、神学の勉強を続けたのですが、本多庸一は故郷の弘前に呼び戻され、地域社会で活躍することになります。興味深いのはこの弘前時代に、本多庸一の活動のすべての側面が見られることです。本多は藩校の後身である東奥義塾の塾頭、事実上校長の役割を果たしました。弘前に帰るとき、本多は英語教師として宣教師イング（John Ing 一八四〇―一九二〇）を伴っており、イングは東奥義塾で教えるとともに、教会形成に取り組むことになります。本多はイングとともに弘前で熱心に伝道し、教会を設立します。教育者とともに教会指導者として活躍したのです。さらに、本多は仲間とともに「共同会」という政治結社を設立し、折からの全国の自由民権運動に呼応して、国会の開設のための運動に邁進しました。この地方政治家としての本多の活動が、狭い意味で本多庸一の国士としての性格を示していますが、教育者、牧師の役割も含めて、本多はクリスチャン国士として活躍したのだといえます。

まず、教育者としての側面を考えると、弘前には本多庸一自身が学んだ藩校、稽古館がありました。稽古館で伝統的に教えられたのは中国の古典、儒教的教養に他なりませんが、維新後は英学教育の必要が自覚され、稽古館は一時弘前漢英学校として装いを改めます。その後、中央政府の方針により、藩主導の教育機関が廃止されますが、弘前ではそれが私立東奥義塾として存続することになります。東奥義塾という名前は、本多の盟友、菊池九郎（一八四七―一九二六）が慶応義塾で学んだことから、福澤の慶応義塾を意識して命名されました。この学校に本多庸一が塾頭として呼ばれ、宣教師イングを伴って赴任したことはすでに述べました。ほぼ同じ時期に、熊本ではアメリカ人教師ジェーンズを招いて熊本洋学校が設立され、アメリカ式のカレッジ教育を施しています。

熊本の卒業生のグループは、キリスト教指導者としては海老名弾正（一八五六―一九三七）や小崎弘道（一八五六―一九三八）など、熊本バンドとして知られる人材を輩出していますが、弘前でもイングは、英語やキリスト教だけでなく、科学、数学、博物学、歴史を教え、また人格的な感化力もあって、続々と入信者が続きました。また、イングは東奥義塾の卒業生をアメリカの自分の母校に留学させており、その学生のなかから、珍田捨巳（一八五七―一九二九）など、後に外交官として活躍する人物を輩出しています。ですから、本多、イングの指導のもとに育った人々を弘前バンドと呼ぶこともできるかも知れません。いずれにせよ、イングも狭い意味での英語の教師でも聖書の教師でもなく、文明の教師という側面がありました。イングは西洋の野菜や果樹の紹介者でもあり、とくに彼が紹介したリンゴ栽培は青森県に根付き、特産物となったことはよく知られています。

本多が就任したのちの東奥義塾が、地域の文化センターのような役割を果たしたことも注目されます。義塾には「博覧書院」という図書館を設立して一般に公開しています。また、『開文雑誌』や『学友通信』という雑誌を発行して、知的な交流に寄与しました。さらに、「博覧会」を義塾の講堂で開いて、旧家の秘蔵品や武具、それに地方の物産などを展示しました。さらに「文学会」を組織して、演説、討論を行い、会議のルールともいうべき議事法の練習もさせたということです。今日の日本では、公開図書館も、雑誌も、博覧会も、文学会も、演説も、討論も、なんら珍しいことではありません。しかし、これらすべては徳川時代の日本には知られていなかったことで、文明の諸事業に他なりませんでした。これらすべては目新しく、新鮮で、価値あるものであったのです。

幕末から明治にかけて、福澤諭吉は『西洋事情』を書いて、西洋社会の紹介に努めましたが、西洋社会ではあたりまえでも、日本では想像しにくい社会制度についてとくに項目を挙げて説明している部分があります。そこで取りあげられているのが、まさしく「図書館」であり「博覧会」であり、「新聞」でありました。これらは伝統日本の上意下達の世界では必要とされず、一人一人が責任をもって社会形成に与る西洋社会に特有のものでした。誰にでも公開される図書館、自由な意見交換のための雑誌、知識見聞を広げる博覧会、さらには演説で人々に訴えることなどは、日本人にとってまったく新しい経験でした。福澤自身が『明六雑誌』を刊行し、また「演説館」を立てて討論会をもったことはよく知られていますが、そうした首都東京における文明の事業を弘前で行ったのがクリスチャン国士本多庸一であったわけです。

こうした文明への取り組みは、当然、文明の政治制度はどうあるべきかとの問題を提起します。西洋の政治制度を紹介した福澤も、日本の政治制度がどうあるべきかについて直接物申すことには慎重でした。新しい政治制度の提起は、一面では武力によって政権を獲得した明治新政府に対する反逆とも受け取られかねないからです。とはいっても、いつまでも薩長の藩閥政府に物申さないわけにはいきません。文明の政治への運動は、民選議院の設立、すなわち国会の開設を求める運動として展開されていきます。弘前にあって本多庸一は全国の自由民権運動の広がりに呼応して、「共同会」という政治結社を形成して、三〇〇〇人の署名をもって元老院に国会開設の建白書を提出したのでした。

自由民権運動に詳しい歴史家の色川大吉によりますと、国会開設を求める運動は全国に幅広く展開していました。その運動を推進したグループが民権結社ですが、その民権結社は当時驚くほど多数設立されていました。色川氏らの研究によりますと、神奈川県に八二社、茨城県に八一社、埼玉県に三〇社と、関東地域だけでも三〇〇社を超える数があったといわれます。この数からすれば関東各地の市町村にはほとんどすべてのところで、民権結社があったことになります。民権結社では、新しい政治思想の学習をはじめ演説会を催すところもありましたし、今でいう住民運動に類するものもあったようです。さらに、現在の東京多摩地区の五日市で行われた学芸講談会においては、月に二〜三回の定例の演説会に近傍から二〇〇人もの人が集まったといわれます。(1)

色川氏は、弘前の東奥義塾を民権運動の学習結社のひとつと位置付けています。各地の民権結社の中には、殖産興業や農業の振興に取り組むものもありましたから、その点でも東奥義塾と共通したのです。またこの時期、弘前と同じように地方に展開したキリスト教勢力と自由民権運動が重なり合う例も見られました。土佐の場合が有名ですが、自由党の指導者であった片岡健吉（一八四四―一九〇三）、中島信行（一八四六―一八九九）といった人々がキリスト教に入信しています。キリスト者が先頭に立って自由民権運動を推進したケースもあったのです。

弘前の本多庸一は、牧師にして地方政治家でしたが、牧師と政治家に共通するものとして、言葉を通してリーダーシップを取ることがあります。牧師であれば説教、政治家であれば演説、これは明治の日本の新しい文化でありました。伝統的な日本の話芸には、講談、落語があり、宗教的な説話もありましたが、政治の場面で演説をして人を説得し、人を動かす習慣はありませんでした。英米では牧師の説教と政治家の演説には似たところがあるといわれます。イギリスでは雄弁で有名なある首相がどのようにして雄弁さを身に付けたかというと、日曜ごとの礼拝の説教だったといわれています。というのは、その首相が少年のころ、礼拝から家に帰ってきた折、父親が毎週、牧師の説教を復唱するように課題を出したそうです。少年は毎週、牧師の説教を注意深く聞いて午後には復唱する、それを続けて見事な雄弁さを身に付けたという逸話なのです。今はアメリカの大統領選挙の季節で、来年の一月には新しい大統領の就任演説がありますが、ヴィジョンを提示して人々を駆り立てる点で、説教と共通するものがあります。

弘前での牧師、教育者、政治家本多庸一の説教と演説は、英米の伝統にふさわしいもので、まさしく当時の日本では文明の最先端をいったものでした。

四　明治の青春――ＹＭＣＡ夏期学校にて

本多庸一は、一八八六年（明治一九年）に弘前を離れ、仙台で一時伝道に携わり、翌年の一八八七年（明治二〇年）には青山学院の前身、東京英和学校の教授および青山美以教会牧師に就任しています。ですから、本多の明治二〇年代の歩みは、青山学院とともに始まりました。また、その翌年一八八八年（明治二一年）から二年ほど、アメリカに留学しています。こう申し上げますと、本多は狭い意味での国士、すなわち政治に参与することで日本国の建設に貢献することを断念し、キリスト教の教育者、牧師の道を歩み始めたとの印象がありますが、必ずしもそうではありません。本多がアメリカにいた一八八九年（明治二二年）には大日本帝国憲法（以下、明治憲法）が発布され、翌年には第一回衆議院選挙が行われる運びとなります。そこで弘前では、衆議院議員候補者として本多庸一の出馬を求める声があがっています。

先に触れた弘前での本多の盟友、菊池九郎は、アメリカに次のような趣旨の手紙を送ったといわれています。

君〔本多のこと〕は宗教家としてよりも政治家としての素質が備わっている。東京での君の送別会には、宗教家よりも政治家のほうがたくさん出席していたではないか。初期の議会は日本人の試金石として外国人も注目していることだから、外国の事情に通じている君はまことに適任であると思う。このことは大にしては国家のため、小にしては東北のためにもなることだから、ぜひ立候補してほしい。(2)

当時菊池は初代の弘前市長に就任し、市制の施行に奮闘していました。当然菊池もまた衆議院選挙の有力候補者でありましたが、選挙区の関係から候補者は本多か菊池かのどちらかにする必要がありました。菊池のこの手紙は、自分は身を引くからぜひ出馬をという友情の手紙でもあったわけです。これに対して本多は、次のような趣旨の返事を書いたといわれます。

県には政治家たる人は多いが、宗教家として献身的に働く人はない。君〔菊池のこと〕は長らく政界に活動し、その手腕力量からいって代議士として最も適任であるから、進んで立候補するのがよい。自分は一生宗教家として終わる決心だ。(3)

本多が宗教への道をたどることにした経緯は、アメリカでの鉄道事故を免れたエピソードが有名ですが、この菊池との友情も忘れられてはならないでしょう。菊池九郎は首尾よく第一回衆議院選挙で当選、その後連続九回当選し、国家の要職にも就いています。もしも本多が政界に出ていたらどうであったか。後年、本多庸一が亡くなった折、本多を追悼して、本多は大臣あるいは衆議院議長にもなれたといった方がありますが、それは決して誇張でもお世辞でもなかったのです。

明治二〇年代、政治家としての道を断念した後の本多の活動を、「明治の青春――YMCA夏期学校にて」として考えてみたいのですが、この言葉には多少説明が必要かも知れません。「明治の青春」という題は、当時さかんに語られた「明治の青年」からとりました。熊本洋学校で学び、同志社に進んだ人物で、近代日本を代表するジャーナリストに徳富蘇峰（一八六三―一九五七）がおります。徳富は水俣の豪農の出身で、新島襄に傾倒し、はやくからジャーナリストを志し、二〇代前半で『将来之日本』『新日本之青年』を刊行して、一躍注目される存在となりました。その徳富の『新日本之青年』は、新日本を作るのは青年であるとして青年の役割を強調するもので、当時、若者たちから熱狂的に支持されました。

その「明治の青年」とは、明治維新前後に生まれた人々で、彼らがいまや青年に達しつつある。明治維新を推進した伊藤博文とか山縣有朋とかいった人々は天保生まれである。維新当時三〇代であったその人々もいまや五〇代、老齢に達している。「天保の老人」に代わって新日本を建設するのは「明治の青年」で、明治の青年が「第二の維新」を遂行する、それこそが現在の課題であると徳富は訴えたのでした。この時期は、国会開設を目の前にした時期ですから、青年が積極的に政治に参与し、新しい日本を作り上げる機運がありました。

この「明治の青年」は、日本で最初に西洋式の教育を受けた人々でした。弘前でいえば東奥義塾、熊本でいえば熊本洋学校でアメリカ人によって英語で西洋の学問の教育を受けた世代になります。それに彼らは日本最初のプロテスタント世代でもありました。本多の場合は「明治の青年」よりも年長ですが、ジェーンズから教育された熊本バンド、それに札幌農学校でクラーク（William S. Clark 一八二六―一八八六）の影響下にあった札幌バンドの人々は、一〇代で英語教育を受け、アメリカ人教師の薫陶を受けてキリスト教を受け入れたのでした。ですから、日本全体としては少数派ですが、まとまってクリスチャンが輩出した世代としては、「明治の青年」が最初であったのです。その世代が成人に達しつつあり、さまざまな方面で活躍を開始し、新しい文化が生まれつつある、それがこの時期であったのです。そもそも「青年」という言葉自体が、YMCAの「ヤング・マン」の訳語として生まれたのですが、それは人生を真面目に生きる、知性を鍛えてよく考える、社会的な責任感をもつ、社会的活動への意欲などを連想させる言葉でした。

ＹＭＣＡの運動は、教会の外でのキリスト教活動として、イギリス、アメリカで盛んであったものですが、それが日本にも導入されました。そのＹＭＣＡの重要な行事が夏期学校でありました。日本では、一八八九年に同志社で第一回の夏期学校が開かれ、全国から五〇〇人の青年が集まり、二週間続けられたといわれています。翌年、第二回の夏期学校は白金の明治学院で開かれたのですが、その様子については、当時、明治学院の学生であった作家島崎藤村（一八七二―一九四三）の文章が残されています。藤村の自伝的な作品『桜の実の熟する時』の一節ですが、そこには本多庸一をはじめ、夏期学校に集まったキリスト教の指導者たちの姿が描かれています。有名な文章ですので、ちょっと読んでみましょう。

日本にあるキリスト教界の最高の知性をほとんど網羅した夏期学校の講演も佳境に入って来た。……チャペルの方へ行く講師の一人が捨吉たちの見ている前を通った。文科大学の方で心理学の講座を担当する講師だ……「Ｍ（元良勇次郎）だ」と菅は小声で捨吉に言った。キリスト教界にはああいふ人もあるかと、捨吉も眼を輝かして、沈着な学者らしい博士の後姿を見送った。……続いて旧約聖書の翻訳に携わったと言われるアメリカ人で日本語に精通した白髪の神学博士（フルベッキ）が通った。同じく詩編や雅歌の完成に貢献したと言われ、宗教家で文学の評論の主筆を兼ねた一致教会の牧師（植村正久）が通った。今度の夏期学校の校長で、東北にその人ありと言われ、見るからに慷慨激越《こうがいげきえつ》な気性を示したある学院の院長（押川方義）が通った。破鐘のような大きな声と悲しい沈んだ声とで互いに夏期学校の講壇にたって、一方を旧約のイザヤに擬するものがあれば、一方をエレミアに擬するものがある、声望から経歴から相対立した関西の組合教会の二人の伝道者（海老名弾正と小崎弘道）が通った……青山と麻布にあるキリスト教主義の学院の院長（本多庸一）が通った。……京都にあるキリスト教主義の学校を出て、政治経済教育文学の評論を興し、若い世代の友として知られた平民主義者（徳富蘇峰）が通った。……そのうちにすぐれて広い額にやわらかな髪を撫でつけたセンシティブな眼つきをした学士が人を分けて通った。「ああＳ（大西祝さんだ」と捨吉は言って見て、菅と顔を見合わせた。(4)

ここに登場するキリスト教会の指導者としては、牧師、伝道者として、植村正久、海老名弾正、小崎弘道、キリスト教学校の指導者として、東北学院の押川方義、青山学院の本多庸一、宣教師のフルベッキ、ジャーナリストとして若くして名声を得た徳富蘇峰、それに元良《もとら》勇次郎（一八五八―一九一二）、大西祝《はじめ》（一八六四―一九〇〇）といった学者がおります。元良と大西は、どちらも同志社の出身で、元良はアメリカに留学し、ジョンズ・ホプキンス大学から博士号を取得しています。この時期は青山学院で教え、その後東京帝国大学に移りましたが、元良は日本最初の心理学者といわれています。また、大西は同志社から東京帝国大学に移り、早くから倫理学者として名声を得ておりました。こうした顔ぶれのから、プロテスタントの勢力が明治の社会に次第に地歩を固めつつあることが知られます。

徳富蘇峰は自分が創刊した日本最初の総合雑誌である『国民之友』一二号で、キリスト教は、日本でも「婦人と少年とを味方」として、組織的に活動を開始している。キリスト教徒は少数派ではあるが、多くの知力と財力を持ち、社会の進歩の一大勢力となっている、と指摘しています。同誌三五号では、「同志社学生に告ぐ」として、「一国をして常に新鮮ならしめ、健全ならしむるもの」は「少数者の力」で、その少数者こそ「一国の良心」である。その担い手こそあなたがたではないか、「真理を愛し、人を愛し、上帝を愛」する、そうした人物を養成することこそ新島先生の志ではなかったかと、その志を受け継ぐことを訴えていました。こうした徳富の発言の中に、当時、日本のプロテスタントが日本社会に積極的に貢献しようとしていた意気込みを知ることができます。

プロテスタントが明治日本に多大な貢献をした分野に女子教育があります。その女子教育には女性宣教師が果たした役割が大きかったこともよく知られています。当時、アメリカでは大学教育を受けた女性の職場として、女性宣教師は開拓的な分野でした。意欲あるアメリカの女性たちは、男女差別なく働くことができる海外伝道に取り組んだのです。その女性宣教師の周りに塾のような学校ができ、女子教育が広がっていきました。青山学院の源流のひとつ、女子小学校をはじめたドーラ・スクーンメーカー（Dora Schoonmaker 一八五一―一九三四）もその一人でした。

ＹＭＣＡの夏期学校には第一回から、キリスト教の女子学校の生徒も参加しましたが、これは新しい文化の息吹を伝えるものでした。島崎藤村が教えることになる明治女学校は海外の宣教団体に頼らない独立した教育機関で、日本の女子教育に大きな貢献をしたことでも知られています。本多庸一は明治二五年、箱根で開かれた第四回夏期学校の校長を務め、その後も何回か校長の務めを果たしました。「明治の青年」は、明治二〇年代、プロテスタントが教会、学校のみならず、政界それに学界、文学界に力を及ぼしつつあるときに、その元締的な役割を果たしたのです。

キリスト教の文学への影響も大きなものがあり、たとえば教会の讃美歌が日本の文学に影響を与えたことが指摘されています。島崎藤村の新体詩はそのひとつで、藤村は讃美歌を恋愛詩に改作したといわれています。あまり知られていませんが、実は本多庸一も讃美歌の翻訳を手がけ、詩情ゆたかなものを残しております。初代のプロテスタントは武士の出身が多かったことから、詩吟ならともかく、讃美歌を歌うことには抵抗がある人もいたようですが、本多庸一は積極的に讃美歌翻訳に取り組んだようです。今日の讃美歌の歌詞に近いものをひとつ紹介しますと、『讃美歌21』の四五七番「神はわが力」をこんなふうに訳しています。

神わが城なり　わがちからなるぞ
くるしめるときに　いとちかきたすけぞ
地うつり海なり　やまはうごくとも

われらはおそれじ　神まもるわれを
ひとつのかはあり　みやこはたのしむ
かしこはうごかじ　神はやくたすく

本多庸一の説教も演説も、日本語の世界に新しい表現を与えたものでしたが、詩の世界でもその貢献をしています。植村正久は、本多は文学の方面でも成功したかも知れないと語っています。

五　世界の中の日本

このように、明治二〇年代の本多庸一は、「明治の青年」が社会の前面に登場しつつあるとき、みずから政界進出の道を断ち、より深い思想、信仰的な深みから、新しい政治制度を生かす教育、文化を創り出すことに尽力したのでした。キリスト者の仲間は、青山学院、明治学院、東北学院など、キリスト教信仰を基盤とする教育機関を整備し、男尊女卑の伝統の強い社会の中で、女子教育の分野を開拓し始めていました。学問の分野でもキリスト教学校は日本を代表する一流の人物を輩出しつつあり、新聞や雑誌といったジャーナリズムの分野や芸術文芸の面でも、キリスト教の影響は目覚ましいものがあったのです。とはいっても、キリスト教徒の数はわずか数万で、ごく少数派にすぎなかったのですが、年若い人々に支持されたキリスト教の前途は明るいと見られていたのです。

一八九四年七月、やはり箱根で開かれた第六回夏期学校では、内村鑑三（一八六一―一九三〇）の「後世への最大遺物」という記念すべき講演が行われました。内村は「私に五〇年の命をくれたこの美しい地球、この美しい国、この美しい社会、このわれわれを育ててくれた山、河」、これに「何かを残して往きたい」、それも、お金でも事業でも思想でもなく、「勇ましい高尚なる生涯」を残したいと語り、この呼びかけは大勢の人を励ましたといわれます。この「後世への最大遺物」の講演は、前途に希望を抱きつつあった「明治の青春」時代の明るい雰囲気をよく示しています。しかしそれも束の間、この内村の講演が行われたのが明治二七年の七月で、その翌月八月には日清戦争が勃発することになります。

維新後の新しい日本の体制が国内的には明治憲法によって整えられたとすれば、対外的関係、国際関係はこの日清戦争によって重大な局面を迎えることになります。日清戦争とその一〇年後の日露戦争は、日本国が国際社会においてどのような地位を保ちうるかを決する重要な事件でありました。今日では、戦前日本の近代史は対外的な膨張の歴史であって、アジアへの進出の歴史、侵略の歴史として語られています。しかし、日本は最初から一目置かれる強国であったわけではなく、維新後、日本国が独立を保持しうるかどうかは決して自明のことではありませんでした。南北戦争を勝利に導いた北軍の将軍で、後の一八代アメリカ大統領グラントは、世界旅行の途上で日本を訪れた際、レセプションのあいさつのたびに、日本国の独立を祈願する旨の発言を行ったそうです。また、グラントは明治天皇に助言した際に、日本を当時の半独立国であったエジプトと比較し、そのようになってはならないと注意を与えたといわれています。

たしかに、欧米の先進国との関係でいえば、日本は必ずしも一人前の国家として扱われていませんでした。すなわち、欧米諸国との条約においては、外国人に対する治外法権が認められ、また日本の関税の自主権が否定されていました。治外法権とは、外国人が滞在国の裁判管轄権や行政権から免れることを意味します。現在でも、外交官は外交官ナンバーの乗用車に乗っていれば交通違反しても訴追されないと思いますが、治外法権を認める状態では、外国人全員が日本国の裁判権の外にあることになります。これは、日本が未開国で、法制度や裁判制度が整っていないので、自国民を日本政府にゆだねることができないと欧米諸国が考えていたことを意味しています。したがって、明治政府にとっては日本国を文明国にして欧米諸国に認めさせ、この不平等条約を改正することが大きな課題でした。

他方、明治新政府にとって近隣諸国との間で安定的な関係を築くことも大きな課題でした。維新以来、朝鮮半島との関係は終始ギクシャクしており、清と日本との間では、島々を巡る国境線も明確ではありませんでした。この日清戦争について、内村鑑三が英文で「日清戦争の義」という文章を書き、日本の立場を世界に訴えたことはよく知られています。日清戦争は朝鮮半島を影響下に置こうとする清と日本の間の対立でありました。とくに、朝鮮国内で東学党の乱がおきると、清が宗主国として朝鮮を支配しようとしたのに対して、日本は朝鮮の独立の保全を掲げて出兵したのでした。内村鑑三はその日清戦争を、文明史的な視点から、「文明」と「野蛮」の戦いと見たのです。

内村鑑三はこう考えました。日清戦争とは、新文明を代表する小国日本と旧文明を代表する大国清との戦いである。それはあたかも、古代におけるギリシアとペルシアの戦い、近代初頭におけるエリザベス女王の英国とフェリペ二世のスペインの戦いのようなものではないか。新興国ギリシアはアジアの大国ペルシアを打ち倒すことによって、新しい文明を切り開いた。近代初頭の島国でプロテスタントのイギリスも、カトリックの牙城スペインと闘いアルマダの海戦で勝利することにより、近代文明への道を切り開いた。日清戦争もそうである。日本が勝利すればかならずや、アジアの国々に、自由政治、自由宗教、自由教育、自由商業をもたらすであろう、というわけです。

日清戦争における日本の勝利は朝鮮半島の安定と領土の拡大をもたらし、日本国の安全に寄与することになりましたが、より大きな火種を残すことになります。清から割譲を受けたはずの遼東半島は、ドイツ、ロシア、フランスの三国干渉により清に返却することを求められました。これは混乱し弱体化した清に対するヨーロッパ各国の領土的野心の表現であり、とくにシベリア鉄道を完成させ、東北アジアで南下政策をとるロシアが、日本の前に大きく立ちはだかってきたことを意味しています。事実、その後日本とロシアは旧満州および朝鮮半島をめぐって、それぞれの権益の拡大を目指し、結局は日露戦争が勃発することになります。この日露戦争に対して、内村鑑三が非戦論を展開し、戦争反対を唱えたことはよく知られています。しかし、本多庸一は、当時のキリスト教会の多数の人々とともに日清戦争を支持し、同じ理由で日露戦争をも支持しています。

本多は日露戦争について、内村鑑三の非戦論も意識しながら、日本が「一、自国の存立のために戦う者、二、友国の保全のために戦う者、三、一時の戦乱を以て、永遠の平和を期し、少数の死を以て多数の生命を救い、進歩幸福の道を開く者」であると述べ、この場合は義戦であるとしています。ヨーロッパの大国ロシアが強大な軍事力を背景に大陸および朝鮮半島における日本の権益を露骨に脅かし、ひいては日本国全体の存立を脅かしている。日露戦争はアジアの新興国にして小国日本が、やむにやまれず自己の存続をかけて戦うものである、と考えたのです。ロシアは清と同じく頑迷な老大国であり、思想信仰の自由も確保されていない。本多は、内村鑑三が日清戦争を義戦としたときと同じ論法で、文明国である小国日本が、野蛮な大国ロシアに戦いを挑んだものと考えたのでした。日清戦争の場合と同じく日露戦争の場合も、世界の世論は日本に好意的であり、戦争の見通しという面では、日本の勝利を予想する者は少数派でした。

この時期本多庸一は、明治学院院長の井深梶之助とともに、桂首相に要請されて、ヨーロッパ諸国で日本の立場を弁明する役割を引き受けています。桂のブレインには、先に触れた「明治の青年」の一人、ジャーナリストの徳富蘇峰がおり、おそらく徳富の発案で、世界キリスト教青年会世界大会に出席する本多と井深に、その役割が依頼されたのでした。また、当時の外務省の高官に、弘前で本多とイングに学びアメリカ留学した珍田捨巳もおり、具体的には珍田と本多の間で相談が行われました。今日から見れば、本多は日本の帝国的進出を思想的に手助けしたかのように受け取られ、武士の出身だった本多が戦争で血が騒いだと考える向きもあるかも知れません。しかし、本多はあくまでも文明国日本を守り、近隣諸国とも文明的な関係を築くという枠組みで考えていたことは忘れてはならないでしょう。

本多庸一は日露戦争を義戦として戦うには、正義の名だけでなく正義の実がなければならないといいます。また、正義の形式を掲げるには、正義の精神が必要であること、さらに対外的に義を求めるのであれば、国内においても、また個人の生活においても正義がなければならないといいます。本多庸一は日露戦争を、血が騒ぎ興奮して支持したわけではありませんし、戦争に伴う国内の道徳的堕落に目をつぶっていたわけでもありません。本多にとって戦争の遂行は、伝道の課題を突き付けるものでした。「義は国を高くし、罪は民を恥かしむ。」この箴言（一四章三四節）の言葉を引用しながら、本多は戦時にこそ伝道が必要であると訴えています。人間は自分の力で義を遂行することはできない。キリストの名を呼び求めよ――本多にとっては、キリストに従う神の国の国士こそが、文明国の国士となる道であったのです。

六　むすび

以上、クリスチャン国士本多庸一の活動について、明治一〇年代、二〇年代、三〇年代と時代を追ってお話しました。本多がキリスト教を受け入れたのは自分一人の救いだけでなく、日本国の救い、新しい日本の建設という祈りがあったからです。本多は教会を超えて、キリスト教学校を超えて、日本社会全体を、キリスト教を基盤に文明化へと導くことを念願していました。明治一〇年代の本多は、故郷弘前で東奥義塾と弘前教会、それに民権結社「共同会」に関わり、地域社会において学校と教会を基盤に文明の諸事業を推進し、また国会開設運動に尽力し、地方議会で議員として、後に議長として活躍しました。明治二〇年代には、東京にあって青山学院とメソジスト教会の指導者として、また広く日本のプロテスタント教会の指導者の地位にあって、プロテスタント青年の活動を支えました。プロテスタンティズムで育った青年たちは、学問、文芸、教育の各分野で新しい文化を創造しつつあり、こうした活動は新しく出発した明治憲法体制とともに、新しい日本を築きあげていくものと期待されていました。さらに、青年たちの多くは日清戦争と日露戦争の折には、それが東アジアに文明的な国際秩序を作り上げていくものとして積極的に支持していました。日清、日露の勝利は、頑迷な旧大国を打倒することによって、清国やロシアの国民にも文明の光を与えるものと評価されていたのです。

しかし、クリスチャン国士本多の活動をこのように描きだすことは、明治日本をあまりに美化するとの印象が残るかも知れません。たしかに、明治憲法は自由民権運動を踏まえたものではなく天皇の名によって与えられたものであり、また内村鑑三不敬事件に見られるように、日本の天皇は、ヨーロッパの立憲君主とは同一視できない側面をもつものでした。さらに、夏期学校でみられたプロテスタント文化も、進化論をめぐる問題に象徴されるように、ほどなくキリスト教信仰と学問の間に緊張が生まれ、さらには教会で洗礼を受けた文学者たちの教会離れが始まっていきました。また、日清・日露の戦争も、その後の日本のアジア大陸への進出から振り返れば、文明の戦いというよりも、日本帝国の膨張政策の一局面に過ぎないという評価も下しうるのです。その意味では、明治の終わりとともに亡くなった本多庸一は、よい時期に亡くなったといえないこともありません。本多は独立がおぼつかない新日本の出発にあって、キリスト教と文明の旗を掲げ、日本の教会、社会、国家に貢献し、さまざまな課題を残しつつも、みずから走り抜いた旅路を、満足をもって振り返ることができたのではないでしょうか。

では、今日の視点から本多の活動をどう評価できるでしょうか。経済の指標でも、政治の指標でも、今日日本は先進国に他なりません。一国の独立を心配することはない。また、青山学院をはじめキリスト教学校も日本の教育界において確かな評価を得た私立学校として存続しています。では、キリスト教会はどうでしょうか。本多が入信したころの十数人の教会からすれば、プロテスタント、カトリックを合わせて一〇〇万を超える信者がおり、大きな成長を遂げたともいえますが、社会的な存在感という面では、決して向上しているとはいえません。ある高校生がアメリカに行って、日本のクリスチャンの数が一パーセントに満たないと言ったら驚かれたそうです。フセイン政権下のイラクではクリスチャン人口が三パーセントだったそうですが、イラクよりも日本にクリスチャンの数が少ないことをどう考えるべきでしょうか。確かなことは、現在の日本の政治、経済、それに文芸などさまざまな文化活動において、本多庸一の時代よりはキリスト教会の影響力が小さいということです。

では、明治の初めに本多庸一が日本国のためにキリスト教が不可欠であると考えたことは間違っていたのでしょうか。あるいは、それは発展途上の日本には当てはまるが、大国となった現在の日本には当てはまらないと考えるべきでしょうか。また、キリスト教抜きの日本の近代化が、むしろ世界の人々の関心を引いている気配もあります。非キリスト教世界日本の近代化の成功は、同じく非キリスト教世界の国々の近代化に示唆するところがあると考えられるからです。

しかし、戦前の日本の歴史からわかることは、日本は小国で模範国があるときはうまくいくが、大国になって模範国がなくなったときが危ういことです。失われた一〇年とか二〇年などといわれる日本経済の現状は、まさしくそのように説明できるかも知れません。日本政府には確たる基本方針がないのです。原子力政策、貿易政策、福祉政策に基本方針があるのか。模範国がある限りはそれに追いつき追い越せができるけれども、模範国がなくなると日本の針路には霧が立ち込めて視界が不良になるということはないでしょうか。

日本政府には基本方針がない。しかし、基本方針がないと批判する野党にも基本方針がなく、同じく批判するマスコミにも実はそれがない。私の知る限り、日本の近代史でこの問題を最初に指摘したのは、日清戦争後の内村鑑三です。内村は、いつも自分の利益の計算をしているだけでは基本方針は生まれない、ある場合には自分の利益を犠牲にしてでも貫かねばならない原則を持って初めて基本方針が生まれるのだといいます。「義にまさりて利を愛する者、天理にまさりて国を愛する者に大方針のあるべき筈なし。」[5]これを本多庸一の言葉でいえば、日本国の国士となるには、神の国の国士でなければならないということです。神の国の国士となる、キリストに従う者となる、クリスチャンの国士となってはじめて、文明日本の国士となることができる。世界に貢献する日本、愛と正義の日本を築くことができるというのです。

クリスチャン国士たらんとした本多庸一の生涯と活動は、たしかに今日も生きているといえるのではないでしょうか。

（二〇一二年一〇月二七日、於・青山学院大学）

注

（1）色川大吉『自由民権』（岩波新書、一九八一年）一七、一八ページ。

（2）氣賀健生著、青山学院編『本多庸一――信仰と生涯』（教文館、二〇一二年）一一二ページ。
（3）同書一一二、一一三ページ。
（4）島崎藤村『桜の実の熟するとき』（岩波文庫、一九六九年）四九―五一ページ。
（5）『内村鑑三全集』第三巻（岩波書店、一九八二年）二四二ページ。

第３章　「平民道徳」とキリスト教
——徳富蘇峰の福澤諭吉批判

一　はじめに

二〇一一年は、内村鑑三生誕一五〇年ということで、いろいろな記念行事がなされたようですが、二〇一二年は、明治期に長く青山学院院長を務めた本多庸一没後一〇〇年にあたります。本多は弘前藩士の子弟で、明治維新直後に藩の命令を受けて横浜に出て宣教師の下で英語の勉強をしてクリスチャンになった、いわゆる横浜バンドの一人です。本多は横浜バンドの仲間、ひいては初代プロテスタントのなかでは、比較的年齢が高く、一八四八年生まれですから、二〇歳で明治維新を迎えています。本多が横浜でジェームス・バラから洗礼を受けたのが一八七二年（明治五年）でありまして、日本メソジスト教会の監督に就任し激務の中で倒れたのが一九一二年（明治四五年）ですから、本多のプロテスタントとしての生涯は明治日本の歩みと重なります。

本多が一九〇五年、ヨーロッパに渡航した際に行った小さなスピーチに"My Own Conversion"(1)があります。ここからわかるのは、本多の回心、キリスト教への入信は、決して個人の魂、こころの平安だけに関わることではなく、国家の運命、日本国の建設に関わることであったことです。明治四年に廃藩置県が行われ、武士にとって忠誠の対象であった藩がなくなったことは、武士を精神的にも経済的にも路頭に迷わせるものでした。藩が失われ、自分の家が危ういだけでなく、発足したばかりの明治国家の将来自体も危うい。本多は宣教師バラから洗礼を受けたのですが、バラの説教の内容には感動しませんでした。というのは、その時期バラはあまり日本語がうまく話せず、その話はもうひとつわからなかったからです。しかし、バラの熱心に祈る姿、涙をもって祈る姿に感銘を受けたといいます(2)。そのバラの祈りには、日本国の将来のための祈りもあったのです。

バラが日本国の将来のために涙を流して祈ったことを、ただ親切な外国人宣教師がいたものだと受け取ってはいけないでしょう。アジア諸国の現状を知っていた宣教師の眼には、日本国の困難が見えていた。はたして日本国は独立を維持できるのか、これから生じるさまざまな困難に、新しい日本政府は首尾よく対処していけるのか。日本国の運命は他のアジアの諸国と同じく、半独立国への道をたどるのではあるまいか。バラは涙して日本国のために神に祈った、それに感銘して本多はキリスト教を求め、キリスト教によって日本国を作り上げることを求めたのでした。

二　熊本洋学校から同志社へ――若き日の蘇峰

本日取り上げる徳富蘇峰は、内村鑑三の二歳下、一八六三年の生まれで、いわゆる「明治の青年」の世代に当たります。「明治の青年」という言葉自体が、徳富蘇峰が『新日本之青年』[3]で用いたものですが、明治維新の頃に生まれ、明治二〇年前後に成人に達した世代を指しています。彼らは明治初年の動乱の時代に幼少期を過ごし、明治国家の歩みと自己の生涯の歩みを重ねて生きてきた世代です。彼らはまた、日本ではじめて体系的に西洋式の教育を受けた世代でもあります。少し前の世代の本多庸一は藩校の稽古館で教育を受け、成人に達して英語を学んだのですが、「明治の青年」は少年時代から外国人教師の下で西洋の言葉と学問を学んでいます。

内村鑑三は一三歳で私立の有馬学校でイギリス人教師に学び、翌年には官立の東京外国語学校に入学し、外国語学校から分離した東京英語学校で学んでいます。この東京英語学校の上級の科目はすべて外国人教師によって教えられていました。当時は英語の授業が理解できてはじめて、東京大学に入学できたのです。熊本水俣の豪農の子弟、徳富は、明治四年設立の熊本洋学校で学んでいます。熊本洋学校とは、維新後熊本で実権を握った横井実学党がアメリカから南北戦争の退役軍人、ジェーンズ大尉を招いて設立した学校です。横井実学党とは、開明的な儒者、横井小楠によって指導された人々で、幕末にあって開国の必要性を自覚し、維新後は欧米の優れた文物を積極的に摂取しようとしていました。

ジェーンズ大尉と熊本洋学校については、ノートヘルファー教授の『アメリカのサムライ』[4]という優れた書物がありますが、ウェスト・ポイント、すなわち陸軍士官学校出身のジェーンズは、熊本で陸軍士官学校並みのスパルタ教育を行いました。生徒はすべて寄宿生、朝五時に起床して、夜一〇時に就寝するまで、厳しい規律の下で学校生活が営まれました。ジェーンズは英語で教育するわけですから、生徒はまず英語を身に付けなければなりません。最初の一年間でＡＢＣからはじめて、英語の授業が理解できるまでに鍛えたのでした。単語を毎日四〇ずつ覚えさせられたといいますが、できない生徒は遠慮なくふるい落として、一期生四五人のうち卒業できたのは四分の一ほどの十数人でありました。

徳富蘇峰――蘇峰はペンネームで猪一郎が本名ですが、少年時代も蘇峰で通します――蘇峰は一〇歳の時熊本洋学校に入学していますが挫折し、一二歳で再入学しています。[5]ただその翌年、明治九年には熊本洋学校自体が閉鎖されていますから、徳富を熊本洋学校出身者とするには無理があるかも知れません。洋学校が閉鎖されるに至ったのは、洋学校の生徒たちの間にキリスト教が広まったからでした。洋学校を設立した横井実学党の人々は、生徒たちの人間観、世界観は儒教教育によって行うことと規定していました。しかし、英語での教育を受け、地理、歴史、物理、天文と洋学の学びを続けていくなかで、西洋の学問の思想的な背景であるキリスト教に関心が向いていくのは自然なことでもありました。とくに、自然科学、自然現象の規則性、法則性の発見は衝撃的な経験であり、それによって自然をつかさどる存在、創造神への探求心が芽生えてきたのです。

自然法則から自然の神へ、さらには聖書の神へという探求の道を、ジェーンズ自身がどの程度意識的に示唆したかは定かではありません。ジェーンズは宣教師ではありませんが、学生たちの探求心に積極的に応え、週末には聖書の会をもち、さらには日曜に礼拝の時間をもつに至りました。寄宿生の大半が日曜礼拝に出るようになり、ついにはキリスト教を受け入れることを宣言する、しかも個人の信条としてのキリスト教というだけでなく、日本を救う宗教としてのキリスト教を伝道する志を公言するに至ったのです。これが有名な熊本市の花岡山における奉教趣意書の宣言です。この文書に署名したのが三五名、その前年に洋学校に入学したばかりの徳富蘇峰もその一員でした。

これは横井実学党の人々からすれば驚天動地の事件でした。実学党は西洋の学問への偏見をもたず、実用的進歩的な部分は積極的に取り入れ、次代を担う若者たちに西洋の学問を学ばせたいと考えていましたが、倫理、道徳はあくまでも儒教を基本に据えるつもりでした。しかし、実際に西洋の学問を学んだその子弟たちは、西洋の実用的知識と東洋の人間観、世界観の二本立てには安住できなかったのです。西洋の学問には西洋の人間観、世界観の裏付けがある。西洋の学問によって日本国を建てるのであれば、その基礎にある世界観から学ばなければならない。西洋の学校の生徒たちも、日本国のために涙して祈るジェーンズの姿に感銘を受けたといわれますが、熊本洋彼らも本多庸一とおなじく、個人のためだけではなく、日本国のためにキリスト教を受け入れたのでした。

しかし、その父たちはキリスト教の牙城と化した熊本洋学校をそのままにしておくわけにもいかず、洋学校は閉鎖され、蘇峰は東京に遊学させられることになります。東京で寄寓した親戚が慶応義塾と親しい関係があったことから、慶応義塾に入学する可能性もあったのですが、蘇峰は熊本にいるときから「福澤流は蟲が好かなかった」というわけでそちらには向かず、中村正直の同人社にも行く気がしないで、築地の宣教師の学校――これはあるいは青山学院の前身でしょうか――も気に入らないで、東京英語学校に入学することになります。東京英語学校は東京大学の予備門で、先にも触れましたように、当時内村鑑三も学んでいたのですが、明治九年の成績表によると、内村鑑三が蘇峰のことを「餘程不勉強であったものとみえて、名が尾《しり》に出てゐる」といったことがあるそうです(6)。蘇峰はその学校には二か月ほどしか在学せず、親に無断で熊本洋学校の先輩たちの後を追って、京都の同志社に向かったのでした。内村が札幌農学校に向かったのはその翌年のことでした。

したがいまして、徳富にとっての学校は、一四歳から一八歳まで五年間ほど在学した同志社でありました。同志社はアメリカの会衆派の伝道団体により一八七五年に設立され、その翌年に熊本バンドの学生たちを受け入れており、徳富はその先輩たちを追いかけて入学したのです。徳富の回想によれば、同志社は表面的には新島襄、山本覚馬の設立によりますが、内実は宣教師の学校で、同志社トレーニング・スクールと呼ばれていたといいます。[7] まだまだ整っていないところが多く、教科書も足りない、あるいは万事がアメリカ式、キリスト教式で、戸惑うところや反発するところが少なくなかったといいます。寮の食事も日本人の食生活を無視した献立で、後にようやくご飯も出されるようになりました。食生活だけでなく学校の雰囲気が異質な空間で、その種の反感は新島襄の妻、八重にも向けられました。「新島先生夫人の風采が、日本ともつかず、西洋ともつかず、所謂鵺《ぬえ》の如き形をなしてをり、且つ我々が敬愛してゐる先生に對して、我々の眼前に於て、餘りに馴々しき事をして、これも亦た癪にさわった[8]」のでした。

本日の話のテーマは、徳富が福澤諭吉をキリスト教的立場から批判したことの考察にあるのですが、徳富を典型的なキリスト者と見ることには少々無理があります。徳富は同志社入学後、ほどなくして新島から洗礼を受けています。他面、徳富は自伝では、同志社で学ぶうちにキリスト教への懐疑を持つに至ったとも書いております。学校の授業で「キリスト教弁証論」を読むにつれてむしろ懐疑が深まったとも書いているのです。ただし、同志社時代の徳富が、キリスト教的世界の中にどっぷり浸かっていたことは疑いのないところです。同志社の学校生活は、現在のキリスト教学校からは想像できないほどキリスト教的なものでした。毎朝、授業の最初に全員が集まったところで感話があり、祈禱があり、三度の食事ごとに食堂で祈禱があり、教室でも授業の最初に祈禱があり、金曜の夜には祈禱会がありました。[9] 土曜は休日で、日曜は教会での礼拝がありました。

自伝での蘇峰は、自分のキリスト教信仰がキリストというよりは新島への傾倒であったとして、ことさら水で薄めている気配がありますが、その実かなり熱心でありました。学校の休暇には友人たちと伝道旅行に出かけ、伝道のパンフレットを配布したこともありましたし、熊本と京都を往復する道すがら、漢訳されたキリスト弁証論である『天道遡源』を手がかりに、見知らぬ人を相手にキリスト教を擁護したこともありました。当時の同志社は神学校といってもよく、聖書講義もあり、蘇峰はその学校に一時帰郷して弟の健次郎（後の作家、徳富蘆花）を連れてきたのでした。ただし、蘇峰はその同志社を、新島の引き留めをも振り切って、卒業を目前に中退しています。その理由のひとつに、バイブル・クラスを先導していた上級のクリスチャン学生への反感があったといわれますが、新島から東京に出ても教会には行くのだろうなといわれて、徳富は「もちろんでます」と答えています。ただし、同志社を離れて後、徳富が安定的な教会生活を送ることはありませんでした。

ですから、私がここで徳富のキリスト教的背景を示唆するとしても、徳富が模範的なキリスト教信徒であったというわけではありません。キリスト教的思想圏、キリスト教的文化圏にいた人物であれはそれで十分なのですが、それにしても蘇峰のキリスト教へのコミットメントが決して表面的なものでなかったことを示す興味深い資料があります。それは『同志社・大江義塾　徳富蘇峰資料集』冒頭に収録されている「朝夕工課」と題された一種の信仰日記です[10]。ここに題名の「朝夕工課」とは“Morning Exercise, Evening Exercise”の訳で、蘇峰が毎日朝と夕に、信仰的な訓練（exercise）を行った記録なのです。序文には、アメリカのキリスト教指導者として著名なヘンリー・ビーチャーから示唆を受けたと書かれてありますが、蘇峰は朝夕に神への祈りとともに、重要な課題を意識しながら自らの生活の点検を行っているのです。

蘇峰が日々の課題としたのは、一〇の徳目でした。第一に「神に対する職務」、第二に「人に対する職分」、第三に「希望責任」、第四に「温柔」、以下、「謙遜」「勤労」「沈黙」「親切」「倹約」「清潔」と続きます。このそれぞれの徳目には、関連する聖書の引用もされています。たとえば、「温柔」には、マタイ伝五章五節の「柔和な人は幸いである、その人たちは地を受け継ぐ」が引用されています。また徳富は夕べの祈りの後に、今日は第七、第八について罪を犯したとか、今日は温柔と神に対することを誤りたり、といった反省を記しています。こうした信仰の訓練は、一七世紀のピューリタニズムのなかで培われた「自己審査」の習慣を受け継いだものでした。ベンジャミン・フランクリンの自伝にも「一三徳の樹立」というよく似たエピソードがありますが、フランクリンの場合は、もっと宗教的意味合いが薄められています。

三　福澤諭吉への挑戦――『将来之日本』と『新日本之青年』

さきほど触れましたように徳富蘇峰は、明治一三年に同志社を中退し、ジャーナリストを志して上京しています。当初のもくろみとして、東京日日新聞の福地桜痴《ふくちおうち》の下で働きたかったようですが念願かなわず、数か月後には熊本に戻ることになります。熊本に戻った徳富は明治一五年に大江義塾を設立し、自ら学びかつ教える生活を始めました。大江というのはこの学校の所在地の地名ですが、その建物は今も現存しています。この時期の蘇峰の活動ぶりは、弟徳富蘆花の『思出の記』に生き生きと記されていますが、二〇歳にして有為の若者を集めて一民権私塾を設立したわけです。この塾は蘇峰を慕う学生五、六人からはじめ、最盛期には一〇〇人を超える学生が集まりました。(11)

大江義塾の教育は、蘇峰の熊本洋学校から同志社英学校での経験を踏まえて行われましたが、この二つの学校のようにアメリカ人教師による英語の授業ではなく、日本語で行われました。それを蘇峰は、漢学者は漢字で学問をし、洋学者は洋文で学問をするが、自分たちは現代の日本の言葉で学問をする、これが日本学だと胸を張っています。といっても、蘇峰はまだまだ未熟で、経済学などは同志社のラーネッド教授の講義を種本にして、それを翻訳して筆記させました。英語の文献を読んで自分自身理解に苦しむところもありましたが、そのようなときは、「特に大いなる聲にて怒鳴るが如く講義をなし、當座を誤魔化し去った」といいます。(12)大江義塾の教科としては、政治、経済、法律、修身、論理、歴史、文学、算術などが並んでいて、私塾とはいえ一通り基本的な教育を行えたことが注目されます。

それぞれの教科の教科書もわかっていて、政治学ではハーバート・スペンサーの制度論、ウォルター・バジョットの英国憲法論、ジョン・スチュアート・ミルの代議政体論など、経済学ではミリセント・フォーセットの経済学、法学ではオースティンの法律原論、修身ではフランシス・ウェーランドの道徳学原理、スペンサーの道徳原理、さらに、ジェヴォンズの論理学、歴史ではカッケンブスのアメリカ史、グリーンのイギリス人民の歴史、フリーマンのヨーロッパ史などが続き、文学ではマコーレーやカーライルの文集が読まれました。(13) これがどれだけ生徒たちに理解されたかはともかく、当時の英米のカレッジに勝るとも劣らない教育がなされたことがわかります。付け加えますと、大江義塾ではこのほかに、修身については孟子などの儒教的文献が、歴史や文学では、中国史、日本史の文献も教えられていました。

大江義塾の教育には、学科の学習のほかに、演説会があり、遠足やウサギ狩り、撃剣会などもあったようですが、さらに興味深いのは雑誌も刊行していたことでした。この『大江義塾雑誌』を分析した花立三郎氏によりますと、主たる内容は「論策演説」であって、時局を論じ、文明を論じ、自由を論じ、品行を論じた文章が並んでいました。花立氏は論説で取り上げられている人物とその頻度を調べておられますが、第一位はジョージ・ワシントンで二四回、第二位はオリバー・クロムウェルで二一回、第三位はジョン・ミルトンで一六回、以下、イギリス革命期の議会指導者ハンプデン、ナポレオン、次いで、日本人首位の吉田松陰が一二回、豊臣秀吉、ルーテル、孟子、孔子、西郷隆盛と続いています。(14) イギリス革命、アメリカ独立革命への関心とともに明治維新への関心が強かったことがわかります。しかも、この雑誌には、「第二の維新論」が登場しています。明治一〇年代、憲法政治の幕開けを前にして、明治維新の精神をさらに前進させることが熱く語られていたのでした。

この大江義塾で蘇峰自身が学びかつ教え、ときに演説するなかで、自分自身の語るべき言葉を作り上げていったのですが、とくに明治一八年六月に自費出版し配布した『第十九世紀日本の青年およびその教育』は反響を呼び、田口卯吉の『東京経済雑誌』に掲載されたほか、井上毅も読んで近しい人に評価を伝えたそうです。それに勢いをえて、蘇峰は当時の自分の勉強の総決算として翌年『将来之日本』を書いて上京、田口卯吉の経済雑誌社から公刊することになりました。もっとも、田口は良い本は必ずしも売れる本ではない、だから費用はそちらで工面するようにとのことで、そこで出版援助をしてくれたのが湯浅治郎でした。湯浅治郎は群馬県安中の素封家で、新島襄に傾倒し、当時は京都で同志社の経営に携わっていた人物でした。彼は蘇峰の姉初子の夫に当たります。ご承知のように、この治郎と初子の子どもが、戦前に同志社大学総長、戦後に国際基督教大学（ＩＣＵ）の初代学長を歴任した湯浅八郎です。

田口卯吉が売れ行きを心配したこの『将来之日本』は、大変な好評で迎えられました。徳富自身がいうには、『将来之日本』が出版された後の徳富は、『ミルトン論』が出た後のマコーレーと同じように、世間で評判を得たということです。その翌年、先に自費出版した『第十九世紀日本の青年およびその教育』を増補して『新日本之青年』として出版、この二著が徳富の出世作で、「明治の青年」世代の論壇の旗手として注目を集める存在となりました。徳富は中央論壇での活躍を期して、一家で熊本を引き払い赤坂霊南坂の借家に落ち着くことになりますが、その時徳富家を世話したのが霊南坂教会の牧師小崎弘道で、小崎は熊本洋学校、同志社以来の徳富の先輩でありました。

それはともかく、『将来之日本』と『新日本之青年』の主題が、それぞれ福沢諭吉の『文明論之概略』と『学問のすゝめ』と対応していることが注目されます。この事実はあまり指摘されていないようにも思ったのですが、やはり熊本バンドの一人で、同志社から早稲田大学教授となった浮田和民の指摘があります[15]。ここでは、徳富の論が福澤に学び、かつ福澤の論点を継承し展開させたものであり、かつ、重要な点においてキリスト教的立場から福澤に対して大胆な批判を試みていることを考えてみたいのです。大江義塾では「第二の維新」を標榜していたことはすでに述べましたが、第二の維新の担い手は「明治の青年」にほかなりません。第一の維新を導いたのは、当時三〇代半ばの天保生まれの人々でした。その人々もいまや五〇の半ばを過ぎて「天保の老人」となっている。福澤を含む「天保の老人」に退場をもとめつつ、「明治の青年」徳富は自分たちこそが新日本の建設者となることを宣言したのでした。

四　文明史論をめぐって

今日では忘れられた思想家に等しい徳富蘇峰とは違って、福澤諭吉は広く注目を集め、近代日本のもっとも重要な思想家の一人として絶えず論じられています。福澤は豊前中津藩士の子弟で、一〇代の終わりにペリーの来航を迎え、長崎と大阪で蘭学を学んだ後、一八五九年に開港地横浜を訪れて英語を学びはじめ、一八六〇年（万延元年）の遣米使節団に志願して加わり、それを機に英語の能力を買われて幕府外国方、今日流にいえば外務省の職員として迎えられ、翌年にはヨーロッパへの使節団にも加わりました。この訪欧に際しては、「西洋探索」、すなわち西洋諸国の調査の命を帯びていました。福澤は対外的な折衝における通訳や翻訳業務にたずさわり、その傍ら、私塾で教えながら学び、幕末に『西洋事情』を刊行して一躍注目を集めることになります。『西洋事情』はそれまでの福澤の西洋研究の集大成というべきもので、アメリカをはじめ西洋諸国の歴史、統治構造、財政事情、軍事力を紹介したものですが、徳川慶喜をはじめ多くの日本人はこの福澤の本を読んで西洋社会の姿を知ることができたといわれています。

福澤は維新後、新政府の仕官要請を断り、もっぱら教育と出版に力を注ぐことになりますが、明治五年の『学問のすゝめ』初編の出版は本格的な啓蒙活動の開始を告げるものでした。それは維新政府が廃藩置県を断行して開明政策に舵を切ったのに呼応して、新しい時代の新しい学問を提示したもので、意欲的な知識青年に道しるべを与えるものでした。ご承知のように、『合本学問のすゝめ』は明治九年にかけて折に触れて話したり書いたりした一七の小編から成り立っていますが、福澤の体系的な書物としては明治八年刊行の『文明論之概略』があります。西洋の文明史論を手がかりに日本の過去を振り返り、維新後の日本の歩むべき方向を示した著作として、日本近代思想史上、記念碑的な書物といわなければなりません。

一八歳年下の徳富蘇峰にとって、福澤諭吉は仰ぎ見る存在でした。少年のころ蘇峰は福澤が子ども用に書いた『世界国尽』を繰り返し暗記するほど読んでいましたし、熊本洋学校を離れて上京した際に、福澤が刊行した新しい雑誌『家庭叢談』をいち早く購入するために汗をかきつつ歩いたこともありました。また、同志社時代には、先にもあげた先輩の浮田和民に示唆されて福澤の文章に親しんでおり、ジャーナリスト志望であった徳富はその後も、継続的に福澤の文章に接していきます。ただし、大江義塾時代の徳富は、先にみたテキストブックだけでなく、内外の大量の著作に接しており、徳富がことさら福澤の著作を研究し、検討を加えたという証拠はありません。しかし、『将来之日本』、『新日本之青年』を注意深く読んでみると、ここかしこに福澤のモティーフが取り上げられ、展開され、さらには批判されていることがわかります。

『文明論之概略』緒言で福澤が、開国後の日本の状況を「極熱の火を以《もっ》て極寒の水に接するが如」き経験であると記したことはよく知られています。すなわち、幕末日本の西洋諸国との遭遇は、地理の区域を異にし、文明の元素を異にし、その元素の発育を異にしたものとの遭遇であり、とても形容できない異様な経験であると指摘しているのです。これを徳富は、バベルの塔の時代から最近の西洋諸国の世界的進出の時代まで、「およそ人類の記憶に存する時代の歴史をもってこれと比較せんと欲するも、ほとんどその比較を尋ぬるに苦しむほどなる一種奇々怪々喜ぶべく驚くべきの時代」であると受けています。(16) 徳富は福澤の指摘に同意して、開国後の日本には、人類の文明史上、非常にまれな事象が生起しつつあると指摘しているのです。

福澤は、明治維新もこうした異質な文明との遭遇の結果であると見ています。開国後の思想的な混乱を福澤は「人心の騒乱」と呼んだのですが、その結果、「転覆回旋の大騒乱」を起こした。それがすなわち「王制一新」であり「廃藩置県」であり、それは今も続いている。それを福澤は積極的に受け取り、「この騒乱は全国の人民文明に進まんとするの奮発なり。我文明に満足せずして西洋の文明を取らんとするの熱心なり」と捉えます。福澤の『文明論之概略』は日本がその文明に進む道筋を明らかにするものでした。これを受けて徳富も、「今日の変化は退歩の変化にあらず、進歩の変化なり。……今日の門出は絶望の門出にあらずして希望の門出なり」と捉えています。また、現状の日本の変化が、「所謂《いわゆる》火より水に変じ、無より有に移らん」とするもので、単なる「改進」進歩とはいえず、文明の「始造」であると福澤が述べたのに対して、徳富も「日本の変化といわんよりむしろ日本の復活再生《レゾレクション》というの当たれるにしかず。なんとなれば旧日本はすでに死せり。今日に生存するものはこれ新日本なればなり」と展開したのでした。[17]

明治初年にあって、福澤も徳富も西洋文明史を人類の普遍史として受け入れ、伝統日本をもその普遍史的な視野の下に位置付けて、それぞれ日本の文明化、日本の将来を主題としたのです。その場合、福澤は当時一般的であった文明の三段階論を前提としています。すなわち、未開―半開―文明という段階論で、中国やトルコなどと同じく半開状態にある日本は、農業を基盤とした社会で、都市も建設され国家も形成されているが、実学や科学的思考が成立せず、「旧を脩《おさむ》るを知て旧を改るを知らず[18]」、すなわち過去の支配、習慣の支配が続いている。これに対して文明状態に至れば、人々は活発に活動し、過去の習慣にとらわれず、実際的な学問に従事し商工業を発展させる、と見ています。

これに対して徳富の場合には、ハーバート・スペンサーの『社会学原理』の概念を用いて、「武備機関」を基礎とする社会と「生産機関」を基礎とする社会との対比に注目します。これはそれぞれ Military Type of Society（軍事型社会）と Industrial Type of Society（産業型社会）の訳語ですが、前者では、「軍隊組織の精神」が支配的で、「強迫の結合」が見られ、社会関係は「主人と奴隷」として編成されている。後者では、「経済世界の法則」が支配的で、「自由の結合」が一般的で、社会関係は「同胞兄弟」として平等な関係で結ばれている、というわけです。知的状況でいえば、前者は少数の知者はいるが大半は愚者であるのに対して、後者では平均的な知者が存在する。前者が貴族的であるとすれば、後者は平民的性格をもつ。徳富において過去の日本から将来の日本への転換は、この「武備機関」から「生産機関」への移行として構想されたのでした。[19]

五　学問論をめぐって

徳富の『新日本之青年』も、出発点においては福澤の『学問のすゝめ』を継承するものでした。福澤が『学問のすゝめ』初編で、伝統的な和漢の学ではなく、西洋の学問を奨励したことはいうまでもありませんが、『新日本之青年』も古い学問の批判から始めています。徳富の見た伝統日本は、ピラミッドのような固定された身分社会で、学問は「封建社会の大翼の下に生長したる」もので、あたかも「暖室中の花卉《かき》」のように一種の愛玩品であるといいます。「書画の如く、彫刻の如く、巻絵、繍箔《しゅうはく》、象牙、金石細工等の美術品と均しく、以て美妙の情を娯ましめ、以て趣味の念を動かすの一具」に過ぎないというわけです。これは福澤が旧来の学問について述べた「唯むずかしき字を知り、解し難き古文を読み、和歌を楽しみ、詩を作るなど、世上《せじょう》に実のなき文学」という性格付けを展開したものにほかなりません。(20)

福澤はそうした「実なき学問」ではなく、「人間普通日用に近き実学」を勧めたわけで、「イロハ四七文字を習い、手紙の文言、帳合の仕方、算盤の稽古、天秤の取扱等を心得」、さらに西洋の学問に及んでいます。すなわち「地理学」「究理学」（物理学）「歴史」「経済学」「修身学」を学ぶように、というわけです。これらの学問は、「物事の道理」を教え「今日の用を達する」実用の学問と評価されたのでした。この『学問のすゝめ』初編の刊行から十数年後、徳富は実用的な新しい学問が普及している現実に目を向け、そこで生じた新しい問題を提起することになります。すなわち、維新政府が開明政策に転じた後、政府組織は財政から法制度、兵制に至るまで西洋化政策をとった結果、否応なく西洋の学問が必要とされることになりました。とりわけ、明治二三年の国会開設を前に西洋の学問が勢いを増しています。開国後の商業世界でも、新学問を必要とし、道路、鉄道、港湾の建設であれ、新しい産業の育成には新学問が不可欠となったのです。(21)

さらに、学ぶ主体に目を転じると、安定した封建社会が崩壊し、二〇〇万の士族が世襲の地位を失った結果、彼らは学問によって生活をたてることが必要となりました。徳富はこの新しい学問の特徴を、古い学問と比較して「生活的」であると指摘します。福澤が「一身の独立」、「一国の独立」のために新しい学問を提唱したとき、それは従来の依存的生き方の批判を含むものでしたが、明治二〇年ごろになると、学問による「一身の独立」は、精神的意味合いよりも、差し迫った生活の必要から捉えられているといいます。今日では、「青年学生に向ひ、学問は何の為にするやと問わば、生活の為になすなりと答へる」であろうし、そういわないまでも、心の底にあるものはそれであるといいます。「師範学校に入り教員たらんと欲するもの、医学校に入り医師たらんと欲するもの、職工商業農学校に入り、職工、商業者、農家たらんと欲するもの、各種学校に入り各種の学を修るもの、専門大学校に入り専門学を講ずるもの、誰れか生活的の目的にあらざるものあらんや。」(22)

学問はすべては生活が目的となってしまった。これに加えて、徳富は、新しい学問のもうひとつの特徴は「偏知的」であることを指摘します。旧学問である儒教はもっぱら「仁義道徳」に向かったのに対し、新学問は「其《そ》の全力を挙《あげ》て知識の一点に熱注し、殊に形而下の一点に凝結し、旧来の道徳論の如きは迂腐陳套《うふちんとう》の笑草」とされているといいます。注目すべきことに徳富は、それゆえに新しい学問には「懐疑的」性格が付きまとうと付け加えています。伝統日本では学問は信によって維持されていた。「曰く信ぜよ、是《こ》れは聖賢の命なるぞ。曰く遵守《じゅんしゅ》せよ、是れは祖先の遺伝なるぞ」と。ところが、新しい学問は、なんら内的な確信なしに受け入れられている。徳富は新しい学問を唱える者たちに精神的な空洞があることを次のように鋭く指摘しています。

今日に於て自由を愛すると唱る者、必ず真に自由を愛する者にあらず。政府に党する者、必ず真に政府の忠臣たるにあらず。唯物説と云ひ、進化論と云ひ、宗教と云ひ、皆一種蟬噪《せんそう》蛙鳴《あめい》の好題目にして、其の信ずる所を問ば曰く、民権も可なり、官権も可なり、人を猿猴の子孫と云ふも可なり、上帝の創造と云ふも可なり(23)……

新しい学問、生活のための学問に従事する者たちには、安心立命の点はなく、ただ不信仰と不安心のみが残るといわれるのです。

実は福澤自身、開国維新後の社会変動によって青年層の間に主体性の危機が生じていることを指摘していました。異質文明との遭遇は「人心の騒乱」をもたらし、人間の絆、モラル・タイが失われている。すなわち、封建時代には、人間の交際に君臣主従の間柄があり、人々はそれに沿って品行を維持してきた。それが日本の文明化が進み、伝統日本の「古習の一掃」により「開闢《かいびゃく》以来我人民の心の底に染込《しみこみ》たる恩義、由緒、名分、差別等の考は漸《ようや》く消散して」しまった。とすれば、「学問も仕官も唯《ただ》銭のためのみ、銭さえあれば何事を勉《つと》めざるも可なり」となる(24)。徳富はこの問題を、新しい学問が普及していった中での知識青年の精神の空洞化、内面的危機として再提出しているのです。

徳富が考えるには、この知識青年の道徳的確信の欠如に対する対処法として、三つの立場がありました。ひとつは「復古主義」、すなわち「封建時代の教育を今日の世界に回復」しようとする立場、次に「偏知主義」、これは知識偏重の新しい学問がさらに進展するにつれて、おのずから社会道徳も生まれてくるとする立場。最後は「折衷主義」、すなわち一方において「知育に於ては、泰西的の新主義を以て之を発揮し、徳育に於ては、東洋流の旧主義を以て之を鼓舞」しようとする立場です。[25] 徳富は、「復古主義」は到底問題にならないし、本来異質なものを組み合わせようとする「折衷主義」はむしろ精神的な混乱をもたらすと批判します。「偏知主義」に対しては、おのずから社会の道徳が生ずるといっても、一個人の道徳が基本である。偏知主義にはその一個人を導く道徳がないと批判するのですが、その批判のやり玉に挙げられているのが福澤諭吉に他なりません。福澤の『徳育如何』には、儒教主義の批判はあるが、今日の不遜軽躁《ふそんけいそう》な学生たちを導く積極的な道徳論は見られないというのです。

福澤は「少年子弟の不遜軽躁なるを見て之を賛誉する者に非ずと雖《いえ》ども、その局部に就《つい》て直接に改良を求めず、天下の公議輿論《よろん》に従て之を導き、自然にその行く所に行かしめその止《とどま》る所に止まらしめ、公議輿論と共に順に帰せしむること、流《ながれ》に従て水を治るが如くならんことを欲する者なり」という。[26] しかし、徳富は、これは公議輿論自体が教育によって作られる側面を全然みておらず、公議輿論を絶対視することではないか、「公議輿論の前には固《もと》より泥土の中に拝跪《はいき》するも敢《あ》えて辞《じ》せざるの情あるは何ぞや。此の如きものを独立と云う乎、不羈《ふき》と云う乎、学者の本分と云う乎、吾人は斯《ここ》に疑を解くこと克《あた》はざるに苦む也」[27]というわけです。

六　「平民道徳」の提唱

徳富は、教育の目的はただ「生活を得るの道」を教えるだけであってはならず、精神的な目的に及ばなければならないと考えます。生活のためだけであれば「富をもって尊神」とすることになる。人間は家庭の一員としては、よき父母、兄弟となり、国家の一員としては、「忠実にして義烈なる愛国の人民となり」、相互に相手の「権理を貴重し、他人を同等視し、……これを同胞視し、相愛し、相親しみ、悦ぶ者と共に悦び、悲しむ者とともに悲しむ」のが望ましい。すなわち、「暖衣飽食の教育」にとどまらず、「人たる職分を尽くし、その幸福を享有する」ことが望ましい。それは別に言えば、人間的な能力を「完全善美にいたるまで発達させること」である。したがって、西洋的な知とそれにふさわしい徳の教育、いわば「知徳一致」の教育を目指さなければならないと論じたのでした[28]。

実際的にいえば、徳富は「泰西自由主義の社会に流行する道義法」に学ぶことを提唱しています。日本は西洋社会をモデルに、政治制度、経済制度を整えようとし、西洋の学問を身に付けようとしながら、「泰西の道義法」には無関心であるのはどうしたのか。「復古主義者」はいうまでもなく、「折衷主義者」は西洋の知識と東洋の道徳の二元論で対処できると考え、福澤に見られるように「偏知主義者」は積極的な道徳論に取り組んでいない。これに対して徳富は、「願くは彼の小学近思録の道徳に代るに、自助論品行論等の道徳を以てせよ」といい、日本の現状はそうした教育を待ち望んでいると述べます。そして「若《も》し以上の方法に従ひ以て醇正切実なる徳育法を組織し、此れを今日の児童より訓練せしむるときに於ては、明治第二の時代は必ず忽《たちま》ち活発にして端正なる君子を以て充満するに到らん」と叫んだのでした。(29)

興味深いことに、徳富はそうした教育を行う教育機関として私立学校の意義に触れています。青年の思想を高尚にし、精神を活発にし、品行を高める、そうした教育を行うには、官立学校よりも私立学校がふさわしいというのです。なるほど、官立学校では、公費を用いて書籍、機械を整備し、立派な校舎を整え、教員も事務職員も充実している。これに対して私立学校は、外見は茅屋破窓《ぼうおくはそう》で貧弱この上ないが、教師は親切に指導し、学生相互の関係は友愛厚く、自治の精神も発揮され、独立剛毅《どくりつごうき》の人物を輩出しているではないか、というわけです。官立学校は「生徒を遇する器械的にして、一の規矩準縄《きくじゅんじょう》の下に教育するものなり。私立学校なるものは、生徒を遇する精神的にして、感化儀表の上に於て之を訓練するものなり」(30)というのです。

明治二〇年に刊行されたこの『新日本之青年』は、明治一八年に個人的に刊行された『第十九世紀日本の青年およびその教育』に、冒頭の小編「新日本之青年」を付加したものでした。ここで徳富は、泰西文明には「物質的文明」と「精神的文明」の二面があることを指摘しています。すなわち、一方は肉体の世界、他方は霊魂の世界、一方における自愛主義と他方における他愛主義、一方における知力の世界と他方における道徳の世界がある。個人においても、政治家グラッドストンは、国会にあって「石破れ天驚くの猛勢を鼓して、反対党と舌戦する」一方で、「日曜日に於ては、寂寥なる孤村の会堂に於て、恰も無邪気なる小童の如く祈禱文を読み、唱歌をなし」ている。イギリスでは「一刻千金の商機の世界に立つ、商人すら、尚ほ安息日に於いては店を鎖し、其の子女を誘引して会堂に参拝する」ではないか。(31) とすれば、西洋の物質文明を望むのであれば、さらに目をあげて精神文明を望まなければならないし、泰西の自活社会に入るのであれば、さらに一歩進んで泰西の道徳社会に入らなければならないというわけです。

吾人は望む、我が明治の青年に望む。……文を学ぶものは光明正大なるミルトンの筆を学べ。武を学ぶものは義侠《ぎきょう》敬虔《けいけん》なるゴルドンの剣を学べ。説教師とならんと欲するものは、慈眼愛賜《じがんあいちょう》のホイットフィルトを見よ。政治家とならんと欲するものは、正を踏んで懼《おそ》れざるブライトを見よ。改革者とならんと欲せば天下の憂に先て憂るコブデンを見よ。而して吾人は再び明治の青年に望む。其の事業を学ばずして其の心術を学べよ。物質的の現象を見ずして精神的の現象を見よ。それ泰西外形の文明は或は金を以て之を購ふ可し。然れども其の内部の文明に至りては、涙を以て之を購はざる可らず。嗟呼《ああ》旧日本は死せり、而して今や新日本は既に更生せんとす。此の新日本をして天に聳《そび》へ、地に蟠《わだかま》り、恒《つね》に上帝の恩寵に浴せしめ、赫々たる光栄を四海に発射せしめんと欲せば、唯《た》だ須《すべか》らく此の新人民をして、其の積誠の熱《あつ》

火《び》を以て、此の新国に向て此れが洗礼を施さしめざる可らず。嗟呼、是れ豈《あ》に冷笑の時ならん哉《や》。(32)

こうした徳富の立場は、「偏知主義者」福澤における、道徳教育論の欠如、西洋道徳論への消極的態度、さらにはキリスト教の無視に対する批判を意味したわけです。徳富は、この主題を、福澤諭吉に対する新島襄の立場としても語っています。明治二一年、徳富は自らが民友社を設立し刊行した日本最初の総合雑誌『国民之友』一七号に、「明治の二先生、福澤諭吉君と新島襄君」を書いています。そこで徳富は福澤を「物質的知識」の教育者、新島を「精神的道徳」の教育者として位置付けています。福澤は「文明の人となり、生活社会に立って、あえて人に後れを取るなからんことを勧むる」のに対して、新島は生活を忘れているわけではないが、「さらに高尚なる生活世界に立」つことを勧めているというのです。

高尚なる生活社会とは、即ち精神的の世界にして、之を宗教家としては、ただに祈禱讃美をなす宗教たるのみならず、併せて上帝の眼中に於て義とせらる丶宗教家たらんを欲し。之を政治家としては、独り利巧なる政治家たるに止まらず、併せて民を愛し国を愛するの政治家たらんを欲し、これを文学者としては、独り能文なる文学者たるに止まらず、併せて正義を愛し真理を愛する誠実なる文学者たらしめんと欲し。之を事業家としては、独り経営力作の事業家たるのみならず、併せて正真隣愛なる事業家たらしめんと欲し。之を人民としては、独り其の衣食に汲々たるのみならず、併せて其の品行性質気風の上に於て、更に高尚甘美なる所の生活を得せしめんと欲す。(33)

このように徳富は、明治の日本には、福澤の「物質的知識の教育」だけでは不十分で、新島のキリスト教を基盤とする「精神的知識の教育」、平民社会の道徳の教育が急務であることを訴えていたのでした。

七　福澤におけるキリスト教

福澤はこうした徳富の批判には一切応答していません。したがって、徳富の批判をどう受け止めたのか、福澤側の資料は一切ないのですが、『学問のすゝめ』に即して、徳富の批判の妥当性を考えてみることにします。徳富は福澤を西洋の学問の先導者ではあるが、知識の教育に偏り、道徳教育には積極的でなく、「精神的知識」には触れない「物質的知識」の教育者と見ていました。たしかに、『学問のすゝめ』は従来の和漢の学問を実用的でないと退け、社会に役立つ西洋の学問を身に付けることを勧めていました。西洋の学問によって「一身の独立」を果たし、さらには「一国の独立」に貢献することを福澤は若者たちに訴えていたのです。その「一身の独立」

を可能とする学問を、徳富は「生活のための学問」と捉え直し、「物質的知識」だけでよいはずがない、西洋の学問をその精神の深みから学ばなければならない、福澤は知識偏重、「偏知主義者」だ、と批判したのでした。

しかし、改めて『学問のすゝめ』をみるとき、福澤には道徳論がないという徳富の批判は必ずしも成り立たないことがわかります。たとえば、福澤は初編で「人間普通実用に近き実学」によって「一身の独立」を図ることを勧めたすぐあとで、「学問をするには分限を知る事肝要なり」として、自由独立したものの「分限」に触れています。福澤は「唯《ただ》自由自在とのみ唱えて分限を知らざれば、我儘放蕩《わがままほうとう》に陥る」というのですが、その分限とは何かといえば「天の道理に基き、人の情に従い、他人の妨《さまたげ》を為さずして我一身の自由を達すること」だといいます[34]。その限りで分限は消極的道徳なわけですが、福澤は「一身の独立」にはモラルが必要であることを知っていたのでした。

さらに、二編の冒頭では、学問を「智識見聞の領分を広くして、物事の道理を弁《わきま》え、人たる者の職分を知ることなり[35]」と定義しています。ここでいう「職分」とは、英語の duty の訳語ですから、『学問のすゝめ』の学問には明らかに道徳学も含まれています。しかも、「書中に記す所は、西洋の諸書より、或はその文を直に訳し、或はその意を訳し……一般に人の心得と為るべき事柄を挙《あげ》て、学問の大趣意を示したるものなり[36]」というわけですから、むしろ道徳学が『学問のすゝめ』の主題であるとさえいえることになります。たしかに、「一身の独立」も「人の心得」に他なりませんし、「人は同等なること」、「国法の尊重」、「国民の職分」、さらに「我が心をもって他人の身を制すべからず」、さらには「偽君子」「怨望《えんぼう》」「世話」といった『学問のすゝめ』の主題は、道徳論に他ならないのです。

徳富は、東洋道徳に代えて、西洋の道徳論に学ぶことを提唱していました。実は、この時点で福澤自身が西洋の道徳論に学んでいることも注目されます。[37]ここで福澤が参照している西洋の道徳書とは、フランシス・ウェーランドの『道徳学原理』(*Elements of Moral Science*)でした。伊藤正雄氏によって指摘されておりますが、福澤は二編、三編、六編から八編を、ウェーランドを参照しながら書いております。[38]ウェーランドはもともとバプテスト派の牧師で、ロードアイランドのブラウン大学の学長に就任し、道徳哲学を担当し、『道徳学原理』と『政治経済学原理』の二つの大学教科書を刊行しています。当時はまだ、スコットランド啓蒙の先駆者フランシス・ハチスンの伝統に従い、政治経済学も道徳哲学の一分野と位置づけられており、この二著とも、当時のアメリカの大学で用いられた標準的な教科書でした。

ウェーランド『道徳学原理』第二編「実践倫理学」は、第一部「神への愛、すなわち敬虔」と第二部「人間への義務」に二分され、福澤はこの第二部で展開される「相互の義務」(reciprocity)、とくに市民社会における相互の義務の部分を参照し、政府に対する人民の職分を論じています。また、『学問のすゝめ』八編「我心を以て他人の身を制すべからず」は、やはり「相互の義務」に関わる「身心の自由」の部分を参照したものでした。ここでは、「人の一身は他人と相離れて一人前の全体を成し、自からその身を取扱い、自からその心を用い、自から一人を支配して、務《つと》むべき仕事を務る筈《はず》のものなり(39)」として、改めて一身の独立を語っていますが、この部分はウェーランドの訳述ともいうべきものでした。

実は、この時期福澤は西洋の道徳書をもう一冊熟読しています。というよりも、福澤自身が翻訳し刊行した『童蒙教草』があり、これはもともとスコットランドのチェンバーズ社から刊行された児童用教科書『モラル・クラスブック』(*The Moral Class-Book*) です(40)。この原書は稀覯本で入手が困難と考えられてきましたが、最近ではリプリント版がでています。私自身数年前アマゾンで見つけてさっそく取り寄せてみましたが、そこで気が付いたことのひとつは、福澤が『学問のすゝめ』を書く上で、この本をモデルにしているのではないかということです。たとえば、五編冒頭で福澤は「学問のすゝめはもと民間の読本、又は小学の教授本に供えたるもの」と言っていますが、福澤が翻訳していない『モラル・クラスブック』の編集者序文に、「この小さな本は一〇歳くらいの児童によって、学校であるいは個人指導の場で用いられることを意図していま す」とほぼ並行する記述があります。それはともかく、徳富に先立って、徳富と同じく、福澤自身が西洋の道徳書に学び、内容を摂取し、自己の著作で用いていることは確かなのです。

では、キリスト教についてはどうでしょうか。聖職者にして学長であったウェーランドの書物が、キリスト教信仰を前提としていることは明らかですし、たとえば、『道徳学原理』でも、人間の「良心」の不完全さを指摘しながら、「自然の光」「聖書の光」の重要性を指摘していました。

『モラル・クラスブック』でも、折に触れて聖書が引用されています。しかし、福澤はその部分は省略しており、聖書という言葉は古書と言い換えています。福澤はキリスト教に関わる部分を無視したとも取れますが、キリスト教が警戒されていた時期であることを考慮しますと、慎重に避けたとも考えられます。事実、『モラル・クラスブック』の最後では「宗教」が取り上げられ、モーセの十戒も記されていますが、『童蒙教草』ではその部分も省略されています。

ただし、福澤がキリスト教に対して排他的であったかといえば必ずしもそうではありません。明治四年に福澤が記した文書に「ひびの教え」があり、子どもたちの教育のために用いたのではないかと考えられていますが、そこにはモーセの十戒の一部が記されているのです。

「てんとうさまをおそれ、これをうやまい、そのこゝろにしたがふべし。たゞし、こゝにいふてんとうさまとは、にちりんのことにはあらず、西洋のことばにてごっどゝいひ、にほんのことばにほんやくすれば、ざうぶつしゃといふものなり」「ち、は、をうやまい」「ひとをころすべからず」「ぬすみすべからず」「いつはるべからず」「むさぼるべからず」(41)

これは福澤が『童蒙教草』では省略したとはいえ、その「宗教」の部分を訳出していたことを示しています。しかも、十戒の一部を自分のこどもの教育に用いている。その限りでは福澤は道徳教育における宗教の意義を知り、キリスト教にことさら偏見は持っていなかったといえるのです。

そうだとすると、徳富の「偏知主義」との批判にもかかわらず、福澤は『学問のすゝめ』と『童蒙教草』以来、文明社会の道徳に積極的に関心を寄せていたし、西洋の道徳論に学び、キリスト教にも心を開いていたことになります。しかし、『文明論之概略』の福澤には、知識も道徳も双方とも必要ではあるが、「智徳の弁」、すなわち知識と道徳を区別し、道徳よりも知識を重視する議論が現れてきます。文明社会は、さまざまな事業が積極的に展開されるところであり、それを推進するのは知識である。知識は日進月歩、たえず前進している。進歩する知識をもって積極的に活動するところに、社会の進歩も生ずる。しかも、アダム・スミスによる経済法則の発見、ジェームズ・ワットの蒸気機関の発明に見るように、画期的な知識は広く普及して世界を一変させる力がある、というわけです[42]。

これはおそらくバックルの文明論から学んだことですが、福澤は宗教もまた、文明、知識の発展にともなって変化していると考えています。すなわち、今日キリスト教は文明の宗教として受け取られているが、むしろキリスト教が文明化されたものというべきではないか。プロテスタンティズムが有力なのも、プロテスタンティズムが「宗教の儀式を簡易に改め、古習の虚誕妄説《きょたんもうせつ》を省《はぶき》て正《まさ》しく近世の人情に応じ、その智識進歩《ちしきしんぽ》の有様に適す[43]」るからである。ヨーロッパの近代社会の生誕は、ルネッサンスと宗教改革から説明されますが、ルネッサンスの自由な探求が宗教に及んで宗教改革が生まれたと考えるわけです。それが証拠に、スウェーデン、スコットランドは、プロテスタント国にもかかわらず、人民は迷信に惑わされているが、カトリック国フランスには、知的に鋭敏活発な人が多いとも付け加えています。

福澤が道徳ではなく知識を重視する理由として、もうひとつ重要な論点がありました。それは日本の伝統的な道徳である「神儒仏」と西洋のキリスト教は、たしかにまったく別の教えであるが、「その善を善とし悪を悪とするの大趣意に至ては互に大に異なることなし」(44)と考えたのです。たとえば、伝統日本の模範的な人物にキリスト教の十戒を示したとして、たしかに、第一戒から第四戒、すなわち偶像禁止などの神に対する教えは知らないとしても、第五戒以下は、ほとんど知らずして実行していることばかりではないか、といいます。「君に仕えて忠、父母に事えて孝、夫婦別あり、長幼序あり、借金必ず払い、附合い必ず勤め、一毫の不義理を犯したることなし」、「家は極て節倹、身は極て勉強、弓馬《きゅうば》の芸、剣鎗《けんそう》の術、達せざるものなし。(45)」とすれば、こうした士族に積極的に西洋道徳を説く理由は考えにくいことになります。

八　蘇峰の挫折

日本の近代化に際して、西洋道徳を学べ、キリスト教に注目せよと叫んだ徳富に対する福澤の立場は以上のようなものですが、今日の知識人は徳富よりもむしろ福澤の立場に共感する人が多いのではないでしょうか。啓蒙主義以後の欧米の思想は、宗教とは切れたところから出発しており、宗教問題は重要だとしても、いわばカッコに入れておいてよい、いやむしろそうすべきだ、そうでないと思想の対立は宗教対立に直結してしまうと考えるのです。近代社会のルールは、宗教の自由を掲げて、諸宗教の立場には寛容であり、とりわけ近代社会のルールを非キリスト教世界に適用するときには、伝統宗教の尊重こそが望ましい。さまざまな宗教的立場が普遍的ルールのもとに共存する多元的社会であることこそが望ましい……たしかに、これが今日の世界常識ですが、本当にそれでよいのでしょうか。

ここでもう一度、徳富蘇峰の問題提起に立ち返ってみることにしたいのですが、すでに述べましたように、徳富は福澤の教えを受けて文明の知識を身に付けた人々を眼前において考えています。福澤先生は、新しい学問による「一身の独立」を教えた。しかし、新しい学問を身に付けた人々はどうか。徳富は「一身の独立」のための学問とは、一面では生活のための学問であり、明治の初年から医学部や法学部が人気だというのですが、むしろそうした人々の間に「叩頭学《こうとう》」が広がっているといいます。叩頭というのは頭で地面を叩き拝礼することであり、いわば他人のご機嫌をとることです。新しい学問をした人がどうして他人のご機嫌をとるかといえば、明治社会の新しい事業はほとんどが国家がらみであり、その国家プロジェクトで活躍するにはその筋の高官に叩頭しなければならないからです。徳富流にいえば、ただ新しい学問を身に付けるだけでは、独立人は生まれない、「泰西自活的の人」となる道を学ばなければならないのです。

いずれにせよ、近代日本の教育史において、知的教育の向上が道徳の向上と結びつかない、むしろ知的向上が伝統道徳からの脱却を促し、道徳心の空洞化を招くというディレンマは繰り返し指摘されています。であるからこそ、道徳的復古主義の反動も生まれ、西洋学問と東洋道徳の折衷主義も生まれたのでした。福澤の場合は、知的水準の向上によりおのずから公徳が生まれることを期待したのでしたが、それは必ずしも実現しなかったのです。

だいぶ前のことですが、ヨーロッパのある大都市の日本人クリスチャン・コミュニティに属する方からこんな話を聞いたことがあります。日本人のクリスチャン・コミュニティには、当然女性が多い。夫が政府関係であれビジネス関係であれ、駐在員として生活している。その女性たちの行動を見てみると、ご主人の役所なり会社なりの地位が、女性どうしの関係に現れている。つまり、夫が支店長であるか平の社員であるかに応じて、女性どうしの関係が影響を受けている。これがクリスチャンのコミュニティにして、これが日本の知的エリートの人間関係の一面なのです。これにはさらに続きがありまして、例外もあるというのです。例外は、ジャーナリストと学者の世界。彼ら・彼女らにはそのようなことはない。ではもう一歩進んで、ジャーナリストの世界、学者の世界では、日本の一般の社会と比べて新しい人間関係が育っているか、平民社会にふさわしい道徳的な絆が育っているのか。あるいは「仁義なき世界」が出現していることはないのか。

いささか極端な状況ではありますが、かつて山本七平がフィリピンで自ら経験した収容所生活について興味深いことを書いておりました。それは、一般の兵士の間には伝統的な人間関係のモラルがあったが、士官以上、会社でいえば課長以上の人々の間にはそれがなかったというのです。

軍隊のエリートたちは、軍隊組織が存続しているかぎりでは、みずからの役割を果たすことはできたが、それが崩壊したのちには、みずからの間で秩序を作り上げる力はなかった。日本軍の捕虜収容所で、欧米人の捕虜たちの間で自治組織ができあがり、収容所内で紛争処理の裁判所までできたこととは対照的であったのです。

それは今日でも同じではないでしょうか。二〇一一年三月、東北を襲った大地震、大津波に対して、地域の人々がパニックに陥らず、悲しみを押し殺して、黙々と自然災害に対処しました。その姿は日本人の品性、民度の高さを示すものとして、海外メディアの称賛を集めました。他方、原発事故に直面した東京電力、関係官庁、政府の対応はどうだったのでしょうか。それらは平常時の日常業務を遂行するには優秀な組織であったのかも知れませんが、危機対応能力の欠如には目を覆うものがありました。これに対して経営幹部が悪い、官僚が悪い、政治家がだらしないなどと言われますが、その根は深いことを知らなければなりません。知的エリートの間では、その職責にふさわしいモラルが育っていない。その点では、福澤が期待したように、社会生活の経験がそれにふさわしいモラルを作り上げるという見通しは甘かったのです。福澤自身そのことを気にして、弟子に命じて晩年に『修身綱要』を作成させましたが、今日では忘れられています。

では、徳富の福澤批判に理があるとして、その後の徳富の描く理想のシナリオは実現したのでしょうか。徳富が論壇にデビュー後ただちに民友社を結成、日本最初の総合雑誌『国民之友』を刊行して、積極的な言論活動を展開したことはすでに触れました。その『国民之友』一二号（明治二〇年一一月）の論説「キリスト教徒まさに政治上の勢力たらんとす」では、ヨーロッパ文明と密接な関係を持つキリスト教は、日本でも「婦人と少年とを味方」として、組織的に活動を開始していることが語られています。キリスト者は少数派ではあるが、多くの知力と財力を持ち、社会の進歩の一大勢力となっていると指摘されています。同誌三五号「同志社学生に告ぐ」では、「一国をして常に新鮮ならしめ、健全ならしむるもの」は「少数者の力」で、その少数者こそ「一国の良心」である。その担い手こそあなたがたではないか、「真理を愛し、人を愛し、上帝を愛」する、そうした人物を養成することこそ新島先生の志ではなかったか、とその志を受け継ぐことを訴えたのでありました。

徳富が「明治の青年」とともに期待したのは、「田舎紳士」でした。「田舎紳士」とは英国のカントリー・ジェントルマンの訳語ですが、徳富は進取の精神を持った経営的な地主、村内の指導層たる豪農層に社会の中堅を担うものとして期待を寄せていました。彼らが子弟に開明的な教育を施し、新たなる産業を起こし、平民道徳を身につけるに至るとき、日本に中等階級が生まれてくる。「独立自治の平民」、「自治自活の社会」が誕生すると考えたのでした。興味深いことに徳富にとって、イギリスの田舎紳士の代表はイギリス革命の指導者オリバー・クロムウェルで、日本の田舎紳士の代表は西郷隆盛でした。徳富はこの二人に共通して、質朴さ、真摯さ、堅固な精神、実行力、勇気が見られると注目しているのです。

しかし、徳富の期待は順調に実現することはありませんでした。キリスト教の役割に注目した論説から四年後、『国民之友』一一八号（明治二四年五月）「心理的老翁」で、徳富はキリスト教から青年の覇気が失われ、「厭世者流《えんせい》」がはびこっていると批判しています。キリスト教は、「進取、改革、希望、有為の宗教」ではなかったか。それが、「恋病人の如く」「禅僧の如く」なり、「安逸を愛し、無事を愛し、平穏を愛し、而《しこう》していわゆる悲哀の快感を愛し」といった状態になってしまった。「彼らの文章は多くはこれ一種の絶命詞なり、彼らの演説は、いつも葬礼演説なり」。なぜそうなってしまったか。これには詳しい分析があるわけではありませんが、徳富は、ひとつにはキリスト教の仏教化、もうひとつには、キリスト教徒が「世界の人」ではなく、「世界の外に隠居する人」となったと指摘しています。いずれにせよ、明治のキリスト教は徳富が期待した役割を果たすことはできなかったのでした。

したがいまして、本日の主題である徳富の福澤批判の立場は、その発表から五年ほどで挫折してしまったものでもあります。とくに、日清戦争後の徳富は、清から割譲を受けた遼東半島をドイツ、フランス、ロシアの三国干渉にあって返却を余儀なくされたことで、「力の福音」の洗礼を受け、精神的に別人となったといっています。徳富は従来マンチェスター学派に学び、諸国間の経済交流の進展は国際的な平和世界を作り上げると想定していたのですが、現実の国際関係は力がなければ道理が引っ込む世界であることを実感した、といいます。(46)「力の福音」に転向した徳富はロシアとの戦争を予期して、藩閥政府と妥協し、臥薪嘗胆《がしんしょうたん》、国力充実のために邁進することになったのです。そしてその日本帝国の膨張政策を支えるものは、もはやキリスト教を基盤とする「平民道徳」ではなく、「皇室中心主義」に取って代わられるのです。

九　むすび

今日お話した徳富蘇峰の立場が、もう一度日本の思想史に現れるのは戦後のことです。占領軍の下、戦後の民主化のための戦後改革が実行されるなかで民主主義の基盤としてのキリスト教の意義が問われ、それは国際基督教大学（ＩＣＵ）設立の背景ともなりました。大学の設立にあたっては、日本のキリスト教関係者以外からの寄附が多く寄せられたと聞きますが、戦後日本の再出発にあって幅広い人々がキリスト教に期待を抱いていたことを示しています。そのＩＣＵの初代学長となったのが、先に触れましたように、「力の福音」に転向し、「皇室中心主義」を唱えて日本帝国を盤石なものとしようとした徳富蘇峰の甥の湯浅八郎であったことは、歴史のアイロニーというべきでしょうか。

私はＩＣＵ一四期生でありますが、入学式で当時の理事長湯浅八郎の話を聞いた最後の世代に属するかも知れません。湯浅先生はそのような場面では、半分は英語、半分は日本語で話されました。湯浅先生は、半分は日本人で、半分はアメリカ人だよという先輩の注釈が耳に残っています。近年、武田清子教授による評伝(47)も出版されておりますのでご承知の方も多いと存じますが、湯浅は同志社の普通学校、今日流にいえば中学、高校を卒業したのちに、単身でアメリカに渡り最初は労働移民と同じように開拓農場で働き、その後大学に入学し、イリノイ大学で博士号を取得しています。そのキャリアが評価されて、京都帝国大学農学部教授に招かれました。アメリカ生活が一五年ほど、さらに一〇年ちょっとの帝国大学教授を経て、美濃部達吉の天皇機関説が攻撃された年に、四五歳にして同志社大学の総長に就任しています。

湯浅八郎はアメリカ生活が長いことから、ＩＣＵ学長の仕事もアメリカの側からの啓蒙者として理解されることもありますが、戦前の同志社総長としての経験が注目されます。湯浅は右傾化の風潮の中でさまざまな事件に遭遇しました。ひとつだけ挙げると、「神棚事件」がありました。あるとき、武道部の学生が道場の正面に、神棚を祭った。校長が取り外しを求めたことから、同志社は日本の神道、皇室をどう考えるかで大問題になったのでした。湯浅先生は大変率直な方で、こうした場合同志社の神学部の先生が頼りになるかと思いきや、むしろ自由主義、マルクス主義系の先生方が頼りになったと回想しています。(48)

戦前の日本は、福澤のいう「モラル・タイの喪失」、徳富のいう「精神的な裸体の社会」を、天皇への恭順を基調とする道徳によって立て直し、弱肉強食の国際世界における日本国の独立を図り、日本帝国を築きました。しかし、その結果はどうであったのか。当時の呼び方でいえば「大東亜戦争」の敗戦によって、戦後日本はもう一度、明治初年の出発点、福澤流にいえば「文明の精神」、徳富流にいえば、「平民道徳」の問題に直面することになったのでした。戦後日本では、福澤や徳富の顰《ひそみ》に倣い、近代の英米社会を参照基準として、軍事力に傾斜した旧日本を批判し、日本の民主化の条件をさぐる論説が注目を集めました。その「近代主義」といわれた学者の中で、とくに近代化におけるキリスト教のモーメントを重視したのが、大塚久雄教授であり、大塚教授の場合はマックス・ヴェーバーに学びつつ、徳富がキリスト教と一般的に述べたものを、プロテスタンティズム、それも禁欲的プロテスタンティズムと厳密に捉え、近代資本主義のエートスの発生史を描きだしました。ちなみに、大塚先生は父上が同志社の校友であり、ご自身も徳富が学んだ経済学者のラーネッド博士ご夫妻が設立した今出川幼稚園、現在の同志社幼稚園の卒園生です。

その戦後もはや六七年経ち、ＩＣＵの創立六〇年を目前にして、若い徳富が提起した問題はもう過去のものと言えるのでしょうか。明治の宣教師のプロテスタンティズムはダーウィンの進化論に揺さぶられる以前のものであって、近代文明がプロテスタント世界と一体として捉えられていた時代のものでした。したがって、いまその立場をそのまま唱えることは、アナクロニズムかも知れません。時代はむしろキリスト教抜きで成功した日本の近代化の秘密に学ぶことを求めているかも知れません。しかし、日本は本当に成功したのでしょうか。民主主義の指標であれ、市場経済の指標であれ、どれをとっても日本は押しも押されぬ先進国でありますが、戦前を教訓にするならば、日本は模範国を追いかける小国の時代よりも、むしろ模範国を失って大国になってからが危ういことも忘れてはならないと思います。

最近、日本の戦後史はアメリカ従属の歴史であったという本が注目されていますが、しかし、日本は独立してどうするのか。近代日本には伝統的に基本方針がないのです。原発であれ、ＴＰＰであれ、社会福祉であれ、基本政策がない。方針がないと批判する野党の側にも、マスコミにも実は方針がない。そのことをいち早く指摘したのが日清戦後の内村鑑三で、方針が定まらないのは日本の国民と政治家に道徳念が欠乏しているからだといいます。「義にまさりて利を愛する者、天理にまさりて国を愛する者に大方針のあるべき筈《はず》なし。[49]」つまり、いつも目先の利害関係を計算していて、自己の利害を犠牲にする覚悟がない者に基本方針などできるわけはないというのです。本日冒頭で触れた本多庸一は、キリスト教を通して近代日本に貢献する国士となることを提唱しました。日本国の国士となるには、神の国の国士でなければならないということです。二〇一三年には徳富蘇峰生誕一五〇年を迎えましたが、本多、内村、徳富など、日本初代のプロテスタントの思想には、今日なお振り返られるべきものがあるのではないでしょうか。

（二〇一二年一〇月一九日、於・国際基督教大学）

注

（1）氣賀健生著、青山学院編『本多庸一――信仰と生涯』（教文館、二〇一二年）所収。
（2）同書五三ページ。
（3）徳富蘇峰『新日本之青年』明治二〇年刊、『近代日本思想大系八　徳富蘇峰集』（筑摩書房、一九七八年）所収。

(4) フレッド・G・ノートヘルファー『アメリカのサムライ——L・L・ジェーンズ大尉と日本』飛鳥井雅道訳（法政大学出版局、一九九一年）。
(5) 徳富蘇峰の生涯については、『蘇峰自傳』（中央公論社、一九三五年）。
(6) 同書七四ページ。
(7) 同書七九ページ。
(8) 同書八五ページ。
(9) 同書八四ページ。
(10) 杉井三郎他編『同志社・大江義塾　徳富蘇峰資料集』（三一書房、一九七八年）。
(11) 大江義塾については、花立三郎の次の二著がある。『大江義塾——民権私塾の教育と思想』、『徳富蘇峰と大江義塾』（いずれも、ぺりかん社、一九八二年）。
(12)『蘇峰自傳』一五三ページ。
(13)『大江義塾』一一六ページ以下。
(14)『徳富蘇峰と大江義塾』八一ページ。
(15) 浮田和民「福沢氏と徳富氏」、本井康博『新島襄と徳富蘇峰——熊本バンド、福沢諭吉、中江兆民をめぐって』（晃洋書房、二〇〇二年）所収。
(16) 福澤諭吉『文明論之概略』、『福澤諭吉著作集』第四巻（慶応義塾大学出版会、二〇〇二年）所収、四ページ。徳富蘇峰『将来之日本』、『日本の名著　徳富蘇峰・山路愛山』（中央公論社、一九八四年）所収、六七ページ。
(17)『文明論之概略』四ページ、『将来之日本』六九ページ。

(18)『文明論之概略』二三ページ。
(19)『将来之日本』七七、七八ページ。
(20)福澤諭吉『学問のすゝめ』、『福澤諭吉著作集』第三巻所収、七ページ。徳富蘇峰『新日本之青年』二二ページ。
(21)福澤諭吉『学問のすゝめ』七、八ページ。徳富蘇峰『新日本之青年』二五、二六ページ。
(22)『新日本之青年』二九ページ。
(23)『新日本之青年』三一ページ。
(24)『文明論之概略』二九七、二九八ページ。
(25)『新日本之青年』三七ページ。
(26)福澤諭吉『徳育如何』、『福澤諭吉著作集』第五巻所収、三二二、三二三ページ。
(27)『新日本之青年』三七ページ。
(28)『新日本之青年』四四―四七ページ。
(29)『新日本之青年』五五、五六ページ。
(30)『新日本之青年』五六ページ。
(31)『新日本之青年』一一ページ。
(32)『新日本之青年』一三、一四ページ。
(33)「明治の二先生　福澤諭吉と新島襄」、『蘇峰文選』（民友者、一九一五年）所収、七二、七三ページ。
(34)『学問のすゝめ』八ページ。

(35)『学問のすゝめ』一六ページ。
(36)『学問のすゝめ』一七ページ（傍点引用者）。
(37) Francis Wayland, *Elements of Moral Science*, The Religious Tract Society, 1858.
(38) 伊藤正雄『福澤諭吉論考』（吉川弘文館、一九六九年）。
(39)『学問のすゝめ』八四ページ。
(40) W. and R. Chambers ed., *Moral Class-Book*, Chambers, 1839.
(41)『福澤諭吉全集』二〇巻（岩波書店、一九六九年）七三、七四ページ。
(42)『文明論之概略』一四三、一四四ページ。
(43)『文明論之概略』一七四、一七五ページ。
(44)『文明論之概略』一六九ページ。
(45)『文明論之概略』一七二ページ。
(46)『時務一家言』（一九一三年）緒言序文。
(47) 武田清子『湯浅八郎と二十世紀』（教文館、二〇〇五年）。
(48) 同志社大学アメリカ研究所編『あるリベラリストの回想――湯浅八郎の日本とアメリカ』（日本ＹＭＣＡ出版部、一九七七年）四八、四九ページ。
(49) 内村鑑三「時勢の観察」、『内村鑑三全集』第三巻所収、二四二ページ。

第4章　日本国を建てるもの

――「内村鑑三不敬事件」再考

一　はじめに

本日、二月一一日「建国記念の日」には、各地で二つの集会が開かれております。ひとつは、記紀神話に記されている日本建国、万世一系の天皇家を中心とする日本国の永続を願う立場ですし、もうひとつは、戦後、新しく出発した日本国の土台にある戦後憲法を大切にする立場です。明治国家はこの前者、皇国思想を基礎にして、大日本帝国憲法（明治憲法）を制定し、教育勅語を発布して国家体制を整えました。その国家体制が出発する時期に起こったのが、内村鑑三不敬事件です。この事件はたいていの教科書に取り上げられていますので、みなさんご存じのことと思います。本日は、この事件をやや詳しくたどりながら、戦前日本の「国体」の問題点を考えてみたいわけであります。この事件は百数十年前の出来事ですが、現代日本に生きるわれわれにも身につまされるところがあります。また、内村は日本国の天職、使命ということを絶えず考えた人ですので、不敬事件後の内村の文章から、日本国を建てるものは何かを考えてみたいのです。

日本の「国体」か、戦後憲法か、この二つの立場は、太平洋戦争をどう評価するかで分かれているといってもよいでしょう。そこで、内村不敬事件に立ち入るまえに、太平洋戦争の犠牲者の声に耳を傾けることから話を始めたいと思います。ここで取り上げたいのは、戦争犯罪人とされ処刑された兵士の遺書です。ご承知のように、戦争裁判としては、平和に対する罪を問われ、A級戦犯とされた戦争指導者に対する東京裁判が有名ですが、その他にもアジア全域の戦場で軍務に服し、その軍事行動の責任を問われた日本兵が各地で裁判にかけられました。B級、C級戦犯として彼らが問われた行為とは、捕虜虐待や民間人虐殺の容疑であり、一〇〇〇人ほどの兵士が処刑されています。被告からすれば、問題とされた行為の多くは指揮官の命令に従った通常の任務でした。ゲリラを処刑したことが、民間人の虐殺ととられる場合もあったり、それだけでなく被告にとっては、まったくの誤解であったり、冤罪であった場合もあったといわれています。

二　『世紀の遺書』と日本の「国体」

1　BC級戦犯の遺書

ようやく生きながらえて終戦を迎えながら、思わぬことで戦争犯罪人とされた人々の運命は悲惨なものでした。戦争犯罪人としての告発は、被害者の復讐心によるものも多く、彼らの処刑は、日本国と軍隊が行ったことへの犠牲の死、身代わりの死でした。一九五三年（昭和二八年）に刊行された『世紀の遺書』には、彼らが残した言葉が記されています。ここで取り上げるＨさんも、冤罪であると記しています。実際、助命に奔走してくれた外国人もいたのですが、結局はインドネシアの法廷で死刑とされ、妻、両親、息子など家族宛に遺書をしたためています。日本軍兵士の家族への思いやりは深いものがあります。彼らの年代は大正一桁生まれが多く、ご存命であれば現在は九〇過ぎとなる方々で、個人的にいえば私の父の世代になります。あの世代の人々がこれだけ心のこもった言葉を家族に残せたことは驚きであり、感銘深いものがあります。

ところで、Ｈさんは家族への遺書のあとに、「独房悲歌」という手記を残しています。ＢＣ級戦犯たちは死刑判決を受けて刑の執行を待つ間、「何のために死ぬのか、いや死ななければならぬか」と考えざるをえなかったのです。ある少佐は処刑の直前まで、「自分は何のために死ななければならないのか」といっていた。多くの兵士たちも思いは同じで、その答えが見つからないままに処刑の日を迎えなければならなかったのです。

死の前に勇敢な日本軍人であった人々は苦悩している。何故であろう。言うまでもなく、われわれが過去において教育された死生観は、ここでは通用しないのだ。即ち、青年が、これまで教育された天皇陛下のために笑って命を捧げる日本軍人の死生観原理は、何の勇気も

与えず、それを口にする者もいないのは悲しい限りである。(1)

青年が純粋に信じていた筈《はず》の確固たる何かを見失うと同時に、すべてが瓦解《がかい》したのだ。死ぬ者にとっては、退廃的な虚無感で充満し、W大尉やY軍医が、地球が破裂して一切が消えればよいといったが、その心は寂莫《せきばく》として荒廃なるを知ろう。……漸《ようや》く青年期に達すると兵隊に入り、戦争に従事して来たわれわれ青年は、国家社会、政治はもちろん、自己の人生にすら無批判であったといえよう。一途に養われて来たものを信じ、それがすべてであり、忠節を尽くすことによって報いられるものが何であるか、深く考えてみる必要はなかった。ただ尽くすことが要求されて居《お》り、そして尽くすことがわれわれの義務であった。(2)

しかし、終戦を迎えて、「殻が破られ、われわれがかつて想像しなかった事態が展開し、宛然《えんぜん》顛倒《てんとう》した感がある。」眼が覚めたときには、万事休すの状態だとも語っています。それまで暗闇を歩んでいたとしても、目が覚めて、希望が生まれ、新しい生き方へと再出発できるならともかく、目覚めても再出発するチャンスは与えられていないのです。無知であれば無知のまま死んだほうがよかった。彼らはようやく自由に考えることができるようになって、自由に考え始めて、何事かを探求し始めたのに、もう時間は残されていないという状況に置かれたのでした。

ある友人は、処刑場に出発する前日、「天皇陛下万歳をいいたくないが、いわないと残った家族が苦労するであろう、家族のために万歳をいってやるかな、と、さびしそうにいっていた」といいます。それにこう付け加えています。「これはちょっと滑稽な冗談のようだが、どうして、これまで、口に出すまでは考えに考えた結果であったろう。」この方自身も、考えに考えて、最後は日本人魂で死んでいったように思われます。「日本魂は幾多の苦悶を包蔵《ほうぞう》しながら、強く堪え、顔で笑うことができるのである。日本人の意気を見せようと、寧《むし》ろ積極的な勇気が湧いてくる。(3)」そのように考えた同胞によって、天皇陛下万歳の声は続いたのでした。伝統派、国体派の人々は、そうした英霊の声に応えなければならない、彼らの死を無駄にしてはならないというかも知れません。

しかし、この手記が冷静に記し、後の人々に求めているのは、神聖な「国体」の賛美ではありません。天皇陛下万歳と叫ぶ、その犠牲に「もはやかつての崇高なる感激を覚えるよりは、悲痛な哀感が強く響いている」ことなのです。自分たちにとっては、天皇陛下万歳を叫んでいくしかない。しかし、その心の底にあるものを知ってもらいたい、といっているのです。「はしなくも敗戦によって、従来の日本人的死生観に大きな弱点を発見した。神聖な国体を汚されたことによって、従来の国家理念に鋭いメスが加えられるべきは必然である。将来天皇中心主義者が、独善的な一方面に、陶酔することは不可能になったが、ここに覚醒すべき幾多の教材を発見し、研究さるべきであろう。(4)」この課題がわれわれの前に投げかけられているのです。日本の「国体」が素晴らしいというのではなく、そこにメスを加え、問題点を抉《えぐ》り出してくれ、研究してくれと願っているわけです。

処刑されていく仲間の間では、自分たちの死が意味のある犠牲となるか、ただの犬死にかと話し合われたとも記しています。では、何の犠牲といえるのか。報復の犠牲だからやはり無駄死にではないか、いや日本の再建のための犠牲と考えたい。ある少尉は自分たちの「犠牲が有意義であるか、無駄になるかは、将来の日本人が立証してくれるものである」と語ったそうです。将来の日本人とはわれわれのことです。彼ら英霊の声が私たちに求めているのは、日本の「国体」を神聖なものとして賛美することではなく、その問題点を冷静に分析し、自由に討論し、二度と悲惨な出来事を繰り返さないことなのです。

2　戦前日本の「国体」

では、戦前日本の「国体」とはどのようなものであったのでしょうか。近代日本の「国体」は、明治維新に発するといえます。明治維新の課題は、西洋諸国による東アジア進出を受け、徳川幕府と三〇〇近くの藩によって統治されていた日本国を、尊皇思想によって強固な中央集権国家に作り上げることでした。新政府の基本方針を示すのが、いわゆる「五箇条の御誓文」です。その五箇条には、万機公論に決する（すなわち議論をかさねて重要な決定を行う）、天地の公道に従う（この場合の天下の公道とは国際法のことだといわれます）、国際法に従う、あるいは旧来の陋習《ろうしゅう》を捨てる、智識を世界に求めるともありますから、進歩的な要素もあります。しかしその方針も、皇祖、皇宗、歴代の天皇、すなわち太陽神である天照大神、大和を平定した神武天皇以来の歴代の天皇に対して、明治天皇が日本国の維持繁栄のために誓約する形で表明されています。神々の血筋を引く天皇が歴代の天皇に祈願するという形で新しい政治が打ち出されたのでした。

明治の国家体制は一八八九年（明治二二年）発布、翌年施行の大日本帝国憲法と、それと同時に公布された教育勅語によって定められました。明治憲法は西洋の統治制度の導入ですから、徳川政治と比較すれば信じがたいほど進歩的な方針なのですが、その前文に、神に告げる文章が置かれています。ここでも天皇が、皇祖皇宗、神々の血筋をひく歴代の天皇に報告し、その助けを祈願しています。同時に、明治天皇は日本国民（当時の言い方では日本臣民）に対して、日本国は天皇と国民が一体となって国を発展させてきたと語りかけています。そのような国のあり方（国体）を継承し、日本国を輝かしいもの、強固なものとしたい、というわけです。

また、教育勅語は国民に道徳の基準を与えるものでした。ここでも皇祖皇宗が徳によって治めてきた伝統にのっとり、天皇と国民が一体となって道徳的にも立派な国を作ることを求めています。この道徳には、儒教的な徳目からはじまって、文明社会にふさわしい道徳、近代国家で求められる道徳も含まれています。父母に対する孝は儒教的ですが、夫婦の和の教えはキリスト教的ですし、学問を修め、知識を磨き、公共心も忘れずとは文明社会の道徳であり、兵士として勇敢に戦うことは国民皆兵の近代国家に求められたものでした。こうした徳を身につけて、日本国を発展させていこうというのです。

このような日本独特な国家のあり方とは、神々の血筋を受ける天皇中心の国家ですから、神聖な国家でした。また、天皇と国民の関係は、忠孝一本といわれるように、君主と臣下の関係に親子関係が重ねられた家族国家でした。天皇は君主でもあり、親でもある。国は大きな家として意識され、小さな家を守るためにも大きな家を守らなければならない。また、教育勅語は徳によって治める国、徳治主義を方針とするものでした。

このように日本国の国柄、「国体」とは、神聖な国家、家族国家、道徳的国家として語られたのですが、これは日本国を近代国家として形成するための苦心の産物でもありました。日本の「国体」は、皇祖皇宗の遺訓にしたがう、神聖な伝統を基準とするといいつつも、伝統そのままではありません。むしろ伝統を掲げつつも、現実には海外からのさまざまな新しい要素を組み入れて作りだされました。ここには中国の儒教的な徳治主義がみられ、また西洋に由来する知識や国際法や憲法体制も含まれていました。尊王思想によって徳川体制を再編成し、西洋列強に対抗できる中央集権国家を作り上げるための苦心がそこに見られます。しかし、その「国体」は深刻な問題をかかえていた、内村鑑三不敬事件はそのことをはっきりと示すものでした。

三　内村鑑三不敬事件

１　事件までの内村鑑三

内村鑑三不敬事件は、明治国家体制が整備されたちょうどそのときに起きています。正確にいいますと、大日本帝国憲法は一八八九年（明治二二年）二月一一日に発布され、翌年七月に第一回総選挙が行われ、一一月に第一回通常議会が召集され、ここに帝国憲法が施行されました。教育勅語はその帝国憲法施行直前の一〇月三〇日に発布されています。その後宸署《しんしょ》、つまり天皇の署名入りの教育勅語が官立学校には授与されることになります。内村鑑三が教師として勤務していた第一高等中学には一二月二五日に授与され、翌年（一八九一年）の一月九日に倫理講堂で教育勅語奉読式が行われ、内村鑑三不敬事件が起こったのです。

この第一高等中学とは、帝国大学に進学する学生を教育する機関で、旧制第一高等学校、いわゆる旧制一高の前身にあたります。当時は一二〇〇名ほどの学生と六〇名余りの教授陣をかかえていました。この時期、帝国大学はまだ外国人教師が多く、外国語での授業が行われていました。第一高等中学はその外国語の教育についていくことができる学生の養成を目的としていたのです。内村鑑三は当時三一歳、三年にわたるアメリカ留学から帰国し、いくつかの学校で教えた後に、その前年の九月に嘱託教員として採用され、主として英語を教えながら、地理と歴史も担当していました。内村は英語教師としては型破りであったようです。英語のテキストに当時翻訳されたばかりの伊藤博文の憲法に関する解説文を選んで、教室の外では学生に自由に議論させたりしていました。外国帰りの内村は、学生に人気のある教師だったのです。

ご存じの方も多いと思いますが、それまでの内村鑑三の経歴に簡単に触れておきますと、内村は高崎藩士の子として一八六一年に江戸で生まれています。内村の世代は、少年期に西洋式教育を受けた最初の世代でした。内村は一三歳で私塾有馬学校に入り、イギリス人教師に英語を学んでいます。ついで、東京外国語学校――これは帝国大学への進学コースでした――に進み、その後一八七七年（明治一〇年）に、一七歳で北海道大学の前身、札幌農学校に入学しました。当時、明治政府は専門職養成のために、行政機関付属の学校を設立しています。司法省（今日の法務省）には法学校、工部省（今日の国土交通省に相当するのでしょうか）には工部大学校を創設しておりますが、札幌農学校は北海道開拓を担う人材養成のための学校でした。内村鑑三は新渡戸稲造などと同じ二期生でしたが、同期生は二〇人足らずで、その少数の学生にアメリカのマサチューセッツ州の農科大学から現役の学長と数人のアメリカ人教師を招いて、英語で教育にあたったわけです。

この学長が「少年よ、大志を抱け」の言葉を残した有名なクラークですが、実際にはクラークの札幌滞在は九カ月ほどで、内村は直接クラークに学んだことはありません。内村は、クラークの薫陶が残る学校に入学したのでした。クラークは博物学など専門の教科を教えただけでなく、学生の道徳、人間教育に力を注ぎました。当時の北海道開拓使長官は薩摩武士の黒田清隆であり、黒田は学生の道徳教育の必要を実感していて、その点をクラークに尋ねたところ、クラークは聖書を用いることを公言して、両者の間で激論が交わされたといいます。クラークは南北戦争の退役軍人でしたから、軍人的な気質もあってその点で黒田と相性がよかったとも言われますが、この論争ではクラークが頑として譲らず、聖書による人格教育を黒田に黙認させたのでした。その結果、日本国の高級官吏養成機関で聖書が読まれ、日本で最初のプロテスタントのグループのひとつが誕生しました。

内村鑑三はクラークの影響を直接受けた一期生に半ば強要されてプロテスタント信仰をもつようになりました。札幌農学校卒業後の内村は、入学時の約束に従って、北海道開拓使に勤務し、後に上京して農商務省に勤務しております。余談ですが、内村はもともと水産学が専門で、北海道の水産資源の調査などを行っており、日本で最初の魚類目録は、内村の手で完成されたものです。その後、内村はアメリカ留学を志し、同志社の創立者新島襄の出身校で、実はクラークの母校でもあったマサチューセッツ州のアマースト・カレッジに入学します。卒業後は牧師養成の神学院に入学しますが、病気になって中途退学し帰国、その後いくつかの学校の教師を経験して、第一高等中学に赴任しました。

2　事件の真相

このように内村にはプロテスタント的背景がありましたので、内村不敬事件は内村のプロテスタント信仰と天皇崇拝、教育勅語が衝突した結果である、と説明されることが多いようです。実際、当時この事件を報道したある新聞もこう伝えています。

〈高等中学の不敬問題〉　去る九日第一高等中学校において勅語拝読の式を行う教頭一同をして五人ごとに進みて両陛下の尊影を拝せしむ　教授内村鑑三氏ひとり之を拝せず曰く紙片を礼拝するはキリスト教教義に反すと。(5)

すなわち、内村は宗教的信念から天皇皇后の肖像、ご真影に拝礼しなかったのがこの不敬事件であるというのです。しかし、事実は異なります。当時第一高等中学で行われた奉読式の式次第がどのようなものかは必ずしも明確ではないのですが、他の学校の例から推察すると、ご真影の奉拝があり、教育勅語の奉読があり、校長の演説があり、教育勅語への奉拝があったようです。式場にはご真影がかかげられ、おもおもしく一同奉拝し、勅語が読まれ、校長の訓示があって、勅語の奉拝がある。たしかに、奉読式においては、ご真影が掲げられていたようです。しかし、問題が起こったのはご真影ではなく、宸署入りの、つまり天皇の直筆の署名入りの勅語に対する拝礼でした。

事件後、二カ月ほどして、内村がアメリカの友人宛に送った英文の手紙があります。そこには事件の詳細が記述されています。その翻訳を紹介しましょう。

一月九日、私の教える高等中学校で教育勅語を受け取る儀式がありました。校長の講話――正確に言えば、当日校長はインフルエンザにかかって欠席し、校長代理が式を取り仕切ったのですが、その校長代理の講話――とその勅語の奉読の後、教授と生徒たちは、一人ずつ壇上に上って仏教や神道の儀式で祖先の位牌の前でするのと同じやり方で、勅語に記された天皇の署名に頭を下げるように求められました。私はこの奇妙な儀式をするこころの準備が全然ありませんでした。それは校長代理が新しく工夫したものだったからです。私が壇上に上がって頭を下げる順は三番目でしたので、ほとんどそのことを考えるひまはありませんでした。迷ってためらいながら、私は、自分のキリスト教的良心にとってより安全な道を選びました。六〇人の教授と一〇〇〇人以上の生徒たちが、おごそかに列席しているなかで、私は、自分の態度をきめて頭を下げませんでした。私には恐ろしい瞬間でした。ただちに自分の行動の結果が分かったからです。[6]

ここで頭を下げなかった（英文ではbowと述べています）、祖先の位牌に低頭して拝むようなお辞儀はしなかったということですが、内村は実際には敬意を表していました。ただ当日式場で、礼拝的低頭をなせという指示に対して、その礼拝のことばにひっかかり、他の人がやったような低頭する拝礼を行わなかったのです。しかし、内村は勅語を平然と無視したのではなく、頭を垂れたのは事実です。この事件の真相を調査したある記事によれば、「氏（内村）が、奉読会に参列して謹敬の実を表したるは勿論、出でて御親筆の前に首を垂れたるは事実にして生徒の氏を責むるは敬礼の足らざるに在るが如し」と報告されており、すなわち、内村は宸署入り勅語に頭を垂れた、敬礼を行ったのです。しかも、その内村の態度は決して不遜な感じのするものではなかったという証言もあります。しかし、まったく腰をかがめて拝むような奉拝はしなかった、そのことが問題とされました。

内村のある弟子は、内村はこの時もこの後も、ご真影にはその首を深く垂れたとも語っています。意外なことかも知れませんが、内村自身は尊皇家でした。内村は天皇を中心に抱く日本国に誇りをもっておりました。この事件の二年前、一八八九年（明治二二年）一一月の天長節（天皇誕生日を祝う会）で、当時勤めていた東洋英和学校（現在の麻布高校）において内村は実に愛国的な演説を行っています。その様子をジャーナリスト山路愛山は次のように語っています。

明治二十二年の天長節において余は麻布の東洋英和学校において内村氏の演説を聞きたり。当時、彼はその演壇を飾れる菊花を指していいき、その菊花は自然がとくに日本を恵みたるものの一なり。菊は実に日本に特有する名花なり、と。彼はさらに声をあげて曰く、諸生よ、窓を排して西天にそびえる富獄を見よ。これまた天のとくにわが国にあたえたる絶佳の風景なり。されど諸生よ記せよ、日本において世界に卓絶したるもっとも大なる不思議は実にわが皇室なり。天壌とともに窮《きわま》りなきわが皇室は、実に日本人民が唯一の誇りとなすべきものなり、と。(7)

この内村を愛山は「彼は科学者なり。彼は泰西の文学について多くの興味を有するものなり。されど、彼は愛国者なり。当時の彼は『聖書』とシェークスピアーと『太平記』とを愛読せり。彼は『太平記』を愛し勤王の精にもゆることにおいて醇乎《じゅんこ》として醇なる日本人なり」とも記しています。

さらに付け加えておけば、内村は尊皇家であったばかりでなく、教育勅語の内容にも反対ではありませんでした。拝礼が足りないと批判されたときに内村は、教育勅語は拝礼するものではなく実行するものではないか、と反論しています。事件後、内村家に押しかけた生徒や教師に、「陛下が臣民に勅語を与えたまえるはお辞儀をせらるるためにはあらずして、われわれの日々の処世において守られんために相違無し」と語った、といわれています。内村は自分のキリスト教信仰と愛国心を矛盾するものとは考えていません。さらにはキリスト教信仰が、天皇家への敬意をいだくこととも、教育勅語が示す徳目を大切にすることとも相反するとは考えておりません。にもかかわらず、内村の批判者たちは内村の態度に難癖をつけて、日本の国柄、天皇中心の「国体」と内村の態度、ひいてはキリスト教が背反することを訴えたのであります。

3　内村の批判者たち

今日内村鑑三不敬事件といいますと、当然内村の側に不敬の所作があったと受け止められています。しかし、そうではありません。当時の文部大臣芳川顕正は、教育勅語を発布する際に大学総長らを集めて訓示をしていますが、その訓示の内容は、学校の大切な行事などで折に触れて生徒を集め勅語を読み、校長が意味を理解できるように話をして実行へと導きなさいということです。つまり、どれだけ深く拝礼させよといった規定はないのです。少なくともこの時点では、各学校で行われる奉読式のマニュアルは文部省からは出されていません。

帝国大学総長の加藤弘之は、帝国大学の奉読式でこれが宸署入りの教育勅語ですよと、手に持って集まった人に見せたともいわれています。そのように扱ったのが事実であったならば、加藤弘之は宸署入りの勅語を拝礼の対象としてではなく、ひとつの文書として扱ったことになります。文部省が拝礼するのではなく実行するようにと示したとすれば、それでなんら差し支えないわけです。加藤の行為を不敬として問題にした人はいません。しかし、多くの学校では教育勅語を拝礼の対象としました。では、どのような拝礼が適当であったのか。内村は当日の儀式が校長代理の個人的な判断で行われたことを示唆しています。少なくとも、クリスチャンの内村を困らせてやろうという意図が感じられます。実際、当日、内村以外のふたりのクリスチャン仲間は、危険を察知して奉読式を欠席していました。

その奉読式で内村の行為を批判した人物がいたとされています。内村が敬礼をしたところ、「お辞儀のしようが足らんからもう一度やり直せ」といい、これに対して内村が「お辞儀は何度もする必要がないといってこれに応じなかった」というのです。当時の教師の中で、内村批判の先頭にたった人々の名前が知られていますが、その一人がそう言ったというのです。それが事実であれば、その一言が一部の学生を刺激し、大騒動になったことになります。繰り返しますと、内村は文部省が指定した勅語への儀礼方法、拝礼の仕方に違反をしたわけではありませんし、当日その儀式を司った校長代理から注意を受けたのでもありません。定められた儀式を無視したり、違反したりした事実はないにもかかわらず、一教官が内村を批判したのでした。

あえて内村を咎めることができるとすれば、内村の行為が敬意を欠くものではないとしても、そのような誤解を与えるものであったと解釈することです。とすれば、その誤解を解けばよいということになります。当日インフルエンザで休んでいた校長は、事態をそのように収めようとしました。校長は内村には勅語への奉拝は宗教的な絶対的なものへの拝礼ではなく、敬意を示すものであると説明した上で、改めて奉拝を促すことになります。実際には、内村自身がインフルエンザに倒れたので、木村駿吉という友人のクリスチャン教師が代わって拝礼しました。しかし、内村批判のキャンペーンの炎はいっこうにおさまらず、職を解かれることになりました。ただし、内村の辞職は処分としての失職ではなく、あくまでも依願退職でありました。

4　国家儀礼の私物化

しかし、それにしても内村にお辞儀が足りないといった人物は、内村が本当に教育勅語を軽視している、あるいは天皇への敬意が足りないと思って注意したのでしょうか。内村に拝礼をもとめ、どのように内村が拝礼するかを見届けて、なにか隙があれば内村を陥れようとしていた、ということはないでしょうか。内村批判者に英語教師が多かったという事実があります。内村はアメリカ帰りで、型破りの教え方で学生に人気がありました。同僚の英語教師からすれば、自分の存在を脅かしかねない人物でした。それも、意気盛んな内村は「学校のため、学生のためよかれと思ったことは無遠慮無頓着に実行」し、教材の選び方でも「英語科の主任教授や先輩教師にも相談」しなかったといわれます。いわば教師間の秩序を乱したことが内村への反感の背景にあったのです。内村排斥の理由の根には、天皇や勅語への不敬ではなく、自分たちの秩序への不敬があったのです。

実はそれだけではありません。内村排斥運動には、もっと個人的な事情もありました。これは内村が直接弟子に語った「不敬事件の真相」として伝えられているものですが、このような事実があったのです。

この事件の少し前、彼らは全校の学生を引率して発火演習を行い、東京郊外に一泊したことがあった。そして宿舎において互いに猥談に耽り、男〇の手柄話をしあった。不図彼らは座に先生のいないことに気づき、「内村はどうした」と叫んだ。先生は室の一隅に早くから床を取り、床上で落合直文博士と和歌について話し合っておられたが、このとき、「諸君のお話はここで謹聴しておりました」といわれた。この一言で一座は森としてしらけ亙ったとのことである。(8)

彼らの国体護持、キリスト教排撃の動機はここから出たとも考えられます。内村鑑三が家に押しかけた学生に対して、教育勅語で大事なことは勅語の拝礼か、勅語の実行かと説いたことはすでにのべました。また、内村は別のところで、ご真影に厳粛なる礼拝をする者が野蛮な宴会をする、お酒を飲めば聞くのも嘔吐をもよおすようなことを平気で語りあうと語っていますが、これは内村自身が実際に経験したことなのです。勅語の教えるところからすれば、こうした人物こそが不敬といわなければなりません。奇妙なことにこうした不敬の人々が、自分たちの秩序を守るために国家儀礼、儀式において不敬を働いたと内村を排撃したのでした。しかし、これはよくある光景ではないでしょうか。上に立つ者が部下の天皇への儀礼違反を徹底的に追及して、その実、自分の地位を守る、自分の秩序を守ろうとすることはしばしば見られた光景だったのではないでしょうか。

では、内村は愛国心もあり、尊皇心もあり、教育勅語の内容に反対でもなかったのに、どうして礼拝的低頭を行わなかったのでしょうか。内村は後にそのことを、熟慮した結果としての拒否ではなく、瞬間的な躊躇だったと語っています。内村は敬意を示すことはよいと考えたが、礼拝的低頭には抵抗があって躊躇した。敬意と礼拝的低頭のあいだにどのような線を引くことができるか、これを定めるのは簡単ではありません。しかし、内村にとって礼拝的低頭を行う校長代理の姿は異様に映りました。内村が礼拝的低頭に見ていたのはただの礼儀正しさではありません。何も考えずに、ただ頭を下げ、無条件に恐れ敬い、自分で考え判断することをやめて、お上のいうことに従う姿勢です。しかし、自分で考えず卑屈にただ頭を垂れる人間、自由のない人間は道徳を誠実に果たすことができるでしょうか。自由を失った国民が果たしてよい国家を作り上げることができるでしょうか。日本国を建てることができるでしょうか。瞬間的に礼拝的低頭を行わなかった内村の方が、愛国者であったのではないでしょうか。

日本の「国体」は、皇祖皇宗をひきつぐ天皇の神聖な伝統を基準としていました。その伝統の尊重は儀礼として表現されました。天皇のご真影への拝礼、宸署入り勅語への拝礼。天皇への恭順の表現にはどこまでも注文がつくことにもなります。先日、新聞の投書欄にこんな記事が載っていました。

太平洋戦争開戦時、父が満鉄職員で、私は旧満州国新京市に住んでいた。西広場国民学校四、五年時の体育時間……もたつけば「天皇の赤子としてあるまじき」と往復ビンタだった。六年のとき、……父の郷里の石川県に帰国した。……地元の子と同じ作業をしているのに、疎開児童は「能率が悪い」と殴られた。ご真影奉拝も悪くないのに「態度が悪い」と正座させられ、殴られ蹴られた。

この方は天皇への恭順が足りないと、ことあるごとに殴られたといいますが、それは内村がお辞儀が足りないと難癖を付けられたのと同じです。天皇への恭順の求めは、人を飼い犬のようにして、何も考えずに何でも言うことを聞く存在にするものであったのです。ここには五箇条の基本方針も、大日本帝国憲法も、教育勅語の徳目もない。いわんや自由な思考も討論も、議論もないことになります。

内村の事件は、天皇に恭順を表す儀式が、日本社会の中の小さな世界の権威者への恭順にすり替えられていたことも示唆しています。内村の行為を批判したのは、校長でも文部大臣でもなく、英語科の先輩教員でした。そこでは一部分の人々の秩序を維持するために、天皇への恭順が利用されたのです。今見た投書の世界も同じです。この方は「配属将校や教師や、上級生から数多くの制裁を受けた」のですが、彼らは天皇の名を借りて、自分の世界を築くために、自分の周りの人間を飼い犬のようにただ黙って従わせるように、何かと難癖をつけて、恭順を求めたのではないでしょうか。

太平洋戦争では、軍隊は日本国の中のもうひとつの国家のようであったといわれます。天皇の名によって求められた忠誠は、正確にいえば天皇の国への忠誠というよりも、陸軍なり海軍なりへの忠誠であったかも知れない。戦争でさえも、日本国家のための戦争というよりも、軍隊の維持のための戦争であり、軍隊を維持するために日本国を犠牲にするものであったかも知れないのです。軍事作戦としてはまったく意味のない特別攻撃隊も、そこまで戦ったとの評価を得たいがため、軍隊の名誉のための犠牲であったかも知れない。そのような作戦指揮も、中央の正式な命令指示というよりも、現場の名誉をかけた命令であったかも知れないのです。

四　日本国を建てるもの――内村鑑三の思索

1　日本国の天職

内村鑑三の世代は、少年期に西洋式の教育を英語で受けた最初の世代であることはすでに触れました。明治維新前後に生まれたこの世代は、日本国の歩みと自分自身の歩みを重ねて成長してきた世代であり、日本人としての誇り、日本国の誇りを胸にいだいて生きた人々でした。内村が尊皇家であり、愛国心ある人物であったことはすでに述べましたが、不敬事件で打ちのめされた後も、内村は日本国への熱い思いを失うことはありませんでした。不敬事件の翌年、内村は「日本国の天職」という小さな文章を書いております。そこで内村は、コロンブスであれナポレオンであれ、世界史において大事業を成し遂げた人々はすべて自己の天職を自覚しその実現に努めた人である、それと同じように、それぞれの国も天職を持つと偉大な国になれると語っています。

天職を持つとは、自分自身を目的としないで、より大きな何ものかに貢献することを意味しています。内村はこういいます。

自利をもって社会の中心と見認めるの人は人類中最も小にして最も賤《いや》しきものなるがごとく、自国をもって万国の中華と見なすものはまた国民中もっとも進歩せざるものなり、自国強大のみを求めて他国の利益を顧みざりし国民が永久の富強に達せしことあるは、余輩歴史上今だかつて之を見認めざるなり、而《しこう》してもしわが日本国もその希望するところの強大に達せんと欲せばこの動かすべからざる天理に従わざるを得ず。(9)

すなわち、自分自身の利益をすべての中心と考えるような人間は、尊敬される偉大な人間ではないように、自国を世界の中心と見て、自分の利益だけを考える国は、富裕にも強大にもなれないといいます。どうすればよいかといえば、自分の天職、自分に課せられた他者への貢献を見出し、それを実行することだといいます。

内村は日本の天職を具体的に考えています。内村は日本の国土、地理的状況が日本国の天職にヒントを与えると考えました。第一に、日本国は島国であるから、商業および航海に適していて、ギリシア人やイギリス人のように海を通して勢力を拡大することができる。第二に、日本国がユーラシア大陸の東端の陸地にそって位置していることは、西洋の強国から距離があり、外敵の侵害から守られた安全な位置にあるということであり、最小の軍備をもって完全の国防を施すことができる。第三に、日本列島の山脈は、一面で地方自治を促すとともに国民的な統一をも可能としている。地理学の観察によれば、山脈はしばしば一国を区分するのですが、日本の山脈は国土を区分して地方自治を促す一方で、一国の統一を妨げるまでには至っていないといいます。この地方自治の伝統はヨーロッパ社会に似ていて、国家統一の側面はアジア的である。つまり日本にはヨーロッパ的要素とアジア的要素があるというのです。

第四に、内村は日本列島を見渡して、東海岸に塩釜、横浜、清水、四日市など、よい港が見られると指摘します。これは日本が東に開けていること、すなわち太平洋と隔ててアメリカ大陸の西海岸、ロサンゼルスやサンフランシスコと行き来することができることを意味します。そのため、ヨーロッパ文明をアメリカ経由で受け取ることが日本の重要な使命となります。これに対して日本列島の大陸側では、九州に、佐世保、長崎といったよい港があって、朝鮮半島とアジア大陸に向き合っている。これは日本国が、東から受けた西洋文明を、西に受け渡す使命をもつことを示唆しているといいます。内村が考える日本の天職は、西洋文明と東洋文明の媒介者となるというものでした。

内村がこの文章を書いた二年後、日清戦争が勃発します。その際、内村はこうした考え方から日清戦争を正当化する「日清戦争の義」という文章を書きました。内村は日清戦争が古代のギリシアとペルシアの戦いと同じく、文明と野蛮の戦いであると考え、戦争を正当化したのです。すなわち、朝鮮に対して開明化政策を行っている日本に対して、清は朝鮮を保護国として自らの保守的な支配のなかに閉じ込めている。したがって日本の勝利は「東洋六億万人の自由政治、自由宗教、自由教育、自由商業を意味する」といいます。日本は東洋における進歩主義の戦士であり、それこそが日本の天職の実行であると主張したのでした。しかも、そのことが朝鮮を救い、中国を目覚めさせ、東洋の改革を促し、結局は永久の平和をもたらすことになると考えたのです。

２「主義の人」

結果として日本は日清戦争で勝利しました。しかし、日清戦争後の日本社会は内村には我慢ならないものでした。内村によれば日清戦争は朝鮮と中国の文明化のための戦いで、義戦であるはずのものでした。しかし戦後、日本の為政者のやることをみれば、朝鮮の独立確保といいつつ日本の利益を図っている。全国民が戦勝に熱狂し、戦後は新領土、新市場の拡張に忙しく、中国人の名誉を重んじることを忘れ、朝鮮国への配慮にも欠けていると感じたのです。国内を見れば、政党と政党の間に対立があるが、それも主義と方針との対立ではなく、実益とそれにともなう感情の対立に過ぎない。内村の憤懣はジャーナリストにも向けられました。新聞記者たちも結局実益追求であり、国民の賞賛を得ることに熱心で、日本が現実になしつつあることを公平無私に批評することができていない。新聞はひたすら日本をほめたて、日本人を盛り立てるをもって本職としている、というのです。

内村は日清戦争後の日本で、基本方針が定まらないといいます。政府には外交の方針がない、しかし、では在野の政治家に大方針があるか。政府に方針がないと批判する在野の政治家、ジャーナリストにも方針がないではないか。方針を語るとすれば、かならず批判が寄せられる。自分の弱点が攻められる。それを嫌って、責任ある方針を語る者がいない、というのです。では、なぜ方針が定まらないのか。それは道徳が欠乏しているからであり、義にまさりて利を愛する人、天理にまさりて国を愛する者には大方針が出てこないのだといいます。つまり、状況に応じていつも打算をし、損得勘定を行っている。自分の利益、自国の利益を犠牲にしてでも正しい方向に向おうとしていない。だから、方針は出てくるはずはない、というのです。

内村はこの打算の人に対比して「主義の人」、勘定の人に対して「信仰の人」を提示していいます。主義の政治家は宇宙自然の理《ことわり》にもとづいて国是を定める、地理によりて天の摂理を察し、歴史によりて国民の天職を考えるというのです。内村にとってそのような政治家のモデルは、イギリス革命のときのオリバー・クロムウェルであり、アメリカ建国の指導者ジョージ・ワシントンであり、近年ではイギリスの政治家グラッドストーンでした。彼らは政略家ではなく、理想家であって、天と自然に訴えて人の意見に惑わされない。彼らに大方針・大政策があるのはそのためである。内村は日本国にも主義の政治家はいたといいます。彼が挙げたのは西郷隆盛であり、西郷は「正道を踏み、国をもって斃《たお》るの精神なくんば外国交際は全かるべからず」といいます。西郷には一定不易の方針があったと考えたのです。

３　「真正の日本人」

それから数年後に内村は『興国史談』という書物を著しました。皇国史観ではなく、興国史談ですが、内村のいう「興国」は国を興すという意味で、どのようなときに国が興るか、発展するかを歴史に照らして研究したのです。この『興国史談』の最初の部分で内村は、一国の興亡と人類の興亡とを区別しています。長い歴史を見れば、世界の歴史は国家の興亡の歴史である。ある国が興って一種の文明を完成し、人類の進歩に貢献するところがなくなれば滅び、他の国が興ってその文明を受け継ぎ、これを改良し、その国民特有の美質をくわえて、次の国民に引き渡す。人類の歴史は、国家の興亡を繰り返しながら、文明の歴史として前進していくというのです。古代のギリシアも滅び、そのあとをうけたローマも八〇〇年続いたとはいえ、滅びた。どんな国家であれ衰亡は免れがたい。では残るのは何かといえば、真理であるといいます。古代ギリシアの都市国家は滅びたとしても、ソロンの憲法、プラトンの哲学は永遠不滅だといいます。したがって、そうした文明、真理の発現に貢献した国民は不死不朽のものであるというのです。

内村は興国と、単なる国威宣揚とを区別しています。興国がその国とともに新しい文明をもたらすことであるのに対し、国威宣揚は単なる威力の普及で、文明とは関係のないものに過ぎません。たとえば、チンギス・ハーンは一大帝国を築いたとしても、それは永続することはなく何も残すことはなかった。興国とは新しい国家の組成、新しい制度が生まれることである。日本は単なる国威宣揚に夢中になるのではなく、自己の天職を自覚して真理に貢献してはじめて興国を実現できるのです。内村はここで日清戦争後の日本人のおごりを見ていました。社会の道徳の乱れは眼に余る、ローマ帝国末期のようだ。日本国にも特別な天職があるが、国民がそのことを知らない、自己の天職に目覚めることなしに大国民となることはできない、というのです。

では、日本は亡国の歩みをたどるのか。内村は、それは亡国というよりも亡民であるといいます。といいますのは、日本国には日本国の理想があり、その天職があるのだが、それを実現するのは今現実に日本列島に住んでいる人間とは限らないというのです。日本列島の歴史を考えるとき、今いる日本人以前になんらかの先住民がいたはずだ。だが、その人たちは日本国の天職を果たすことができずにいなくなってしまった。いわば亡民です。その意味では、今いる日本人も日本国の天職を果たすことができないのであれば、もっとふさわしい人が現れるかも知れない。「今の大和民族も驕奢淫佚軽佻《きょうしゃいんしつけいちょう》に流れ、その政治家、教育家、宗教家はみなことごとく偽善者と化し、偉大なる思想なく、深遠なる慈悲心なく、兵営軍艦の外《ほか》、他に誇るものがなき卑劣醜陋《ひれつしゅうろう》の民に」[10]なれば、今いる人々に代わって日本国の天職を果たす人が現れるかも知れない。その人こそ「真正の日本人」であるというのです。内村は、人類の進歩に貢献し、真理に仕える日本国、西洋と東洋の媒介者としての日本国の天職を実現する人こそ本当の日本人であり、そのとき日本国は興隆すると論じたのです。

４　国体論批判

これを先に見た「国体」論と比較した場合、どのように特徴づけることができるでしょうか。日本の「国体」を表現するのに、天壌無窮という言葉があります。天壌というのは天と地を意味して、天地が永遠に続くように日本国も永遠であることを意味しています。天地の中心が日本国だという表現でもあります。しかし、内村は日本国を世界の中心とみるのではなく、日本は世界に、人類に貢献するものでなければならないと考えます。日本国は永遠ではない。日本国は滅びうることを前提として、そうならないように日本国を超えるものに貢献しなければならない、国家を超えた座標軸をもたなければならないというのです。

内村のいう「主義の人」とは、原則のある人、国家を超えた座標軸を持つ人ですが、それは「国体」論の矛盾を突いているともいえます。明治日本は伝統的な権威にもとづいて近代化政策を行いました。しかし、大日本帝国憲法はプロイセン憲法を学んでできたのですから、皇祖皇宗の遺訓であるとは到底考えられないのです。教育勅語の徳目も、一部が儒教的、一部がキリスト教的で、一部は近代国家を支える公共道徳でした。さまざまな要素を包み込んでいる「国体」からは、天皇機関説も可能でしたが、国体明徴《めいちょう》運動に向かう可能性もありました。その国体明徴運動も、よくよく見れば、国体明徴を借りた党派的運動であり、「国体」の私物化とも見ることができるものでした。戦前日本の「国体」は「万機公論に決すべし」との方針にもかかわらず、いったん自由に議論を始めれば収拾がつかなくなる危険があったのです。

内村の「真正の日本人」という発想は、伝統主義とは正反対のものです。日本の「国体」は日本神話に由来する皇祖皇宗を中心とする日本、代々日本に住み着いてきた日本人こそが日本人であると考えています。たしかに、記憶にあるかぎり、日本人は日本列島にずっと住んでいた、それが日本人の特徴だと考えられています。移民の国アメリカとはそこが違いますし、ヨーロッパの国々もゲルマン民族の移動の前はケルト系の人々が住んでいました。しかし、北海道や沖縄を考えればそこに日本人がずっと住んでいたとはいえません。内村が本州においても大和民族以前の日本の先住民を想定しているように、今日さまざまな形で日本人のルーツがたどられています。シベリアが日本人の故郷であるともいわれますし、南方からの移住、朝鮮半島を経由した移住などさまざまなルーツが想定されています。とすれば、伝統をさかのぼって日本人のアイデンティティを定めることも実は不確かといわなければなりません。これに対して内村は、未来の視点から日本人を定義しようとしています。そして日本国の天職を果たす者、将来、理想を実現する者が本当の日本人であると定義したのです。

五　むすび

かつて、長嶋茂雄は引退の時、「巨人軍は永久に不滅です」と叫びました。これを巨人軍は永遠であってほしいという祈り、願いとして受け取れば、長嶋茂雄の純情の表現として感動をよぶ言葉です。巨人軍も春のキャンプインの最初には神社に祈願にでかけることでしょう。監督以下選手たちが神殿の前で拍手をうって頭を下げます。しかし、あいつは頭の下げ方が足りないと監視する人が出てくるでしょうか。巨人軍を強くするには、投手力を鍛えなければならないし、攻撃力も上げなければならない、走力はどうか、チームワークはどうか、さまざまなことが課題となるでしょうが、神殿での頭の下げ方が一番大事だとは誰もいわないでしょう。そんなことをいっているチームは成績が上がらないのが当たり前で、プロの球団としては早急に消えていくのではないでしょうか。

これは国家でも同じでしょう。「日本国は永久に不滅です。」そう叫びたいのはわかります。しかし、そのために一番大事なのは皇祖皇宗の遺訓や、皇祖皇宗の前で畏《かしこ》み恐れ、ただ頭を垂れることなのでしょうか。それがどうして日本国を永遠にするのでしょうか。日本国を神聖な国と考えるとき、国家儀礼が重要になってまいります。天皇は皇祖皇宗を敬い神事を行う役割を負っています。国家儀礼を正しく行うことが日本国の繁栄を築くと考えられているのです。内村鑑三不敬事件はその意味で、国家儀礼や神事の違反とされて攻撃されたのです。では、神事を行えば日本国は守られるのでしょうか。あの神風特攻隊は、軍事作戦というよりはむしろ神事として行われたのではないでしょうか。欧米でも生きて帰れる見込みが低い、決死の作戦が挙行される場合があるそうです。そのときは、ならずものとか犯罪人の中から志願者が募られるといいますが、日本ではむしろ傷のないもの、家柄でも人格でも優れたものが選ばれたのです。いけにえとしてふさわしい人物が選ばれたのです。しかし、戦争を神事のように戦って勝てるはずはありません。

　私は本日の話をＢＣ級戦犯として処刑された方の遺書から始めました。天皇陛下万歳と叫んで処刑された方が、ぜひ日本の「国体」の問題点を究明してほしい、自分たちの死を無駄にしないでほしいと願っていたのです。天皇中心の日本の「国体」は、その内部にさまざまな矛盾を含んでいました。皇祖皇宗の遺訓の名の下に、公議政治も、憲法政治も、儒教も文明の道徳も含むものであったからです。その中で、神聖な伝統と国家儀礼は、多様な要素をつなぐ役割を果たしていたのですが、それ自身は方針を定めることも重要な判断を行うこともできませんでした。そもそも「国体」とは何かも厳密には明確ではなかったのです。

　内村鑑三の日本国に関する思索は、日本国を天壌無窮《てんじょうむきゅう》と見ないこと、日本国を世界の中心であったり永遠なものとして見ないことを訴え、国家を超える座標軸を求めています。日本国は世界の国々のひとつであって、世界の国々に貢献し、世界の繁栄と平和、人類の文明の進展に寄与し、日本国の天職を果たすかぎりにおいて、永続できるものなのです。神々の血を引く特別な特権階級が日本人なのではない。日本国の天職と、将来に向けた理想を実現するのが日本人であることになります。もちろん、内村の考える日本国の天職が唯一の答えではありません。みなそれぞれに日本国の理想、日本人の理想を構想することができます。そこに自由な討論が生まれ、新しい方向が定まってまいります。戦後憲法が求めているのはそのような政治のあり方に他なりません。国体護持の名の下に、自由な構想を閉じ、飼い犬のような、ただただ従順な日本人になってはならないのです。

日本国を建てるのが、日本「国体」の儀礼なのか、戦後憲法の自由なのか。答えは明らかではないでしょうか。

（二〇一〇年二月一一日、於・浜松市）

注

（1）半沢勇「独房悲語」、巣鴨遺書編纂会編『世紀の遺書』（講談社、一九八四年）一二一ページ。
（2）同書一二一ページ。
（3）同書一二三ページ。
（4）同書一二四ページ。
（5）鈴木範久『内村鑑三日録一八八八～一八九一　一高不敬事件（上）』（教文館、一九九三年）九七、九八ページ。
（6）同書九八、九九ページ。
（7）同書六七、六八ページ。
（8）小沢三郎『内村鑑三不敬事件』（新教出版社、一九六一年）四七ページ。
（9）『内村鑑三全集』第一巻（岩波書店、一九八一年）二八六ページ。
（10）『内村鑑三全集』第七巻（岩波書店、一九八一年）二六九ページ。

II
日米のキリスト教大学

第5章　アメリカのキリスト教大学と世俗化
——歴史的素描

一　はじめに

日本のキリスト教大学、とくにプロテスタント系大学の多くは英米、とくにアメリカの宣教団体によって設立された教育機関を出発点としています。日本を訪れた宣教師たちは、宣教の地日本でキリスト教信仰を伝えるとともに、信徒とその子弟の教育のために学校を設立したのです。青山学院でいえば、一八七八年にアメリカ・メソジスト監督教会宣教師ソーパー、日本人信徒津田仙らによって創設された耕教学舎、宣教師マクレイらによって設立された美會神学校、同教会女性宣教師ドーラ・スクーンメーカーによって創設された女子小学校の三つの源流に遡ることができます。アメリカの宣教師たちは、福音伝道を通して教会形成を目指したのですが、同時に新しく出発した明治日本で、西洋の学問の教育に従事し、近代文明を伝え、日本の信徒たちから宗教指導者を養成する神学校の設立に着手したのでした。

そのアメリカ・プロテスタント教会の淵源はといえば、一七世紀に宗教の自由をもとめて大西洋を渡り、新大陸に移住したイギリスの非国教徒たちですが、徹底した宗教改革を目指し、信徒教育を重んじる彼らは早くから教育機関を充実させていきました。一六三〇年に入植を開始したマサチューセッツ湾植民地では、入植後六年、住民人口およそ一万人の時点で、ハーヴァード・カレッジが設立されています。植民地総督ジョン・ウィンスロップの語る理想的社会「丘の上の町」は、子弟の信仰と知識の継承によって可能とされるのですから、そのためには牧師をはじめ、法律家や医師など、植民地社会の中堅を担う敬虔な有識者の育成が課題となりました。信仰と生活との革新を求めたピューリタンたちは、牧師だけではなく、一般の信徒たちも含めてよく聖書を読み、学識を求め、霊的な感受性と賢明な判断力を身につけることに努めたのです。

独立後のアメリカは、内陸への開拓に積極的に乗り出しますが、絶えず西へと延びるフロンティア地域は、教会指導者にとって重要な伝道地でした。アメリカ・プロテスタントの命運は、西部の人々の信仰の維持にかかっていたのであり、その伝道を担ったのは一九世紀初頭から始まる第二次信仰覚醒運動で育った人々でした。ニューイングランドの会衆派や、中部の長老派など既存の教派だけでなく、新興教派であったメソジスト、バプテストたちが積極的に伝道を繰り広げています。彼らは西部の開拓地に教会を建設しただけでなく積極的に教育機関を設立しており、その意味ではプロテスタント諸教派が設立した日本のキリスト教学校は、植民地期のカレッジ、西部のキリスト教学校と姉妹関係にあります。したがって、日本のキリスト教大学の特徴と課題を考える上で、アメリカにおけるキリスト教学校の歴史を参照することは重要な手がかりとなるのです。

ここでは、アメリカの植民地期の大学から、第二次世界大戦後の福音派を基盤とする大学まで、キリスト教とアメリカの大学の関わりを検討し、とくにキリスト教大学の世俗化の問題を考えてみたいと思います。初期アメリカの大学の多くは、開拓地の信仰運動のなかで設立され、植民地期の大学の経験は西部へのフロンティアの拡大とともに受け継がれました。後に見るように、新しい大学は多くの場合、新たな信仰復興運動を担う人々によって建設されており、第一次信仰復興運動のなかでプリンストン大学などが、一九世紀の第二次信仰復興運動の過程でメソジスト系の大学やバプテスト系の大学が設立されていきました。しかし、一九世紀の後半より、高等批評と呼ばれた聖書の文献学、あるいはダーウィンの進化論など、素朴な聖書信仰を揺るがす知的傾向が広がり、学問と信仰との緊張感が高まるとともに、キリスト教大学が教会からも宗教的敬虔からも距離を置くようになりました。以下では、アメリカにおけるキリスト教大学の成立と世俗化の傾向について、歴史的な素描を試みることにします(1)。

二　植民地期のカレッジ

植民地期に設立されたアメリカのカレッジは九校あり、それらの多くは教派を背景として設立されました。設立年と教派的背景を付記して列挙すれば次の通りです。

カレッジ名（所在地、独立後の州）	**設立年**	**教派的背景**
ハーヴァード（マサチューセッツ）	一六三六年	ピューリタンないし会衆派
ウィリアム・アンド・メアリー（ヴァージニア）	一六九三年	英国国教会
イエール（コネティカット）	一七〇一年	会衆派
プリンストン（ニュージャージー）	一七四六年	長老派
コロンビア（ニューヨーク）	一七五四年	英国国教会
ペンシルヴェニア（ペンシルヴェニア）	一七五五年	教派的背景なし
ブラウン（ロード・アイランド）	一七六五年	バプテスト
ラトガース（ニュージャージー）	一七六六年	オランダ改革派
ダートマス（ニューハンプシャー）	一七六九年	会衆派

独立以前のアメリカは一三の植民地からなり、それぞれが独自の歴史をもち、宗教的背景も一様ではありませんでした。ニューイングランドはピューリタンの入植地であり、その中心に位置するボストン郊外に、入植後わずか数年でハーヴァードが設立されたことはすでに述べました。一六三〇年代は、ニューイングランドへの「大移住期」と呼ばれ、毎年二〇〇〇人ほどがマサチューセッツ湾植民地に到着しましたが、彼らのなかには比較的多くの大学卒業者が含まれていました。とりわけ、イギリス本国のピューリタニズムの拠点、ケンブリッジのエマニュエル・カレッジの卒業生が多く、彼らはニューイングランドの地でも、自分たちの経験を生かしてカレッジを設立し、堅実な信仰と幅広い知識を教え、牧師や法律家として社会を担う人材の育成に従事したのです。(2)マサチューセッツ植民地議会はこのカレッジに認可を与え、財政面でも支援を与えています。

一七世紀から一八世紀にかけて設立されたのは、イェールとウィリアム・アンド・メアリーです。ウィリアム・アンド・メアリーは、ニューイングランドとは対照的なタバコ植民地、ヴァージニアに英国国教会によって設立されたカレッジで、その大学名は名誉革命後の国王の名前に由来します。これに対して、ニューイングランド二番目のカレッジであるイェールは、ハーヴァードと同じくピューリタニズムの信仰を受け継ぐ会衆派を基盤としていました。ボストンの指導的牧師コットン・マザーをはじめ、ハーヴァードが次第にリベラル化していったことに反発した一群の牧師たちが、イェールの設立に尽力したのです。このカレッジは当初、コネティカットのキリングワース在のピアソン牧師館で始められましたが、ニューヘブンの地に落ち着き、財政支援を与えたロンドン在住の富裕な商人イェールの名前を記念して命名されました。イェール・カレッジは、初代の移住者たちの信仰を堅実に守る教育機関として評価を得ていたのです(3)。

一八世紀の半ばに設立されたプリンストン、ブラウン、ラトガース、およびダートマスは、アメリカ植民地を席巻した第一次宗教覚醒運動のなかから生み出されたカレッジです。宗教覚醒運動（Awaking）、あるいは信仰復興運動（Revival）とよばれる宗教運動は、個人の回心と敬虔な宗教的感情を重視し、冷静な理性的判断を重視する立場に対峙し、各地で論争と対立を巻き起こしました。ペンシルヴェニアやニューヨークといった中部植民地に入植した長老派は、その内部に保守派の「オールドライト（旧い光）」と、覚醒派の「ニューライト（新しい光）」を抱えていました。「新しい光」派は、宗教覚醒運動を積極的に推進するために、内陸への伝道を担う人材を養成する「丸太小屋カレッジ」を設立しました。当初「丸太小屋カレッジ」はグラマースクールよりは上だけれどもカレッジ教育の水準には達していない、と評されました。彼らがより高い水準のカレッジ教育を目指して設立したのが、カレッジ・オブ・ニュージャージー、後のプリンストンでした(4)。

同じ時期の宗教覚醒運動の高まりのなかで、バプテスト派がブラウンを設立し、オランダ改革派がラトガースを設立しますが、とくに興味深いのはダートマスの設立の経緯です。ダートマスはもともと先住民教育のために設立された教育機関から出発しました。著名な巡回説教者ジョージ・ホイットフィールドの影響を受けた会衆派牧師ウィーロックは、最初は自宅で先住民の少年少女の教育を始め、一七五四年に篤志家の支援をうけて、彼らのために慈善学校を設立しました。ここで教育を受けた生徒のなかには、後にモホーク族の族長となり、同時に英国軍の大佐となった人物もいます。英語をよく話すモヒカン族出身の卒業生がイギリスで資金集めに成功してダートマスの基礎を作りました。ダートマスは先住民教育面ではカレッジの予備教育のレベルでしたが、ニューハンプシャー地域の白人にも門戸を開き、カレッジとしての評価を高めていったのです(5)。

比較的早期に設立されたハーヴァード、イェール、ウィリアム・アンド・メアリーと、一八世紀半ばに設立されたカレッジの間には、大学と植民地政府、大学と教会との関係の面で、顕著な違いがありました。宗教覚醒運動以前は、それぞれの植民地に政府も教会もカレッジもひとつしかなかったため、政府も教会も、一致してカレッジを支えたのです。マサチューセッツ議会はハーヴァードのために土地を付与し、目的税を設定して援助し、ヴァージニア政府もカレッジの認可に際してタバコ税を賦課する権利を与え、積極的に支援しました。イェールの場合でも、コネティカット議会は「フランスの拿捕船から得られた利益」を援助金としてカレッジを財政的に支えました。ただし、これらのカレッジは植民地政府の直接的な管轄の下にあったのではなく、カレッジの理事会に植民地政府高官を迎えることがあっても、基本的には聖職者たちによって運営されていました(6)。

しかし、宗教覚醒運動は地域の教会の間に対立を生み出し、また、中部植民地のように、さまざまな移民の流入とともに教派的な多様化が進んだ植民地では、政府と教会とカレッジを結ぶ強い絆は失われていきました。一八世紀半ばのニュージャージー植民地は、プリンストンとラトガースという二つのカレッジを同時に支援することはできませんでしたし、ニューヨークのキングズ・カレッジ（後のコロンビア）は、英国国教会志向が強く他の教派の反発を招いていました。クエーカー教徒の領主植民地ペンシルヴェニアでは、牧師を必要としないクエーカーはカレッジ設立に積極的ではなく、ベンジャミン・フランクリンら俗人の主導でペンシルヴェニア・カレッジが設立されました。ペンシルヴェニアのカレッジは、当時としては珍しく、どの教派とも提携関係はなかったのです。(7) 時代を経るにつれて、どの植民地でも教会の権威は薄れ、宗教的立場も多様化していったので、ハーヴァードのリベラルへの傾斜も、一面では宗教意識の多様化に対応した寛容の精神と見ることもできます。

旧世界との関連で見れば、植民地期のカレッジはイングランドのカレッジをモデルに設立されました。とりわけ、ハーヴァードの創設に当たっては、ピューリタンの温床と呼ばれたケンブリッジのエマニュエル・カレッジが念頭に置かれていました。また、一六六〇年の王政復古後、英国国教会から離脱し、大学教育からも締め出された非国教徒が、自分たちのディセンティング・アカデミー（非国教徒専門学校）を設立しましたが、アメリカ植民地の会衆派や長老派のカレッジは、その非国教徒の学校の影響も受けています。(8) また、一八世紀に入るとスコットランド出身の牧師が長老派教会に就任する例が多く見られるようになり、カレッジの指導層にもスコットランド出身の学者が目に付くようになります。プリンストンの学長に就任したジョン・ウィザースプーンもその一人で、スコットランドの道徳哲学をアメリカの大学に持ち込む上で大きな影響力がありました[9]。

これら植民地期のカレッジはすべて、今日ではアメリカを代表する堂々たる大学ですが、その出発点はごく慎ましいものでした。カレッジの教師陣は、学長一人に、二、三人の補助教員（チューター）というのが典型的な姿で、ほとんどのカレッジは一八世紀の半ばまでその状態でした。また、学長は教室で教えるだけでなく、牧師でもあり、さらに公共的指導者として社会的に発言しうる人物でした。教授は現実には学長一人であり、学長はほとんどあらゆる科目を教えなければならなかったのです。著名な神学者ジョナサン・エドワーズでさえも、プリンストンの学長に就任するにあたって、数学やギリシア文学を教えることに不安を感じたといわれています。学長の職務は、資金集め、財務、図書館司書、学生の個人指導、大学の広報まで含み、それに加えて日曜ごとに説教も担当しました[10]。

当時、一般の生徒は読み書きをはじめ生活の基本を教える実用学校に向かい、一部の生徒だけが高等教育を視野にグラマースクールを目指しました。生徒はグラマースクールでギリシア語、ラテン語の基本文法を修得すれば大学に入学することができたのです。平均的な入学年齢は一五～一六歳で、特別に有能な生徒の場合には一三歳といったケースもありました。逆に、入学を認められたものの、大学の授業についていけずに補習授業を受けなければならない者もいました。カレッジの規模としては、一八世紀の半ばで全学で一五〇人ほどの学生を擁したハーヴァード、イェールが最大で、プリンストンもそれに近い数でしたが、それ以外は四〇人ないし五〇人規模に止まっていました。学生の卒業後の進路は当然牧師が多く、一七世紀末でほぼ六〇パーセントでしたが、植民地社会の発展に伴い、その比率は次第に低下していきます。イェールの場合でいえば、一八世紀の半ばには四〇パーセントになり、一七九一年の卒業生では二〇パーセントにまで低下しました。聖職者以外では、法律家、医師といったいわゆるプロフェッション（知的専門職）に就く者が多く、時代を経るにつれて実業家、農園主となる者も出てきました。植民地期のカレッジは、聖職者養成からクリスチャン・ジェントルマンの教育へと比重が移っていったのです(11)。

三　南北戦争前の旧来型カレッジ

革命期から南北戦争までの時期、アメリカの大学は大きく前進しました。植民地期には八校を数えるに過ぎなかったのですが、南北戦争の時期にはおよそ一八〇もの大学が学生を受け入れています。フロンティアラインが西へ西へと延びていくのにしたがって、東部植民地で大学教育に関わった人々が、内陸の各地にカレッジを建設していきました。植民地期の大学建設が宗教的覚醒運動の渦中で推進されたように、この時期の大学建設も、一八〇〇年から三五年の間に見られた第二次宗教覚醒運動のなかから生み出されたのです。一八世紀末の東部の大学では、懐疑主義者も多く、無神論者まで現れて、キリスト教信仰が低調をきたし、むしろ信仰を言い表す学生が少数派に止まっていました。第二次宗教覚醒運動は、その意味では「プロテスタントの対抗宗教改革」であり、信仰に目覚めた学生たちは、国内伝道を志して新開地である西部に向かっていきました。その国内伝道のなかからカレッジが設立され、とくに一八三〇年以降に一三三校ものカレッジが設立されました[12]。

当初は、会衆派、長老派がカレッジ建設の主体となったのですが、一八三〇年以後には、新興の教派であったメソジスト、バプテストも加わり、カレッジの数を増やしていきます。この二つの教派は比較的低い社会階層を支持基盤とし、当初は正規の神学教育を受けていない信徒をも伝道師として積極的に登用していて、必ずしも高等教育には熱心ではありませんでした。しかし、その信徒たちが堅固な社会的基盤を築くにつれて、宗教指導者にもそれなりの知的水準を求めるようになり、積極的にカレッジ建設に取り組むようになったのです。メソジストのカレッジとしては、ジョージアのエモリー、ウェズリアンなどがありましたし、またバプテストのカレッジとしては、ニューヨーク州のロチェスター、アラバマのスタムなどが知られています[13]。

西部での伝道とカレッジ建設には、宗教覚醒運動に参加した大学の同窓生のつながりも大きな役割を果たしました。新しい大学の学長たちの出身大学は、一八四〇年の時点で、三四人がイェール、二三人がプリンストンでした。また、福音主義的な社会改革を志向したオハイオのオベリンのように、西部の新しいカレッジでありながら、その教師や学生たちが積極的にさらに新しいカレッジの設立に取り組んだ例も見られました。オベリンの卒業生たちは、ミシガンにはオリヴェト、ヒルスデイル、アイオワにはタボルとアイオワ、ミシシッピにはドゥルリ、ウィスコンシンにはリッポン、ミネソタにはカールトンを設立しています。(14) 教派のカレッジ設立の動きには、地域の指導者も積極的に呼応していきました。地域がカレッジを持つことは、その都市の格式を上げ威信を高めることであり、人口の増加にも寄与することから、プラスの経済効果も見込めたからです。もっとも、これら西部のカレッジの規模は小さく、一九世紀半ばで一校あたり六〇人くらいでしたから、植民地期の小さなカレッジの姿を彷彿させるものがありました。

これら旧来型カレッジは、宗教覚醒運動を背景とし、キリスト教的信仰と道徳を基調としていました。ほとんどのカレッジは、学生が日曜に教会の礼拝に出席することを義務付け、夕刻に大学で行われる第二礼拝への出席をも奨励していました。また、大学によっては日曜の教会行事への参加を前提に、月曜を休日にするところもありました。教授陣の多くは牧師たちで、牧師でない場合も、明確な信仰的自覚を持った信徒でした。教師たちは学生たちの知的向上だけでなく、霊的な成長にも心を砕いていたのです。一八五六年の調査によれば、ニューイングランドの一一カレッジの学生でキリスト教信仰を告白しているのはおよそ三分の一で、多いところではウェズリアンの七五パーセント、アマーストは六〇パーセントだったといいます。カレッジは学生たちを回心させ、信仰へと導くことを重要な課題としていたのです。[15]

当時のカレッジでは、しばしば信仰の火が燃え上がりました。リヴァイヴァルと呼ばれる信仰復興を通して、多くの学生が回心を経験し生き方を転換させ、ある者は牧師の道に進み、伝道に従事することを決意しました。プリンストンで一八一四年に起きた信仰復興では、いたずら好きの悪童たちが、熱心に祈り宗教問題を真剣に議論するようになりました。カレッジが準備する宗教的プログラムのなかで規則正しく行われたのが礼拝です。学寮では起床のベルとともに朝の礼拝があり、夜にももう一度礼拝がありました。一五分ほどの礼拝は、讃美歌、聖書朗読、祈り、それに短い説教によって構成されていて、敬虔な家庭の献身の時間に近いものがありました。学生にとって礼拝への出席は各家庭での習慣の延長でしたが、毎朝五時半からのカレッジの礼拝は厳しいものがありました。冬季には夜が明ける前に火の気のない礼拝堂に向かわなければならなかったからです。ただし、学長による力強い説教は学生の心を燃え立たせる力があり、イェールのティモシー・ドワイト、ブラウンのフランシス・ウェーランド、オベリンのチャールズ・フィニーの説教の力強さは、長く学生の間で語り草でした。[16]

一九世紀の前半には、学生たちは自発的な宗教的集まりを持つようになっていました。「神学会」とか「探究会」といった名前の集まりは、討論の集いで、仲間どうしが信仰と生活を向上させる機会ともなりました。メンバーは信仰を告白したクリスチャンに限られ、神を冒瀆する者、カード遊びをする者、酒に酔う者などは遠ざけられました。この種の集いから、海外伝道を真剣に探究する者たちのグループも生まれたのです。第二次宗教覚醒運動から海外伝道の志が生まれたのですが、その最初の例は、一八〇六年のウィリアムズ・カレッジの信仰復興でした。信仰復興を経験した学生たちは、理性的な信仰に傾斜するハーヴァードを避け、ハーヴァードに対抗して設立されたアンドヴァー神学校に移り、一八一二年にはインド伝道に向かう最初の宣教師が巣立っていったのです[17]。

一九世紀前半のカレッジのカリキュラムは、植民地期のカレッジを踏襲するものでした。一、二年生はラテン語、ギリシア語が中心であり、古典語の学習はその後も続きました。また低学年では代数や幾何を学び、高学年になるにしたがって、科学、哲学、宗教、社会科学、それに文学が加わりました。教育者たちは知的枠組みを作るのに古典的教養を必須と考え、その翻訳の作業が精神を鍛えるよい方法であると考えたのです。魅力ある主題である哲学や宗教は、学長自らが四年時にカレッジ教育の仕上げとして教えました。そこでは、キリスト教信仰と理性的な啓蒙思想を結合させることが目指されました。教科書はイギリスやスコットランドの著作で、ウィリアム・ペイリーの著作は長く用いられました。その後はアメリカ人の著者、たとえば、ブラウン大学の学長を長く務めたフランシス・ウェーランドの著作が用いられました。ウェーランドの『道徳学原理』や『政治経済学原理』は、標準的な教科書として長く用いられ、日本でも福澤諭吉によって紹介され、慶應義塾でも教えられたことが知られています[18]。

アメリカでは独立後、教派を基盤とするカレッジとは別に、州立の大学が設立されるようになります。その最初の例は、一七八五年のジョージア大学ですが、南北戦争前までには二〇を超える州立大学ができました。これら州立大学は州政府の管轄下にありましたが、プロテスタント的色彩の強いものでした。教授陣は牧師が多く、そうでなくとも熱心に信仰を言い表している教会員で、彼らはこぞって学生たちの心にキリスト教の教義を植えつけようとしていました。学長は「キリスト教の証拠」といった講義を行い、六年間の在任中に大学で六〇〇回の説教を行った学長もいたといいます。大学は学生の生活指導にも熱心に取り組み、教派立の大学に劣らず学生に厳格な規律を課していました。啓蒙思想と理性の信奉者であったトマス・ジェファーソンが設立したヴァージニア大学では、意識的に宗教的影響を排除し、大学構内には礼拝堂もありませんでした。しかしこれは当時としては例外で、州立大学でも学長は聖職者であることが多く、学長の宗教的感化が高く評価されていたのです。(19)

当時は州立大学でも学生の大学礼拝への出席、日曜の教会出席が義務付けられ、宗教的科目の学習も求められ、宗教的な活動も奨励されていました。教派立カレッジとおなじく、カリキュラムには「道徳哲学」「自然哲学」「キリスト教の証拠」などの科目が並び、またキャンパスには「伝道協会」「毎週の祈りの集い」「クリスチャンの図書館結社」など宗教的活動もありました。この時期、州立大学でも、キリスト教と高等教育は分かちがたく結びついており、プロテスタンティズムは幅広い社会的な支持を得ていました。大学によっては、州政府の影響力よりも特定教会の影響力が強い場合があったのです。たとえば、オハイオ州のマイアミ大学では、教授陣のほとんどは長老派牧師であり、理事たちも長老派の牧師、信徒が占めていました。[20]

四　大学の新しい展開

１　黒人カレッジと女子カレッジ

南北戦争前のアメリカの大学が、旧型カレッジの西部開拓地への拡大であったとしますと、南北戦争後のアメリカの大学は、従来の常識を超えた新しい展開を示すことになります。ひとつは、高等教育の対象とは考えられていなかった、黒人と女子のためのカレッジが設立されたことです。もっとも、黒人の高等教育について言えば、すでに一七七〇年代のプリンストンに二人の黒人が入学したことが知られていますが、一九世紀前半に黒人学生を常時受け入れているところはほとんどありませんでした。ただし、黒人のアフリカ帰還を支援した植民協会と奴隷制廃止論者たちは、黒人への高等教育の必要性を意識していました。実際、奴隷制廃止論者たちは黒人のための高等教育機関の設立に乗り出し、一八五四年に長老派教会はペンシルヴェニアにリンカーンを、一八五六年にメソジスト監督教会はオハイオにウィルバーフォースを建てました。また、奴隷州であるケンタッキーにも、会衆派系の伝道団体がベレア・カレッジの設立を支援しています。とくに、南北戦争とともに奴隷解放が進展するにつれて、北部の伝道団体は就学の機会のなかった黒人のために、日曜学校、小学校を準備し、さらに中等教育、高等教育へと視野を広げていきま

した。(21)

一九世紀において黒人カレッジを設立したのは、ほとんどがキリスト教団体でした。会衆派もメソジストもバプテスト派も多くの黒人カレッジを設立しました。北部では、白人に交って黒人のカレッジ卒業生も珍しくなくなり、オハイオのオベリン・カレッジは、黒人の卒業生を多く輩出したことでも知られます。旧来型カレッジと同じく、黒人カレッジの卒業生の多くは牧師となりました。しかも、黒人牧師はアメリカ国内の同胞に対してだけでなく、アフリカでの伝道に従事することも期待されました。時間の経過とともに、カリキュラムも充実し、卒業生の進路も多方面に広がっていきます。二〇世紀初頭の時点で、南部の黒人カレッジの卒業生の四割近くが黒人学校の教師となり、医者となったのは四パーセント、法律家となったのは三・三パーセントほどでした。(22)

女子の高等教育も未開拓分野で、黒人カレッジと同じく女子カレッジがキリスト教的信仰者によって建設されていきました。マウント・ホリヨークの設立者メアリー・ライオンは、「キリストのための学校であり……それは学生たちの間に伝道精神――神のために生き、何事かをなす、教師として何事かをなす、すなわち摂理が命じるようになす感情――を涵養《かんよう》すること意図する」と語っています。(23)女子カレッジの設立は、男女平等のための教育運動の最終局面でした。一九世紀以前では、女子の初等教育すら一般的ではなく、女子中等教育はニューイングランドでさえ、独立革命前夜にようやく緒に就いたばかりでした。女子の高等教育は一八二〇年以後、女子神学校から開始されましたが、男子カレッジと同等水準の教育を達成するには時間がかかりました。しかし一八七〇年以降にはウェルズリー、スミス、ラドクリフ、ブリン・モア、バーナード、マウント・ホリヨークといった女子カレッジが名声を博することとなりました。(24)

女子カレッジの卒業生の進路は教師か宣教師が多く、一九世紀末のウェルズリーでは、卒業生の八〇パーセントほどが教師となり、初等、中等教育を担っています。また、海外宣教師は、女子にとっての新しい職業分野となります。女性宣教師の数は男性宣教師よりも多く、女性が男性と平等な扱いを受けた稀な職業だったのです。海外で女性たちは本国にいるよりも指導力や創造的な役割を果たす機会に恵まれ、女子教育に携わることにもなりました。(25) なお、伝統的カレッジが男子カレッジの原則を固守していたのに対して、一部のカレッジが男女共学に転じ、女子学生を積極的に受け入れることにもなりました。黒人に門戸を開いたオベリンは、一八三七年に最初に女子学生を受け入れた大学でもあり、それ以後、常時一〇ないし二五パーセントの比率で女子学生が学んでいます。西部のプロテスタント大学は積極的にオベリンの例に倣いました。西部の新興カレッジが共学に熱心であった理由として、西部開拓農民の生活が男女の働きの平等を実感させたことも指摘されています。

2　カレッジからユニヴァーシティへ

一九世紀後半はアメリカが産業社会として急速な成長を遂げた時期でした。アメリカ大陸に縦横に伸びる鉄道網に象徴されますように、広く深い国内市場を基盤に工業化が進展していきました。アメリカはヨーロッパから見れば新世界、発展途上の新開地の趣がありましたが、この時期にアメリカは成年に達し、ヨーロッパ諸国に対抗できる存在になったのです。大学についても、開拓地の小規模な教養カレッジの名残をとどめる旧来型カレッジから脱皮して、ドイツやイギリスの大学に比肩しうる高度な学問研究を行うユニヴァーシティが出現することになりました。それまではアメリカの優れた若者は海を渡りイギリスやドイツの大学で高度な学問を身につけることが通例でしたが、いまや自前で最高水準の教育を行う大学が出現したのです。

高度な学問教育は、一面ではアメリカの実業社会の要請でもありました。一八六二年のモリル法によって、連邦政府の土地付与を受けて設立された州立大学は、科学的農業をはじめ、さまざまな応用科学の殿堂となりました。また、土地付与を受けて出発したニューヨーク州のコーネルは、教養教育とともに実務教育の充実を掲げ、旧来型カレッジから決別したユニヴァーシティの誕生を告げたのです。一八七四年に出発したジョンズ・ホプキンズは、最高の学術的理想を目指し、学術を担う教授陣中心の大学運営を行いました。旧来型カレッジが啓示宗教を重んじた人間教育を主眼としていたのに対し、ジョンズ・ホプキンズは明確に科学的真理の追究を第一義とし、人間生活の改善と物質的進歩への貢献に照準を合わせたのでした。(26)

伝統的な教養カレッジもこの時期、ユニヴァーシティへの道を歩みつつありました。ハーヴァードは一八六九年に就任したエリオット学長の下で機構改革を行い、専門職大学院を整備して、ニューイングランドのカレッジからアメリカを代表するユニヴァーシティへと成長していきました。教養カレッジからの脱皮は一面では教育方法の変化でしたが、そのひとつはエリオット学長が推進した幅広い選択科目でした。伝統的な古典カリキュラムをすべての学生に課することを止め、自然科学の科目を充実させ、学生自身に自分の修学計画を立てさせたのです。これは伝統的な教養カレッジの破壊につながると大きな波紋を巻き起こしました。[27]エリオットへの批判者として、プリンストンの学長マコーシュが有名ですが、マコーシュは必修カリキュラムを擁護し、授業の出席義務、宗教教育をも擁護したのです。穏健なカルヴィニストであったマコーシュは、抑制のない自由には懐疑的であり、またキリスト教共同体における知識の整合性への信念をもっていたのです。ただし、そのプリンストンも、次の学長の下でユニヴァーシティへと変貌していきました。[28]

３　産業経営者と大学

このようにアメリカの大学が、旧来型カレッジからユニヴァーシティへ展開していったことは、他面では大学の財政的基盤の重心が教会から産業経営者に移っていくことを意味しました。産業社会アメリカの成立は、巨万の富を築いた産業経営者を出現させ、一部の産業経営者たちは高等教育機関に関心を向けたのです。彼らは、ある場合には小さなカレッジを有力な大学に育て、またある場合にはまったく新しい構想のもとに新規に大学を建設しました。鉄道投資で成功したコーネリアス・ヴァンダービルトは、メソジスト教会によって設立された小さな大学に多額の援助をし、自分の名前を付けた大規模大学へと改変しました。また、タバコ産業で成功したデューク家の人たちも、自分の町に移動することを条件に小さなメソジスト系のカレッジに巨額の援助をし、今日のデューク大学へと成長させたのです(29)。

こうした例は少なからずあり、コカ・コーラ社で成功したキャンドラーは、敬虔なメソジスト実業家として、アトランタの小さなカレッジであったエモリーを有名大学へと成長させています。熱心なバプテスト信者として知られたロックフェラーもシカゴ大学の設立に巨額の富を投じました。ロックフェラー自身はバプテストの聖書学者ハーパーを学長に指名してバプテスト教会との連携を求めたのですが、ハーパーはその意に反して、大学に教派色を与えず、広い意味での宗教的志向をもつに留めました(30)。この時期、個人の寄付とは別に、財団が大学を支援することにもなりましたが、財団の援助は実績のある少数の大学に向けられる傾向があり、受け皿となった大学は教会との関連を失ったところが多かったのです。カーネギー教育財団は、私立大学教師のための年金設立に尽力しましたが、その対象とされた大学には、思想的にも財政的にも教会や教派との密接な関連を持たないとの条件が付加されていました(31)。

産業社会の出現は、大学のカリキュラムにも影響を与えています。州立大学であるミシガンやウィスコンシンは、西部で中産階級を育てるために自然科学科目を充実させ、古典語よりも近代的な諸言語教育に積極的でした。ハーヴァードが先鞭をつけた履修科目の自由選択制は、多くの大学に広がっていきました。それに伴い、教授陣も特定分野の専門家という性格を持つようになり、授業のやり方も学生に暗唱させるといった初歩的なものから、体系的な講義に変わっていきます。授業の目的も伝統的な主題を討論によって深めるというよりも、新しい真理を発見するものになっていきました。その結果、大学は大量の蔵書をそろえた図書館を設立しただけでなく、自然科学のための実験室を充実させました。神学や法学、医学のための大学院のコースをもつ大学も増えていきます。[32]こうした伝統的教養カレッジから専門的学問とくに自然科学を重視するユニヴァーシティへの変化は、宗教を基盤とする人間教育を主眼とする大学が、次第に宗教とは距離を置き、学問それ自体を探求し、社会への貢献を課題とするようになったことを意味します。

五　大学の世俗化

このように一九世紀後半のアメリカの大学の新しい展開は、大学がキリスト教世界の枠を出ていくこと、すなわち世俗化を意味したのですが、それはアメリカ思想の世俗化の反映でもありました。[33]この時期、キリスト教的世界観はラディカルな知的運動によって揺さぶられ、新しい知的傾向がキリスト教的世界観に収まり切らなくなり、大学自体がキリスト教的共同体という性格を失っていったのです。そのようなキリスト教を基盤とする大学の脱キリスト教化、すなわち世俗化は、高度な知的水準を目指したハーヴァードなどのエリート私立大学や、主要な州立大学から始まり、次第に幅広く波及していきました。第一次世界大戦後には、伝統的に教会と関係の深いキリスト教大学にも、世俗化の波は押し寄せていったのです。

キリスト教的世界観を震撼させた学問として、第一に挙げられるのは聖書の高等批評です。ドイツに発するこの聖書の読み方は、神の言葉として受け取られてきた聖書を、一個の歴史的文書として取扱い、聖書の意味を歴史的文脈において理解しようとし、さらには神抜きで人間的出来事として説明しようとするものでした。したがって聖書は、神の啓示の書ではなく歴史的な一資料であり、その指針も神の権威ではなく人間的な知恵として相対化されました。さらに、キリスト教信仰に衝撃を与えたのは、ダーウィンの進化論です。進化論は創世記の天地創造の記述と正面から衝突するため、科学的真理は聖書の権威に挑戦するものと受け取られたのです(34)。

もっとも、一八五九年に刊行された『種の起源』が、直ちにアメリカの大学の定説となったわけではありませんし、進化論をキリスト教と矛盾しないものと受け止める科学者たちもいました。進化論を神が意図した過程、神の働きの方法と解して、進化の頂点に人間がいる意味を強調することもできたからです。しかし、進化論は創世記の記す天地創造とは明らかに異なり、創造主にして歴史に介入する神と共存させることは容易ではありませんでした。そこで学者のなかには、神を「超越的な知的存在」あるいは「抽象的な力」と解して、進化論を有神論と接合させる者たちもいました。他方、聖書を文字通りの出来事と解する保守的なカレッジでは進化論は拒否され、南部のメソジスト系およびバプテスト系カレッジでは、進化論教育を理由に教授を解雇する場合もありました。しかし、教派立の大学でも次第に進化論が教えられるようになり、教室では聖書の知識は次第に隅の方に追いやられることになりました[35]。

こうした新しい知的傾向が主流となるにつれて、キリスト教大学も世俗化への道を進んでいったのです。キリスト教信仰は数多くの思想信条のひとつとされ、イエス・キリストも神の子ではなく優れた宗教家の一人となり、キリスト教信仰を持つ教員を求める理由も少なくなっていきました。さらに、必修科目であった聖書の時間は、宗教学ないし価値観を学ぶ科目となり、大学で礼拝や宗教活動を大切にする習慣も薄れていきました。もっとも、そうした世俗化過程は一挙に進むことはなく、いくつかの中間的な段階が見られましたが、全体として大学の世俗化は着実に進んでいきました。教育史家リンゲンバーグは、具体的に次のような形で世俗化が進行したと指摘しています。

1　大学のキリスト教的性質についての公的な説明に漠然とした表現が用いられるようになる。キリスト教的教育目標は、しばしば神学的用語ではなく、社会科学的用語で語られる。

2　教員雇用の方針として、明確なキリスト者を求めることを重視しなくなり、その結果、自己の専門的科目をキリスト教信仰と関係させて語る教授が少なくなる。

3　一般教育のカリキュラムで聖書およびキリスト教の重要性が低下する。

4　宗教活動一般、とくに大学礼拝に対する大学の支持が低下する。

5　大学が教会との連携を弱め、その後失われる。（特定の教会と関係のない）独立の大学である場合には、教派を超えた、あるいは教会関連の組織と連携することへの関心が弱まる。

6　大学予算が、キリスト教のプログラムの重要性の低下に見合って少なくなる。

7　多くの学生たち、教師たちが大学のコミュニティに参加するのは、残存するキリスト教の影響があるからではなく、キリスト教はむしろ邪魔なものとなる。深くキリスト教に関与する学生は孤独に襲われ始める。(36)

一般的にいえば、こうした世俗化傾向は、キリスト教に無関心な教員の増加に始まり、教授会を開会の祈りで始める習慣が途絶え、その次に、大学礼拝が縮小ないし廃止に向かうようになります。学生の礼拝出席義務は比較的後まで守られたのですが、世俗化が進むにつれて、礼拝自体の意味が変化し、大学の一体性を保持するための儀式になっていきます。それに伴い、礼拝出席義務は学生にとって、わずらわしく感じられるようになります。キャンパスでの礼拝義務は、ウィスコンシン州の州立大学では一八六九年に廃止され、一九世紀末までに主要な州立大学のほとんどでなくなりました。また、大学の設立基盤となった教会との関係も微妙なものとなり、大学の世俗化の過程で教会との関係が途絶えていきます。それと関係して、大学運営における牧師の役割にも変化が生じました。初期の大学では、州立大学も含めて学長は聖職者であるのが通例でしたが、その伝統は一九世紀末から二〇世紀はじめにかけて失われました。また、大学理事会における聖職者の役割も次第に低下し、代わって財政的に大学を支援する経営者、法律家、ビジネスマンの比率が高まっていったのです。

ハーヴァード大学の場合、南北戦争以前からユニテリアン主義に傾斜することで、正統な教会からは離れていきました。歴代の学長はユニテリアンのなかから選ばれ、一八三一年までに、一四人の教授団のうちユニテリアンが六人でカルヴィニストは一人しかおらず、ほかに三人のローマ・カトリック教徒、一人のサンデマン派、そしてそれ以外のプロテスタント三人という構成でした。一八一六年設立のハーヴァード神学大学院は、学部よりもユニテリアン主義で統一されていて、ユニテリアン教会の牧師養成を課題としました。ハーヴァードのユニテリアン主義に対抗して、アマースト・カレッジが、またアンドヴァー神学大学院が設立されたのです。ただし、多くの州立大学は二〇世紀にいたるまで宗教重視の立場を保持しており、それらの大学の指導者たちは世俗化への批判を繰り広げていました(37)。

大学が世俗化に向かう積極的な理由として、ひとつには、特定教派ではなくより広い視野の世界観を探究するという要請がありました。それに特定教派の立場はしばしば論争を巻き起こすことから、大学を組織する上で特定の立場を保持することは不可能とも考えられたのです。大学によっては特定教派の重視から、キリスト教一般の強調へと方針を変更することもありましたが、キリスト教信仰にはこだわらず、宗教一般を尊重する立場もありました。また、一部の大学では、学問研究としての宗教研究も、学生の宗教活動も控えさせる向きもありましたが、学生の宗教への関心に応えるため宗教研究は不可欠とされ、宗教関連の科目や宗教学科も設立されました。ただし、その場合でも、キリスト教信仰を教育の中心部分に置くことはなくなりました。二〇世紀半ばのイェール大学の調査によれば、キリスト教と不可知論、無神論の間に知的闘争が見られ、とくに社会科学者の間で反宗教的雰囲気が濃厚となりました。(38)

教会に基盤を持つカレッジでは、二〇世紀に入るまで正統な宗教的立場を保持していました。学生たちは日常的に宗教問題を話題とし、クラスの祈り会や毎日の大学礼拝に出席したのです。ニューイングランドのカレッジでは、植民地期以来、一月最後の木曜日が大学のための祈りの日に定められ、大半の学生はその日は特別な礼拝に参加しました。地域の教会も、その晩は大学と学生のために特別な礼拝を捧げたのです。教会立の大学は当初は地域に根ざしていましたが、南北戦争後はより強い教派的色彩を持つようになります。経済的に余裕のできた教会員の子弟が、自宅から離れた遠くの教派関係のカレッジに進学するようになったのです。教会立大学の教派的色彩は、一八九〇年ごろがピークで、そこでも一九三〇年ごろからはっきりと世俗化に向かうようになりました。

たとえば、第二次宗教覚醒運動のなかで設立され、男女共学にも黒人教育にも熱心であったオベリンの例を見れば、世俗化の過程は次のような段階をたどりました。第一に、進化論が受容されるとともに、聖書の記述が霊的なものと考えられなくなり、次に、キリスト教信仰が自由主義的に解釈されるようになります。ついで、キリスト教徒以外の人物を積極的に教員として採用するようになり、さらに上級生の聖書科が必修ではなくなります。その後、伝統的な宗教的情熱を保持する意欲を失い、一般的なアカデミックな資質と名声とを求めるようになるのです。オベリンは南北戦争前には、もっとも福音的な学生を集めたのですが、第一次世界大戦前夜の時点では、宗教よりも知的な目標を重視するようになりました。「キング学長は世紀の変わり目に、オベリンを自由主義的なプロテスタントと社会的福音重視の大学へと方向づけた。しかし次第に、学識の追求と知識の獲得が社会的・福音的理想主義に代わる支配的な目的となるようになった。その知識獲得の目標も、次第に、自由主義的なプロテスタンティズムと関係することはやめて、徐々に世俗思想と結びつくことになった」というわけです。(39)

六　世俗化への対抗

１　学生のキリスト教活動

このように新しい知的運動は世俗化を促し、大学はキャンパス内の宗教的活動への積極的関与を控えていったのですが、その空白を埋めたのはＹＭＣＡ（キリスト教青年会）などの学生による自主的な宗教活動でした。ＹＭＣＡとその女子組織ＹＷＣＡは、もともとは一九世紀半ばのロンドンではじまったのですが、ほどなくしてアメリカに上陸、一八五六年に設立された学生のＹＭＣＡ／ＹＷＣＡ（以下、Ｙ）は急速に広がり、一八八四年までにおよそ一八〇の大学に支部を持つまでになりました。Ｙは祈りや聖書研究、慈善活動を行う若者の組織で、世俗化しつつあるキャンパスで、道徳的宗教的な訓練を行う場となっていったのです。アメリカでＹ運動が頂点に達したのは世紀転換期ですが、その時期ミッシッシッピ州立大学では在校生の半分ほどが、ペンシルヴェニア州立大学では三分の二がＹのメンバーでした。Ｙ運動の全国組織も結成され、一九〇〇年には各大学にあわせて六〇〇を超える支部が設立されています。

Ｙ運動は個別の大学を超えた学生組織として、キリスト教信仰の実践的な担い手となりました。全国組織を維持するために中核メンバーは各キャンパスを渡り歩き、夏季の全国大会を企画したりしました。Ｙは大学が学生部を設立するのに先立って、学生生活の充実のために多彩な貢献を行っています。新学期には列車で到着する新入生を出迎え、学生生活のためのハンドブックを刊行して、大学生活に馴染むのを援助しました。それだけでなく中古の教科書を新入生に世話し、貧しい学生のために仕事を紹介し、ローンの相談にも乗り、病気の学生への援助や個人的な相談事にも積極的に対応したのです。大学キャンパスの外でも、Ｙは救貧院や刑務所の訪問、災害の救援活動などに取り組み、教会の日曜学校にも奉仕しました。また本来の宗教的活動では、祈りの会や聖書研究を通して、多くの人々を回心に導くことになります。一八七七年から七年間で、Ｙの活動によって七〇〇〇人もの学生が宗教的回心を経験したといわれます。財政的に恵まれたＹの支部は、しばしば運動施設を備えた建物を持ち、常勤の職員を置くことができました。[40]

Ｙの活動のなかから、海外伝道に従事する人々も現れます。一八八七年夏の記念すべき会議で、宗教覚醒運動の指導者ムーディが海外伝道の必要性を説き、一〇〇名もの学生が宣教師として海を渡ることを決意しました。決意した学生たちが各地のキャンパスを回ってキャンペーンを繰り広げ、二一〇〇名もの学生が賛同して海外伝道を志すことになりました。彼らは学生志願者運動（ＳＶＭ）を結成し、「私たちの世代で世界に福音を届ける」とのスローガンを掲げました。ＹＭＣＡもＳＶＭも、活動のピークは一八九〇年代から第一次世界大戦までの時期で、その後は、直接的なキリスト教伝道よりも、世界平和、人種問題、国際的な学生援助といった社会問題への取り組みに重点を移していきました。しかし、そうした「社会的キリスト教」は、以前のような宗教的情熱を巻き起こすことはできませんでした。海外宣教に登録した学生の数も、一九二〇年には二八〇〇人を数えたのですが、一九三七年にはわずか三四人に止まりました。同時期にＹ運動も低迷し、一九二〇年に七三一あった大学支部は、一九四〇年には四三〇にまで減少していったのです。[41]

Ｙ運動衰退による大学内での宗教活動の空白を埋めたのは、ひとつには教派による大学内での活動でした。さまざまな教派が大学内に学生センターを設けて活動し、たとえば、二〇世紀の初頭に、長老派はミシガン大学で牧会活動をはじめ、それが各地に広がるにつれ、他教派でも同じような取り組みが始まったのです。大学を越えたキリスト者の交わりの輪を作り出す運動もしばしば起こり、一九世紀後半のイギリス・ケンブリッジで始まったリヴァイヴァルに淵源をもつインターヴァシティ運動が、その後、カナダ、アメリカに渡っています。その種の福音的学生組織として、キャンパスクルセードもありました。[42]

2　聖書カレッジ

聖書カレッジは、一九世紀末から二〇世紀初頭の第三次宗教覚醒運動のなかで設立された聖書学校を起点としています。この時期の著名な伝道者ムーディは、都市下層の若者たちに伝道したのですが、彼らに聖書や宗教的知識の基本を教えこもうと聖書学校を設立しました。そこでは聖職者養成のための高等教育ではなく、日曜学校の教師を養成し、日曜学校の水準を高めることが目指されたのです。その後、独自のカレッジをもたない小教派の要請もあり、従来の教派立カレッジが正統信仰を薄めていくなかで、聖書学校は保守的な教会のための高等教育機関、聖書カレッジとして成長していきます。初期の聖書学校は、高校も満足に卒業していない生徒を受け入れ、その教育内容も、聖書や神学についての基礎知識と、キリスト者としての実際的な生活訓練を主眼とするものでした。聖書学校は生徒たちに、幅広い教養というよりも、敬虔な生活態度を身に付けさせ、キリスト者として実際的な奉仕の方法を教え、さらには海外伝道への意欲を育てたのです。[43]

聖書学校は聖書カレッジとして成長していくにつれて、教育の範囲も質も充実させていきました。聖書カレッジは、聖書学校とリベラルアーツ・カレッジの中間に位置していました。聖書カレッジの学生は、主として宗教を学び、学科とともにキリスト者としての実際的な訓練、奉仕の生活を学び、さらにリベラルアーツ・カレッジと同じく一般教育の科目も履修したのです。ただし、聖書カレッジにはリベラルアーツ・カレッジのような選択科目の広さはありませんでしたが、いくつかの聖書カレッジは歴史を重ねるにしたがって、お互いの教育機関としての改善と水準の向上のために、独自の認証機関を設立していきました。(44)

３　根本主義を掲げる大学

ダーウィンの進化論や聖書の高等批評など、近代の科学思想を積極的に受容したリベラル・プロテスタンティズムに対して、近代思想には警戒的でキリスト教の基本を固守する立場は根本主義（Fundamentalism）と呼ばれます。根本主義者たちは大学の世俗化を受け入れず、世俗化に対抗する自分たちの高等教育機関を形成しようとしました。二〇世紀初頭に根本主義の指導的カレッジとして名声を得たのはウィートンであり、ウィートンは特定教派との関与がなかったことから、幅広い根本主義者たちに支持されました。(45)二〇世紀への転換期に、メソジストから根本主義の立場にたつホーリネスのグループが分離しましたが、彼らはアズベリー・カレッジに結集しました。その他、根本主義を自認するカレッジのなかで指導的な立場にある大学として、テネシーテンプル、リバティ、ボブ・ジョーンズといった大学を挙げることができます。根本主義の大学は、特定の支持教派に支えられる場合もありましたが、傑出した宗教指導者によって設立されることもありました。

たとえば、著名な伝道者ジェリー・ファルウェルは、一九五六年に設立したヴァージニア州リンチバーグの小さな教会を、四半世紀後に一万七〇〇〇人の教会に成長させています。彼は教会を中心に、平日の学校、聖書学院、通信制学校などさまざまな教育機関を設立し、さらにリバティ大学を設立したのです。ファルウェルはテレビ・ラジオによる伝道活動でも知られ、彼の番組にはおよそ一八〇〇万人の視聴者がおり、彼らはファルウェルの呼びかけに応じて、新しい大学への寄付を行いました。(46) リバティ大学は五万人の学生を擁する大規模大学となることを目標としていますが、同じく根本主義に立つ大規模大学が、ボブ・ジョーンズ大学です。校名の由来となった伝道者ボブ・ジョーンズは、積極的な説教活動によって、三〇万人も回心させたのですが、彼は回心した両親の子弟が世俗化した大学に入学して信仰を失うことがないようにと、信仰にもとづく大学を設立したのでした。

根本主義に立つ大学は、キリスト教の福音を基調とし、「魂の救い」に取り組む牧師を養成し、その牧師たちが根本主義の教会に仕えることを奨励しました。創立者ボブ・ジョーンズは、学生たちに毎週、牧師の仕事について教え、純粋な心、正直な対応、公平さと親切、それに必要な身だしなみを語っただけでなく、とくにお金と異性関係への注意を与えました。根本主義者たちは初等中等教育における人間教育を重視したのですが、その教育に従事する人材の養成も根本主義大学の重要な課題でした。ただ、根本主義大学はその設立を傑出した一伝道者に負うことから、大学組織のリーダーシップにおいて創立者の権威主義が見られました。リーダーはごくわずかな取り巻きのなかで、他人の声に耳を傾けず独断的に判断しがちであり、また、リベラルな立場を口を極めて批判するだけでなく、比較的近い立場の人々をも激しく批判することがありました。(47)

七　むすび

新世界アメリカは、宗教的自由をもとめて移住したプロテスタントの社会であり、彼らは後継者養成のため早期よりカレッジを設立し、また、一八世紀半ばの宗教覚醒運動、一九世紀初頭の第二次宗教覚醒運動とともに、宗教的な情熱を継承する人材を養成するために、カレッジを設立していきました。南北戦争以前の西部のフロンティアにおけるカレッジ設立も、宗教覚醒運動の力と、開拓地を健全な社会に維持しようとする人々とによって推進されたのです。宗教覚醒運動は人々を世界伝道へと駆り立て、日本のキリスト教大学の設立も、太平洋を渡った宣教師たちとその支持母体によって試みられたのです。ハーヴァード、アマースト、オベリンとつづくキリスト教カレッジの流れは、同志社や青山学院、東京女子大などへと受け継がれていきました。

しかし、アメリカがプロテスタントによる新開地の地位を脱し、産業を発展させ、世界の大国としての体制を整え、多様な移民を受け入れるにつれて、大学自体も大きな変貌を遂げることになりました。一九世紀後半の黒人カレッジ、女子カレッジの設立は、未開地におけるカレッジ設立の延長として理解することもできましたが、時代の要請に合わせて、従来の小規模な教養カレッジは幅広い専門教育を充実させ、高度な職業教育を施すためにユニヴァーシティへと姿を変え、各種の大学院を設置していったのです。他方、そうした多様で高度な学問の教育と研究に従事する大学は、従来のプロテスタント教会を中心としたコミュニティとしてのアメリカ社会の枠から出ていくことになります。とりわけ、聖書学の高等批評やダーウィンの進化論は、純朴なキリスト教信仰を揺り動かすもので、また多様な移民の流入によってアメリカ社会が多文化、多宗教化の道をたどるなかで、教会とは距離を置く大学が一般化していったのです。

これが世俗化であるとすれば、教会からの大学の自立、神学からの諸学問の解放として、むしろ積極的に受け入れるべきではないかとの立場もあるかも知れません。アメリカのリベラル・プロテスタンティズムはこの現実を受容し、多文化、多宗教社会における共生を確保することをテーマとしています。しかし、それではキリスト教信仰は薄められ、相対化され、ついには信仰的な生命が失われるのではないでしょうか。キリスト教大学の伝統を維持しようとする人々は、人間教育には礼拝をはじめとする宗教活動が不可欠であり、人間教育には聖書が欠かせないとの立場に立っています。これはリベラル・プロテスタンティズムに対する福音派の立場であり、彼らのキリスト教大学では、学生は個人的な配慮を受け、精神的な成長を遂げ、満足すべき世界観をもち、自信をもって社会に出ることができるとの評価を受けています。そうした大学は、キリスト教大学協議会（ＣＣＣＵ）という連携組織を持っていますが、最近評価が高まり、志願学生が増えているともいわれます。

しかし、今日のキリスト教大学が単なる過去への回帰、過去の復古とならないためには、いくつかの課題があるといわなければなりません。特定の教派の設立した大学で、特定の教派の子弟を教育することを目的とするのでなく、より広い学生を受け入れて市民教育を行うのであれば、あらためて信仰と学問との関係を問う必要があります。かつてダーウィンの進化論のケースで問題となったように、聖書的な基準と学問的な基準を混同せず、学問的自由を保障しながら信仰的な世界観、社会観を保持することはどのように可能でしょうか。あるいはまた、キリスト教大学が教会のなかの大学ではなく、あくまでも市民社会のなかの大学として存在するためには、公的な機関、すなわち政府の教育政策との折り合いにも配慮が必要です。日本に限らずアメリカでも、高等教育機関に対する政府の補助金の比重が高まっていますが、大学の特色を失わずに公的な援助を受ける原則の確立も課題となっています。日本のキリスト教大学はアメリカとはまったく異なった宗教的、歴史的背景のなかにあって、リベラル・プロテスタンティズムと伝統的な福音派的要素が微妙なバランスの上に成り立っていますが、アメリカのキリスト教大学の歴史と経験はさまざまなヒントを与えています。

注

（1）アメリカ大学史に関する基本文献として、潮木守一『アメリカの大学』（講談社学術文庫、一九九三年）、F・ルドルフ『アメリカ大学史』阿部美哉・阿部温子訳（玉川大学出版部、二〇〇三年）、R・ホフスタッター『学問の自由の歴史Ⅰ　カレッジの時代』井門富二夫・藤田文子訳（東京大学出版会、一九八〇年）、W・P・メッガー『学問の自由の歴史Ⅱ　ユニバーシティの時代』新川健三郎・岩野一郎訳（東京大学出版会、一九八〇年）、John R. Thelin, *A History of American Higher Education*, Johns Hopkins University Press, 2004; William C. Ringenberg, *The Christian College: A History of Protestant Higher Education in America*, 2nd Edition Baker Academic, 2006. 本稿はとくに世俗化論について、最後のリンゲンバーグの議論に負うところが大きい。なお、日本の神学者による大学論として、古屋安雄『大学の神学――明日の大学をめざして』（ヨルダン社、一九九三年）を参照。大学に相当する英語は、College と University だが、イギリスのケンブリッジもオクスフォードも、カレッジの集合体であり、その場合のカレッジは学寮と訳される場合がある。アメリカの大学の多くはひとつのカレッジとして設立され、後にユニヴァーシティへと発展したが、その場合のユニヴァーシティは、日本でいう総合大学の意味に近い。ただし、実際の校名を見ると、現実にはカレッジであっても、ユニヴァーシティの名称を用いる場合もあるし、カレッジといいつつ、現実にはユニヴァーシティの場合もあって、必ずしも明確ではない。本稿ではその双方を大学と呼び、必要に応じて、区別することにする。

（2）ホフスタッター『学問の自由の歴史Ⅰ』「第二章　ハーヴァード・カレッジ」一一三―一四七ページ。

（3）イェール設立の背景については、Ringenberg, *The Christian College*, pp. 38, 39.
（4）信仰復興とプリンストンとの関係については、古屋安雄『大学の神学』四二―四六ページ。
（5）Ringenberg, *The Christian College*, p. 41.
（6）植民地期のカレッジの財政基盤については、ホフスタッター『学問の自由の歴史Ｉ』一九一―一九七ページ。
（7）フランクリンは自伝で、大学の設立事情に触れている。『フランクリン自伝』改版、松本慎一・西川正身訳（岩波文庫、二〇一〇年）二一九―二二二ページ。
（8）Ringenberg, *The Christian College*, p. 42.
（9）スコットランド道徳哲学とアメリカの大学、とくにウィザースプーンについて、梅津順一「アメリカ啓蒙と宗教――ジョン・ウィザースプーンの場合」、『聖学院大学論叢』一一―一、一九九九年。
（10）植民地時代の大学教育の実態について、Ringenberg, *The Christian College*, p. 41.
（11）ホフスタッター『学問の自由の歴史Ｉ』二五二、二五三ページ。
（12）ルドルフ『アメリカ大学史』「第三章　カレッジ設立運動」六四―八五ページ。
（13）ルドルフ『アメリカ大学史』七四ページ。
（14）Ringenberg, *The Christian College*, pp. 58, 59.
（15）Ringenberg, *The Christian College*, pp. 61-63.
（16）Ringenberg, *The Christian College*, p. 64.
（17）ルドルフ『アメリカ大学史』「第四章　宗教生活」八六―八九ページ。

（18）福澤との関係もあり、ウェーランドは日本でも注目されている。藤原昭夫『フランシス・ウェーランドの社会経済思想——近代日本、福沢諭吉とウェーランド』日本経済評論社、一九九三年、潮木守一『アメリカの大学』八九—九四ページ、梅津順一「福沢諭吉とキリスト教」、青山学院大学総合研究所キリスト教文化研究部編『キリスト教大学の使命と課題』（教文館、二〇一一年）所収などを参照。

（19）Ringenberg, *The Christian College*, pp. 79, 80.

（20）ルドルフ『アメリカ大学史』一六四—一六六ページ。Ringenberg, *The Christian College*, p. 81.

（21）Ringenberg, *The Christian College*, pp. 85, 86; Dwight O. W. Holmes, *The Evolution of the Negro College*, New York, 1989.

（22）Ringenberg, *The Christian College*, p. 89.

（23）Ringenberg, *The Christian College*, p. 91; Elizabeth A. Green, *Mary Lyon and Mount Holyoke: Opening the Gates*, University Press of New England, 1979.

（24）ルドルフ『アメリカ大学史』「第一五章　女子の教育」二九〇—三〇一ページ。

（25）Ringenberg, *The Christian College*, pp. 95, 96. 小檜山ルイ『アメリカ婦人宣教師』（東京大学出版会、一九九二年）。

（26）ルドルフ『アメリカ大学史』「第一三章　ユニヴァーシティの出現」二五三—二六六ページ、潮木守一『アメリカの大学』「第五章　研究大学の登場」一四九—二〇二ページ。

（27）ルドルフ『アメリカ大学史』「第一四章　選択制の原則」二七三—二八一ページ。

（28）この論争について、ルドルフ『アメリカ大学史』二八二—二八五ページ。古屋安雄『大学の神学』五七―六三ページ。

(29) Thelin, *A History of American Higher Education*, 4. Captains of Industry and Eruditon: University Builders, 1880 to 1910. pp. 110-154; Ringenberg, *The Christian College*, pp. 97-99. ルドルフ『アメリカ大学史』三八五―三八八ページ。

(30) ロン・チャーナウ『タイタン――ロックフェラー帝国を創った男』井上廣美訳（日経ＢＰ社、二〇〇〇年）五四四―五六七ページ。

(31) Joseph F. Wall, *Andrew Carnegie*, University of Pittsburgh Press, 1989, p. 871-875.

(32) ルドルフ『アメリカ大学史』三〇八―三一八ページ。

(33) アメリカの大学の信仰と学問の関連を考察したものとして、George M. Marsden, *The Soul of the American University: From Protestant Establishment to Established Nonbelief*, Oxford University Press, 1994.

(34) アメリカの大学における進化論の影響について、メッガー『学問の自由の歴史Ⅱ』「第七章　ダーウィニズムと新体制」四三七―五〇五ページ。

(35) Ringenberg, *The Christian College*, pp. 117-119.

(36) Ringenberg, *The Christian College*, pp. 120, 121.

(37) Ringenberg, *The Christian College*, pp. 125, 126. ホフスタッター『学問の自由の歴史Ⅰ』二三七―二四五ページ。

(38) Ringenberg, *The Christian College*, pp. 130, 131; William F. Buckley Jr., *God and Man at Yale*, Chicago, 1951.

(39) Ringenberg, *The Christian College*, pp. 133, 134.
(40) Ringenberg, *The Christian College*, pp. 146,-149.
(41) Ringenberg, *The Christian College*, p. 150.
(42) Ringenberg, *The Christian College*, pp. 151-155.
(43) Ringenberg, *The Christian College*, pp. 155-157.
(44) Ringenberg, *The Christian College*, pp. 164-169.
(45) Ringenberg, *The Christian College*, pp. 170, 171.
(46) Ringenberg, *The Christian College*, p. 174.
(47) Ringenberg, *The Christian College*, pp. 178-182.

第6章　日本のキリスト教大学

――過去と現在

一　はじめに

メソジスト関係学校のリーダーシップを担っておられる皆様を前に、講演の機会を与えられ、大変光栄に思っております。アメリカ人は講演をジョークをもって始めるが、日本人は言い訳（弁解）から始めるといわれます。私も日本人ですので、最初に言い訳から始めなければなりません。それは、本日の主題は私の専門領域とはいえないということです。私は教育学、教育史の専門家でも、キリスト教学の専門家でもありません。私の専門は社会学ないし社会思想史に属しており、マックス・ヴェーバーの観点から、一七～一八世紀のアングロ・アメリカ社会におけるプロテスタンティズムと社会の関係を研究してまいりました。一七世紀のピューリタンの指導者リチャード・バクスター（Richard Baxter 一六一五―一六九一）について研究したことがありますが、一六六〇年の王政復古の後、非国教徒となったバクスターは、ロンドンではサミュエル・アンズリー（Samuel Annesley）の教会に出席していまして、おそらくアンズリーの娘スザンナ（Susanna）、すなわちジョン・ウェスレー（John Wesley）の母親を知っていた可能性があります。私の研究がもっともメソジストに近づいたのは、おそらくこの時点ではないかと思います。

そういうわけで、私の研究とメソジスト学校との関係は決して近いとはいえないのですが、私自身日本におけるプロテスタンティズムと社会の関係について関心を持ち続け、一大学人として日本におけるキリスト教学校、キリスト教大学の役割について、折に触れて考えてきました。そこでこの機会に、日本のキリスト教大学の歴史を振り返り、現在の課題を考えたいと思います。二〇〇九年に日本のプロテスタント伝道は、一五〇周年を迎えました。日本の外交政策が鎖国から開国へと転換する中で、キリスト教の禁制も解かれて、アメリカから宣教師が日本にやってきて、福音の伝道とともに西洋式の教育活動が繰り広げられました。では、日本ではプロテスタントの教育活動がどのように展開したのか、そこにはどのような特徴があるのかを考えてみたいのです。

最初に申し上げておかなければならないのは、ここでいうキリスト教大学とは、キリスト教学校教育同盟に加入している大学で、事実上プロテスタント系大学を指していることです。日本のキリスト教大学としてはカトリック系大学もあるのですが、今回の報告では除かれております。また、今回の会合にとってはメソジスト系大学が重要なのですが、より広くプロテスタント系大学を取り上げることにしました。メソジスト系大学に限りますと、大学の数が大変少なくなりますし、メソジスト系大学は他のプロテスタント系大学と共通するところが多く、一括して取り上げることができると考えられます。

二　キリスト教大学の現状

現在、キリスト教学校教育同盟に加盟しているキリスト教大学は五五校です。日本では、国立大学、公立大学、私立大学あわせて、およそ七五〇の大学があり、そのうち私立大学が約六〇〇近くあります。私立大学は大学数でも学生数でも八〇パーセント弱を占めています。キリスト教大学は、全体で一〇パーセント弱、私立大学の中では十数パーセントにあたります。日本のプロテスタント人口が人口比で〇・五パーセント未満ですから、これは驚異的な数字といわなければなりません。日本ではプロテスタント教会は社会に定着しているとはいえないのですが、プロテスタントの学校、大学は社会で一定の地位を得ていることになります。

ただし、日本のキリスト教大学といっても、そこにはかなり多様な大学が含まれています。キリスト教大学の現状を知るには、いくつかの視点からそれらを分類して捉えることが必要です。

〈規模別の分類〉

第一に、規模別に大学を分類してみますと、次のようになります。

まず、一万人以上の学生数を擁する大学が七校あります。青山学院大学、同志社大学、関西学院大学、関東学院大学、明治学院大学、立教大学、東北学院大学です。

次に、五〇〇〇人から一万人未満の大学が五校あります。同志社女子大学、金城学院大学、桃山学院大学、桜美林大学、西南学院大学の五校です。

次に、二五〇〇人から五〇〇〇人未満の大学が九校。フェリス女学院大学、北星学園大学、茨城キリスト教大学、神戸女学院大学、国際基督教大学、宮城学院女子大学、名古屋学院大学、酪農学園大学、聖学院大学、東京女子大学です。

一五〇〇人から二五〇〇人未満が九校で、梅花女子大学、福岡女学院大学、広島女学院大学、恵泉女学園大学、盛岡大学、西南女学院大学、四国学院大学、神戸松蔭女子学院大学、東洋英和女学院大学。

さらに、八〇〇人から一五〇〇人未満が一〇校で、梅光学院大学、中部学院大学、弘前学院大学、活水女子大学、共愛学園前橋国際大学、聖隷クリストファー大学、尚絅学院大学、静岡英和学院大学、山梨英和大学、神戸国際大学と続きます。

さらに、八〇〇人未満が一三校ありまして、長崎ウエスレヤン大学、福岡女学院看護大学、北陸学院大学、敬和学園大学、九州ルーテル学院大学、松山東雲女子大学、長崎外国語大学、沖縄キリスト教学院大学、大阪女学院大学、プール学院大学、ルーテル学院大学、三育学院大学、東京基督教大学、東京神学大学です。

大学の数からいえば、キリスト教大学は地方の小さな大学が多いといわなければなりません。

〈設立年別の分類〉

のちにも触れますように、それぞれのキリスト教大学は歴史的淵源をたどると、多くの場合、宣教師の私塾に行きつきますが、日本の教育制度の中で大学として認可された時期に注目して区分してみますと、次の四つの時期にまとめられます。

第一は、第二次世界大戦以前、戦前の大学制度の中で認可された大学です。戦前から大学であったキリスト教大学は多くはなく、同志社大学（一九二〇年認可）、立教大学（一九二二年）、関西学院大学（一九三二年）の三校です。

したがって、今日のキリスト教大学の大部分は、戦後に大学となったのですが、戦後改革期に新しい教育制度の中で認可された大学が一一校あります。青山学院大学、広島女学院大学、関東学院大学、国際基督教大学、神戸女学院大学、明治学院大学、東北学院大学、同志社女子大学、金城学院大学、西南学院大学、東京女子大学、東京神学大学であります。

戦後の日本社会は、人口の増加と経済成長にともなう生活水準の向上を背景に、大学進学者が増えていきますが、戦後の大学設立の第二の波は、一九六〇年代に訪れました。戦後すぐに出生した人々、いわゆる第一次ベビーブーム世代への対応として、大学が設立されたわけで、キリスト教大学では、梅花女子大学、梅花学院大学、フェリス女学院大学、弘前学院大学、北星学園大学、茨城キリスト教大学、宮城学院女子大学、桃山学院大学、名古屋学院大学、桜美林大学、酪農学園大学、ルーテル学院大学、四国学院大学、神戸松蔭女子学院大学、神戸国際大学の一五大学です。

次の波は、第一次ベビーブーム世代の子どもたちの大学入学に合わせた一九八〇年代後半から九〇年代前半で、この時期に多数の大学が設立されました。この第二次ベビーブーム世代に対応して設立されたキリスト教大学としては、福岡女学院大学、活水女子大学、恵泉女学園大学、敬和学園大学、松山東雲女子大学、盛岡大学、聖学院大学、西南女学院大学、聖隷クリストファー大学、東洋英和女学院大学の一〇大学が挙げられます。

次に、一九九五年以降に設立された大学がありますが、これは人口数の増加というよりも大学進学率の上昇に対応したものです。この時期に設立された大学は、中部学院大学、共愛学園前橋国際大学、九州ルーテル学院大学、長崎外国語大学、長崎ウエスレヤン大学、福岡女学院看護大学、北陸学院大学、沖縄キリスト教学院大学、大阪女学院大学、プール学院大学、三育学院大学、尚絅学院大学、静岡英和学院大学、山梨英和大学、東京基督教大学の一六大学となります。

〈地理的な分布〉

こうしたキリスト教大学は、地理的にいえば、圧倒的に都市部に集中しています。東京、横浜などの首都圏には一三校、京都、大阪、神戸などの関西都市圏に一〇校、それに人口一〇〇万人を超える札幌、仙台、名古屋、福岡・北九州地区には数校あり、それほどの大都市ではなくとも、弘前、金沢、日立、長崎、新潟、前橋、熊本など、人口二〇万人を超える都市にキリスト教大学が立地しています。日本の国立大学は、地理的には比較的均等に分布しています。これに対して、キリスト教大学を含む私立大学は、大都市圏に集中しています。したがって、キリスト教大学は消極的にいえば、人口と比較して数が少ない国立大学の空白を埋める役割を果たし、積極的にいえば都市の中間層の子弟の教育に従事したのです。

〈女子大学の比率が高い〉

もうひとつ、現在のキリスト教大学の特徴として、女子大学の比率が高いことを指摘しておかなければなりません。日本には八二の四年制国立大学がありますが、そのうち女子大学は二校しかありません。これに対してキリスト教大学五五校のうち、一七校が女子大学です。とくに、比較的小規模の大学、比較的新しく設立された大学で、大都市圏よりも地方の都市に立地をもつ女子大学が多いのです。日本では、伝統社会では教育といえば男子が中心であって、近代化とともにキリスト教学校が女子教育を積極的に担ってきた経緯があります。

三　宣教師による教育――キリスト教学校の萌芽

近代化に先立つ徳川幕府の支配のもと、一七世紀はじめから二五〇年ほど、日本ではキリスト教が禁止されておりました。それ以前の一六世紀には、イエズス会をはじめカトリック教会の伝道が進展し、西洋との貿易活動も行われていたのですが、徳川幕府はスペインの進出に対する警戒感からキリスト教を禁止し、外国貿易もごく限られた範囲でしか認めず、鎖国政策をとっておりました。アメリカのペリー提督による砲艦外交によって、徳川幕府は一八五四年に和親条約を締結し鎖国政策を放棄したのですが、一八五八年の通商条約によって貿易が開始されると経済的・社会的混乱が生じ、政治的動揺を招き、徳川幕府が崩壊して、天皇を統合のシンボルとする明治国家が設立され、日本は積極的に近代化に取り組む国家として再出発することになります。

新政府はキリスト教の禁制を直ちに廃止することはありませんでしたが、通商条約が外国人居留地におけるキリスト教活動の自由を保障したことから、宣教師の来日が相次ぐことになります。その宣教師たちも日本人に向けて自由に伝道ができたわけではなく、一八五九年に来日した最初の伝道師の一人ヘボンは、医療に従事して日本人に知られるようになりました。そのヘボンの妻のクララが日本人に依頼されて英語を教えたのが、宣教師による教育活動の最初と考えられています。ですから、それは学校というよりも個人の家庭での非公式的な教育でした。日本ではそれを塾と呼びますが、宣教師の周りには、さまざまな塾ができて、ここにキリスト教教育の萌芽が見られたことになります。

幕末から明治にかけて、日本人が宣教師に対して、宗教的な偏見にとらわれず、英語の知識、さらには西洋文明の知識をもとめて積極的に接近したことは、日本の特徴といえます。有為の青年が個人的に宣教師を訪ねただけではありません、政府高官も宣教師から学ぼうとしました。たとえば長崎で教育に従事したオランダ改革派の宣教師フルベッキは、大隈重信などの教え子たちが明治政府の高官になったことから、明治政府の顧問として重用されています。フルベッキは明治政府に西洋諸国への使節団を提言したことでも知られますし（岩倉使節団として実現）、当時日本で唯一の大学だった、東京大学の形成にも重要な役割を果たしました。

青山学院の日本人初代の院長で、日本メソジスト教会の初代監督である本多庸一は、この時期に文明の知識をもとめて横浜の宣教師を訪ねた一人です。この間の事情は本多庸一の次の文章から知ることができます。本多は弘前藩の武士で、明治維新の時期には若手の指導的立場にありましたが、新しい時代の息吹を感じ、新しい時代に対応するために、横浜に向かったのでした。

> 一八六八年に王政復古が起こり、開国が国策となり、全国民が日本を世界の列国と並ぶ強力な国家にするには、西洋文明を採用する必要があることを理解しました。この理由で、西洋の言語と学問を修得しようと、日本各地から数百人の青年が、宣教師のもとにやってきま

した。これは宣教師にとっては、単なる言語と学問の知識よりもっと良いものを彼らに与える、摂理というべき糸口となりました。そう、彼らは他の何よりも、青年たちに聖書を与えようとしました。時は満ちていました。多くの青年がこの新しい教えを受容し、迫害にあいました。彼らは大義のためどんな困難にも耐え忍ぶ心構えができていました。

一八七二年の三月一〇日、最初のプロテスタント教会が、アメリカ人宣教師の指導の下で、一一人の青年によって組織されました。五月最初の日曜日には、かくいう私も洗礼を受け——もう一人の青年と三人の若い女性と一緒に——生まれたばかりの教会に加わる特別な恵みを受けたのです。以来、私は特別に神の子とされたことを感謝しています。（本多庸一「私の回心」、氣賀健生『本多庸一——信仰と生涯』教文館、二〇一二年、二七六ページ）

このように、当時の日本では、宣教師は「西洋文明の使者」として受け入れられ、宣教師は文明の教師として身近な人々を教える形で、教会だけでなく学校もできあがっていきました。ここで注目されるのは、日本では最初から女子学校が多かったことです。これは、日本に女子教育機関がなかったこともありますが、日本にやってきた女性宣教師の活躍によるものでした。当時のアメリカ女性にとって、海外宣教師は男女差別の少ない重要な働きの場であり、女性宣教師にとって伝道の地は、活躍のフロンティアでした。当時日本にやってきた女性宣教師の数は、男性宣教師の数を上回っていたのです。

四　キリスト教学校の成立

日本のキリスト教大学は、これら宣教師の周りにできた小さな学校をひとつの源泉としています。フェリス女学院大学はミス・キダーの学校を、明治学院大学はブラウン塾を、青山学院大学は女性宣教師スクーンメーカーの女子小学校を今日の大学の出発点と考えています。このことから、日本のキリスト教大学の多くが、最初から大学構想があってできたのではなく、小さな学校が自然発生的に成長して大学になったことがわかります。後に見るように、最初から大学構想をもって設立された東京女子大学や国際基督教大学の例もあります。しかし、多くの場合は、宣教師が日本の人々の必要に応える形で、文明の学問を教えるなかで、より高度な教育が求められ、大学へと発展したのです。この背景には日本人の積極的な学習意欲があり、また積極的な大学形成への貢献がありました。宣教師と宣教団体が設計して日本のキリスト教大学をつくったというよりも、宣教師と宣教師に学んだ日本人が積極的に参与して大学ができたことが日本の特徴といえます。

この点を具体的に示すために、青山学院の歴史を簡単に振り返ってみたいと思います。青山学院の起源が語られるとき、必ず三つの源流が指摘されます。一八七四年にイリノイからやってきた、アメリカ、メソジスト監督教会女性宣教師ドーラ・スクーンメーカーが教えた女子小学校。

英語と西洋の学問を学びたいという日本人の学習意欲に応えてソーパー宣教師と日本人が東京で設立した耕教学舎、それに宣教団体が横浜に設立した美會神学校（The Methodist Mission Seminary）です。この最初の二つは自然発生的な学校といえます。

ドーラ・スクーンメーカーは来日後わずか二週間で、みずからは午前中に日本語を学び、午後には数人に教えるという形で教育に携わることになりました。スクーンメーカーに協力したのは、洋学者として著名な津田仙という人物で、彼は彼女のために教室となる住居を探し、生徒を集めました。実のところ、最初の生徒七人の中には、三一歳の彼の妻も、一二歳の長女、八歳の長男、五歳の次男もいたのでした。当時、宣教師の学校がほとんど外国人居留地の中にあったのに対して、ドーラはその外に出て、日本社会の中で教育することを望みました。そこでドーラは仏教の寺院も利用しました。彼女は寺院で僧侶が読経するときには、讃美歌を歌うのを控えなければなりませんでした。この女子小学校にはじまる女子教育が東京英和女学校、青山女学院となり、男子系の青山学院と合同し、女子高等教育にも携わっていくことになります。

一八七九年に横浜の居留地に設立された美會神学校は、神学科と普通科に分かれ、聖書、神学、英語、地理、歴史、物理、それに漢学が教えられていました。この神学校が東京に移転すると耕教学舎と合同して、東京英和学校（Tokyo Anglo-Japanese College）が成立します。これは、一面では、アメリカのボルティモア在住の牧師であり、教育者でもあるガウチャーによるAnglo-Japanese University プランの実現でもありました。ガウチャーは以前より、日本にキリスト教の高等教育機関を設立することを提案し、資金的な援助も惜しみませんでした。実際、ガウチャーの資金的な援助によって、現在の青山キャンパスが取得され、校舎の建設がなされました。ガウチャーはメソジスト監督教会の牧師を二〇年務めたのち、教育事業と外国伝道に献身したのです。ガウ一八八九年にはボルティモア女子大学を設立しただけでなく海外の伝道・教育事業に力を注ぎました。中国福州の英華学校（Anglo-Chinese College）、天津の病院、朝鮮伝道のため、インドの小学校のためなど、多額の献金がささげられました。

この時期、宣教師の教育活動を支えた代表的日本人が、先にも触れた津田仙です。津田は幕末の開国の時期に蘭学と英学に志し、幕府がアメリカに派遣した使節団に通訳として同行した経験もありました。明治維新後は日本最初の西洋式ホテル、築地ホテルに関わり、西洋野菜の栽培にも取り組んでいます。津田は日本の西洋式農業の開拓者の一人であり、かつその娘、六歳の梅子をアメリカに留学させたことでも知られます。西洋の社会と学問に接するにつれてキリスト教に関心を持っていた津田は、ソーパー宣教師によって洗礼を受け、先に述べたスクーンメーカーの女子小学校をはじめ、さまざまなプロテスタントの教育事業を支えたのです。津田のような日本の文明化を担う堅実な日本人信徒によって支援されたことも、日本のキリスト教学校の特徴といえます。

五　キリスト教学校と国家主義の衝突

このようにメソジスト監督教会に支持された学校が、一八八三年にこの青山の地に校舎を建てて、東京英和学校（後に青山学院と改称）として再出発し、キリスト教学校の基礎が築かれました。日本の学校制度との関係でいいますと、当初の宣教師による居留地での教育活動は、日本政府とはかかわりのない宣教師の私的な活動でした。それが居留地を出て学校を設立する場合には、一八七九年の「教育令」に従って、届け出ることで私立学校が設立されました。その後一八九九年の「高等女学校令」「私立学校令」「文部省訓令第十二号」、さらに一九〇三年の「専門学校令」によって、明治政府が教育制度を整え、政府の権限を強化して学校の設立を認可制にし、教育内容にも制約を加えることになります。なかでも文部省の訓令第十二号は、キリスト教学校におけ る宗教教育を禁止するもので、キリスト教学校にとって大きな脅威となりました。

すなわち、文部省に認可された高等女学校、尋常中学校においては、教育課程の一部としてだけではなく、教育課程の外においても宗教上の教育や宗教上の儀式（礼拝）が禁止されたのです。このため、キリスト教学校はキリスト教を教えること、礼拝を行うことを継続するかぎり、正式な私立学校としては存立できないことになりました。正式の私立学校でなくなることは、二つの特典を失うことを意味しました。ひとつは、上級学校への入学資格がなくなることで、そうなれば上級学校を目指す者はキリスト教学校には入学しなくなります。また、男子学校では、徴兵猶予の特典が失われることになりました。この二つの特典を失うことは学校の存続を危うくするものでした。したがってキリスト教学校は、そのキリスト教教育を放棄して正式な私立学校としてとどまるか、あるいは二つの特典を失うのを覚悟して各種学校として存続するか、という苦しい選択を迫られたのです。

この文部省の方針の背景として、条約改正の結果、外国人の内地雑居が可能になる、すなわち外国人が自由に旅行、居住、営業できるようになることへの対応があったと考えられます。日本政府は外国人宣教師がそれまで以上に自由に教会やキリスト教学校を設立することを警戒し、私立学校を厳格に管理しようとしたのです。しかし、それも遡れば、明治国家の教育政策の根幹に、キリスト教とは相容れないものがあったということです。明治政府は一八八九年に大日本帝国憲法を発布し、プロイセン憲法をモデルとした立憲君主制を制定しましたが、これは日本神話の神々の血統を受け継ぐ天皇によって人民に下賜されたものでした。しかも同時に、天皇は教育勅語によって、天皇への忠誠を中核とする公民道徳の基準を与えたのです。

こうした明治憲法と教育勅語を二本柱とする明治政府の基本方針が、キリスト教信仰と摩擦を引き起こすことはすぐに明らかになりました。いわゆる内村鑑三不敬事件です。内村鑑三はアメリカ式の札幌農学校（Agricultural College）で、アメリカ人教師の薫陶のもとプロテスタンティズムを受け入れた人物ですが、その後アメリカにわたり、アマースト・カレッジを卒業後、ハートフォート神学校で学んで帰国し、国立のエリート高校で英語を教えていました。その学校で教育勅語の奉読式が行われた際、内村鑑三は天皇の署名入りの教育勅語に敬意を示すのが足りない、最敬礼を怠ったとして糾弾されたのです。内村鑑三を糾弾したのは国家主義的な学生たちで、国家への忠誠、天皇崇拝に疑義があるとしてキリスト教徒への反感を募らせていた人たちでした。

哲学者井上哲次郎は、そうしたキリスト教への反感を「教育と宗教の衝突」、正確にいえば臣民教育とキリスト教の衝突として取り上げました。教育勅語の精神とキリスト教とは矛盾するというのです。具体的には、第一に、教育勅語の国家主義に対して、キリスト教は非国家主義であること。第二に、キリスト教は国民道徳の中心である忠孝を重んじないこと、君主のために命をもなげうつ忠の精神はないし、天父を知って自分の父を知らないこと。第三に、キリスト教は「出-世間」、いわば来世を重んじて、世間、現世を軽んじていること。さらに、キリスト教は墨子の兼愛のように、無差別的であって、近くの人を愛するのを怠るというわけです。この井上のキリスト教批判に対しては、青山学院院長の本多庸一はじめ、多数のキリスト教徒が反論していますが、キリスト教はこの時期、偏狭なナショナリズムという大きな壁にぶつかることになりました。

六　キリスト教大学設立への模索

戦前日本の高等教育には、専門学校と大学という二つのコースがありました。一九〇三年の「専門学校令」によって定められた専門学校は、高等工業学校、高等農林学校、高等商業学校などのほか、医師、薬剤師の養成にあたる医学専門学校、薬学専門学校もあり、芸術系の東京美術学校、東京音楽学校も、専門学校として位置づけられていました。キリスト教学校の高等教育への模索は、最初は、「専門学校令」による専門学校としての認可を得ることであり、その上で「大学」への道を探ることでした。青山学院の場合には、「専門学校令」の翌年には、青山学院高等科と神学部が専門学校の認可を受けていますし、明治学院の場合も、ほぼ同じ時期に高等学部と神学部が専門学校の認可を受けています。

ただし、大学への道には大きな壁がありました。日本のキリスト教学校関係者は、名実ともに整った大学の設立を熱望していましたが、一九一〇年にエディンバラで開催された世界宣教会議でも、日本に教派間の協力のもとで連合キリスト教大学を設立することが提案されました。その後、同提案の継続委員会委員長のジョン・モット博士が来日し、具体的な検討が進められることになります。その第一歩として、中等教育より上の教育については、個々のキリスト教学校ではなく連合した学校を設立し、その上に大学を構想することが検討されました。これを現実的に推進するには、東京でいえば青山学院と明治学院の合同を進める必要があったわけですが、それぞれの歴史ある学校を合同するのは困難で、この計画は挫折しています。

ただし、このエディンバラ会議における合同キリスト教大学設立構想は、女子大学としては結実することになりました。当時、各ミッションが支援していたキリスト教の女子学校においては、高等教育の次元では緒に就いたばかりで、比較的容易に連合することができたのです。当時日本で女学校を経営していた一〇の宣教団体が一堂に会して委員会を構成し、東京女子大学を設立しました。東京女子大学は伝統を異にする宣教団体が協力して、最初から高等教育機関を構想し実現した点でユニークな位置をしめています。ただし、東京女子大学は、「大学令」による大学ではなく、専門学校にとどまっていました。

一九一八年の「大学令」によって設立されたキリスト教大学は、同志社大学（会衆派）、立教大学（聖公会）、関西学院大学（メソジスト）であり、キリスト教大学としてはこれにカトリック系の上智大学が加わります。南部メソジスト教会と後にカナダ・メソジストが加わって設立された関西学院は、一八八九年に普通学部と神学部をもつ学校として出発し、一九〇八年には神学部が、一九一二年には高等学部（文科・商科）が「専門学校令」による専門学校として認可を受けています。関西学院は青山学院にやや遅れて専門学校となったわけですが、一九三二年には「大学令」による大学として認可されました。

では、青山学院が戦前に大学に昇格できなかったのに、関西学院が可能となった理由はどこにあるのか。ひとつには、南部メソジスト教会の日本伝道の開始が遅かったことが有利に働いたことが考えられます。南部メソジスト教会から派遣された宣教師ランバスが日本にやってきて教育事業に着手したのは一八八九年ですが、その時点でプロテスタント教会の日本の伝道の経験、キリスト教学校の在り方について、調査と研究が行われたことが考えられます。南部メソジスト教会の伝道は当初から、それ以前の教派に比べて組織的で、教育事業への取り組みも計画的になされていました。青山学院のように自然発生的に発展して学校が整備されていったのではなく、初めから学校設立への明確な構想があったのです。設立された関西学院自体も、南部メソジスト教会の組織の中に位置づけられており、大学昇格に至る学院の運営を見ても、理事会の方針にブレがなく、財政的基盤も堅実でした。

逆に青山学院が大学昇格に成功しなかった理由として、ひとつには、先に述べた教派合同の大学設立の計画もあり、単独で大学設立へと向かわせる力が削がれていたことがあります。もうひとつには、一九二三年に関東地方を襲った大地震があげられます。この関東大震災によって青山学院の神学部校舎、中等部校舎、大講堂、高等学部校舎は軒並み大破し、一瞬にして廃墟となってしまいました。この時期、全米各地のメソジスト教会から多額の献金があり、復興を遂げることができたのですが、青山学院にとって大学昇格への道は困難となっていったのです。

関西学院大学の場合は、宣教団体のイニシアティブと組織的な支持がよく働いたケースですが、他面で、宣教団体、教会とは離れて、キリスト教と関わりの深い日本人のイニシアティブで大学の設立が試みられたケースも取り上げてみたいと思います。ひとつは、津田梅子が設立した女子英学塾（後の津田塾大学）です。津田梅子は世界史的に見ても非常に稀な生涯を送り、優れた社会的貢献を行った人物です。梅子は、先に青山学院の設立の協力者として紹介した津田仙の娘で、わずか六歳にしてアメリカ留学に派遣されました。新政府が設立されて数年、日本の政府高官がアメリカ社会における男女平等、女性の教育の高さに感銘を受け、日本の女子教育に貢献しうる人物を養成するために、五人の女性を留学させたのです。津田梅子はワシントン近郊のジョージタウンのアメリカ人宅に寄寓し、アメリカ式の教育を受けて、一一年後、一八歳で帰国しています。すでに日本語も忘れていました。

その後彼女は、一八八九年、二五歳で再度アメリカにわたり、ブリンマー・カレッジ（Bryn Mawr College）やオスヴィゴー師範学校などで学ぶなかで、日本の女子教育への使命を自覚するようになります。帰国後一〇年ほど英語教師としてすごしたのち、一九〇〇年に「女子英学塾」を始めました。この女子英学塾は品性高尚な英語教師を養成することを目的としていましたが、最初の生徒は一〇名、開校式は、梅子が勤めていた華族女学校や女子高等師範学校にならって、教育勅語にはじまり君が代斉唱で終わったのですが、その間に、讃美歌、聖書朗読、祈りがささげられました。梅子はアメリカ生活の中で洗礼を受けており、女子教育のためにはキリスト教が不可欠と考えていたのです。津田梅子の女子英学塾は、専門学校令が公布された一九〇三年には専門学校として認可を受け、女子の高等教育機関となっていったのでした。梅子は宣教団体との関係はなかったとはいえ、教育の基礎をキリスト教におくことを明記し、また、学校の拡張のための資金をアメリカ市民から受けています。

七　戦後日本のキリスト教大学

1　国際基督教大学の設立

一九四五年八月、日本はポツダム宣言を受諾して無条件降伏し、アメリカを主とする連合国軍の占領のもとで、民主化政策が遂行されることになります。軍隊の武装解除をはじめとして、財閥解体、農地制度改革、労働組合の結成、婦人への参政権付与が行なわれ、学校教育の改革として、天皇の神格化が否定され、教育勅語に代わって教育基本法が制定されました。教育基本法は、国民主権、基本的人権の尊重、平和主義を原則とする新しい日本国憲法とともに、戦後の教育行政の基準とされるようになります。大学制度においては戦前の複雑な高等教育制度を単純化し、専門学校、旧制高校、帝国大学をすべて大学として一括し、ひろく大学の門戸を開放することになります。また、私立大学の独自性を尊重する方針も打ち出され、戦後の教育政策はキリスト教学校にとっては大きな追い風となりました。

国際基督教大学の設立は、そうした戦後日本の新しい出発を象徴する事件でもありました。国際基督教大学の構想は、先に触れた、一九一〇年のエディンバラでの世界宣教会議において支持された提案を受け継ぐものでした。学問的水準の点でも規模の点でも、帝国大学に肩を並べることのできるキリスト教大学の構想が、敗戦を機にもう一度息を吹き返したのです。早くも一九四五年一〇月には、戦後民間人としてはじめて日本を訪問した、北米キリスト教会の代表団（Federal Council of Churches）および、北米外国宣教協議会（Foreign Missions Conference）に対して、日本のキリスト教指導者たちは、新しいキリスト教大学設立の必要を訴えています。そこで北米キリスト教協議会（National Council of Christian Churches）に、キリスト教大学設立推進の委員会が設立され、ヴァージニア州リッチモンド長老派教会マクリーン牧師の原爆投下に対するお詫びと和解のための献金の呼びかけも合流しました。一九四六年三月には、ＩＣＵ創設委員会がメソジスト宣教本部幹事のラルフ・ディッフェンドルファーを主導者として設立されています。

日本の側でも、一九四六年一二月に明治学院で日本の代表的なキリスト教指導者によって大学設立委員会が設置されていますが、国際基督教大学の設立には、キリスト教関係者以外の幅広い人々の支持を得たことが注目されます。日本側の募金委員長には、一万田尚登《いちまたひさと》日本銀行総裁が就任し、「この新しい大学は、新生日本に希望の光と力を与える精神的拠り所となるばかりでなく、国際社会で日本が立ち直る上で大いに役立つだろうし、この大学を支援することは日本国民が生き延びる道につながる」とその意義をアピールしたのでした。事実、当時、敗戦後の苦しい生活状況の中で、一億五〇〇〇万円の募金目標が達成されたのですが、募金に応じた人々の大半（九五パーセント）はキリスト教とはまったく関係のない人々だったのです。ＩＣＵのＩにしろ、

Ｃにしろ、Ｕにしろ、戦前の日本主義、排外思想、ファナティシズムに対する、明確なアンチ・テーゼでした。ＩＣＵだけでなく、戦後のキリスト教学校は、占領政府の民主化政策と日本国民の民主化への期待という追い風を受けて再出発することができたのです。

２　キリスト教総合大学の発展

戦前の大学制度のなかで、同志社大学、立教大学、関西学院大学が私立大学に昇格していたことはすでに述べました。これに加えて戦後改革期に一一のキリスト教大学が誕生していますが、なかでも、青山学院大学、関東学院大学、明治学院大学、東北学院大学、西南学院大学は、それぞれの設立母体である宣教団体のいわばセンター的教育機関でした。同志社（会衆派）、立教（聖公会）、関西学院（南メソジスト、カナダ・メソジスト）、青山学院（メソジスト監督教会）、関東学院（バプテスト）、明治学院（合同改革派）、東北学院（ドイツ改革派）、西南学院（南部バプテスト）、これらの大学は比較的古く、かつ初期から神学教育をその一環としてもっていました。これらの大学はほとんどが今日学生数一万人を超える総合大学であり、その伝統と規模の大きさにおいて、日本のキリスト教大学を代表する存在といえます。

これら総合大学の戦後の発展パターンを学部創設の過程として見ますと、関西学院大学の場合は次のような経緯をたどりました。

一九四六年、法学部、文学部、経済学部
一九五一年、商学部
一九五二年、文学部神学科を神学部に
一九六〇年、社会学部
一九六一年、理学部
（一九九四年、大学設置基準大綱化）
一九九五年、総合政策学部
二〇〇二年、理学部を理工学部に
二〇〇八年、人間福祉学部
二〇〇九年、教育学部
二〇一〇年、国際学部

こうして、今日関西学院大学は一〇学部、二万人ほどの学生が学ぶ大学となっています。これらの総合大学のもうひとつの特徴は、同一の学校法人の中に、幼稚園、小学校、中学校、高等学校を抱えていることです。これは先に見たようにキリスト教大学が、宣教師の塾から積み重ねて大学に至った歴史から理解されることですが、そうした総合学園としての性格も日本のキリスト教学校の特徴といえるでしょう。

３　キリスト教女子大学の成立

戦前の日本で女子大学の名称を用いていたのは、先に見たようにエキュメニカルな宣教団体を母体として設立された東京女子大学と日本女子大学の二校でしたが、この二校とも専門学校令に基づく学校であり、国公立を含めて日本には女子大学は存在していませんでした。戦後になって、女子の高等教育機関が大学となりますが、キリスト教大学としては、東京女子大学の他に、広島女学院大学、神戸女学院大学、同志社女子大学が成立しました。先に見た津田梅子の設立した女子英学塾も、戦前に津田英学塾と改称して専門学校になっており、同じ時期に女子大学となっています。また、日本女子大学の創立者成瀬仁蔵は、もともとは会衆派の牧師であり、アメリカに渡ってアンドヴァー神学校に学び、アメリカの女子大学にも触れて、帰国後日本の女子教育に携わることになります。成瀬は宣教団体ではなく、当時の日本の政治家、財界人に呼びかけて女子大学の設立に尽力したのです。広い意味でキリスト教の影響のもとにあったといえます。したがって日本の女子高等教育に占めるプロテスタンティズムの影響は非常に大きいものがありました。

広島女学院、神戸女学院、同志社女子などは、戦前に専門学校として認可を受けていたことから、戦後すぐに大学に移行できましたが、戦前に高等教育レベルを持たなかったところは戦後、短期大学を設立し、それを充実させる形で、第一次ベビーブーム、第二次ベビーブームに対応して四年制大学を設置していきます。明治初年の横浜居留地における女子教育からスタートしたフエリスも、戦前は高等科を東京女子大に移し、戦後になって、中等部、高等部の上に短期大学を設置し、一九六五年に短大の一部を再編して四年制大学となりました。いずれにせよ、戦後に設立されたキリスト教大学における女子大学の比率は高く、女子教育に占めるキリスト教学校の実績の大きさを示唆しています。

東京女子大学の文理学部、津田塾の学芸学部はリベラルアーツ・カレッジを志向していました。これに対して日本女子大学の場合には、家政、国文、英文の三学部体制をとっており、家政学科によって有能な家庭婦人の教育が目指されていました。小さなキリスト教の女子大学では英文科に力を入れたところが多く、また音楽学科といった芸術系の学科があるのもひとつの特徴です。開明的な知性と情操教育が重視されていたことがわかります。

4　独立系キリスト教大学

日本のキリスト教大学の特徴として、少数ではありますが宣教団体に頼らない、個性的な日本人の指導者に推進された大学があることはすでに述べました。戦後設立された独立系キリスト教大学として注目されるのは、清水安三（一八九一―一九八八）によって設立された桜美林大学です。桜美林大学は戦後すぐに設立された桜美林高等女学校、桜美林中学から発足し、一九五五年に短期大学を設立したのち、一九六六年に第一次ベビーブーマーが大学進学するころ創立されました。戦後日本で桜美林学園を育成した清水は、実は戦前に北京で学校を設立した人物でもありました。清水は同志社大学神学部を卒業後、中国伝道を志したのですが、その理由が、イェール大学の卒業生の牧野虎次牧師が語った、アメリカ人宣教師ホレス・ペトキンの逸話でありました。やはりイェールの卒業生であったペトキン宣教師は学校と小さな施療所を経営していたのですが、北清事変に遭遇、妻と子どもを安全なところに残して、自分は羊飼いが羊を置いて逃げるわけにはいかないと、危険を顧みず現地に帰り、一命を失ったのでした。

ペトキン宣教師は遺書として一通の手紙を残しました。それは母校あての手紙で、「イェールよ、イェールよ、我が子ジョンが二五歳になるまで育ててくれ、二五歳になったならば、彼をしてこの地に来たらしめ、我が跡を継がしめよ」と認《したた》めてあったといいます。これに感激したイェールの教職員、学生は、毎年シルヴァー・コレクションとして献金を行い、イェール・チャイナ・ミッションを支援しています。清水もこの話に感激して、最初は旧満州の奉天（現在の瀋陽）にわたり、伝道とともに児童館を設立したのでした。そののち北京に移り、語学と中国事情を研究する中で、旱魃に苦しむ農村の児童の救済にも従事し、北京郊外の貧しいスラムで、女学校を開設することになります。当時、中国の貧しい家の娘はわずかな金で売られ、小さいうちは子守に、成人したのちは妾にされたといいます。「崇貞学園」の崇貞とは、貞淑の価値、女性の誇りを呼び覚ますものでした。そのためにも、清水は女生徒たちに刺繍つくりを指導し、経済的な自立を助けたのでした。

清水は戦後帰国し、淵野辺《ふちのべ》に土地を得て今度は日本で教育事業に携わることになりますが、この淵野辺には青山学院のキャンパスもあります。戦前、陸軍がこの地域一帯を開発する計画があり、淵野辺周辺には製鋼会社と兵器工場を建てていたのです。青山学院キャンパスは後に製鋼会社の跡地を入手したわけですが、清水は工場労働者の寄宿舎を改造して校舎としたのでした。春の季節、この土地にはたくさんの桜が咲いており、そこで「桜美林」(桜の美しい林)という校名ができたのですが、桜美林にはもうひとつ、かつて清水安三が学んだオハイオ州の大学オベリン・カレッジを連想させるものがありました。オベリン・カレッジのオベリンは、普仏戦争後に故郷アルザスで、教会と学校、それに福祉活動に尽くした、ジョン・フレデリック・オベリンに由来しますが、たしかに清水の生涯に重なるものがありました。

八　日本のキリスト教大学の特徴

以上、日本のキリスト教大学の歴史を概観してみました。日本のキリスト教学校は、日本の開国後いち早く訪れた宣教師の私塾から出発しましたが、日本の有為の青年たちは西洋の学問をもとめて、積極的に宣教師のもとにやってきました。女性宣教師のもとには日本の女性たちがやってきました。こうした非公式的な私塾に、海外の宣教団体の神学校の設立が加わり、都市部を中心にキリスト教学校が設立されていきます。そのキリスト教学校が、中等教育から高等教育へと充実していき、日本のキリスト教大学が成立していきました。大学の数を制限していた戦前においては、キリスト教学校の高等教育の多くは専門学校に留まっていたのですが、戦後の新しい開放的な大学制度において、一挙にその数を増やしていきました。現在、五五校に上っていることはすでに触れたとおりです。

その日本のキリスト教大学の特徴をいくつか指摘しておきますと、まず最初から大学として構想されたものは少なく、初等教育、中等教育、高等教育と、少しずつ教育機関を充実させて大学へと至ったことが挙げられます。その結果として、日本のキリスト教大学は、学校法人としては大学のみであるものは少なく、中学や高校、さらには幼稚園、小学校を含む、いわば総合学園を構成していることも指摘できるでしょう。たとえば青山学院は幼稚園、初等部、中等部、高等部、女子短期大学、大学、さらに専門職大学院を擁していますが、その結果、青山学院幼稚園に入って、青山学院に十数年間在籍し、青山学院大学を卒業することも珍しくはありません。こうした総合学園では、相互の学校間の協力関係を築いて一貫教育が試みられています。

また、日本のキリスト教大学の特徴として、早い時期から有力な日本人がキリスト教学校を支援する例が見られました。青山学院でいえば、先に触れた津田仙や本多庸一がその例ですが、そうした人々の多くは封建日本の支配階級であった武士階級の出身で、明治新政府のもとで特権を奪われた彼らは、キリスト教とキリスト教学校とともに日本の将来を切り開こうとしたのでした。教会においても学校においても、宣教団体の支援を受けつつ、比較的早い時期から自立への志向をもっていた彼らの存在は、一面ではキリスト教と学校を日本社会に根付かせる役割を果たしましたが、他面では、宣教団体の方針と摩擦を起こす側面もあったことは否めません。

日本人キリスト者の自立志向は、宣教団体に頼らないキリスト教学校、キリスト教大学の設立が見られたことにも表れています。六歳でアメリカに留学した津田梅子が、女子英学塾をはじめ津田塾大学の基礎を築いたこと、戦後には、戦前の中国で教育活動にあたった清水安三が桜美林大学を始めたこともすでに述べました。このほかにも、会衆派の牧師である成瀬仁蔵が日本女子大学を設立していますし、ブリンモアの卒業生で、日本YWCA幹事を歴任した河井道が恵泉女学園を創設しました。彼ら・彼女らはたしかに宣教団体の支援を受けませんでしたが、アメリカの教育、あるいはアメリカ人キリスト者に大きな影響を受けた人たちでもあります。また、津田や成瀬は、日本社会の有力者に知己が多く、その人々に支えられた側面もありました。日本の独立的なキリスト教大学としてはこのほかにも、羽仁吉一・もと子夫妻の設立した自由学園、さらに戦後では、黒澤酉蔵《くろさわとりぞう》の酪農学園大学などが注目されます。

日本のキリスト教学校は、戦後、占領軍の民主化政策を追い風にして再出発し、日本の再建と経済成長の時代に着実な発展を遂げました。戦後すぐに一一の大学が設立され、戦後のベビーブーマーの成長に合わせて、六〇年前後に一五校、第二次ベビーブーマーの成長に合わせて、一〇校が設立されました。このようにキリスト教大学が日本社会に地歩を固めていったのですが、日本のプロテスタント教会も同じような発展を遂げたとは残念ながらいえません。大まかにいって、戦後の時点で日本のプロテスタント人口は二〇万人ほどでした。その後ゆるやかに上昇カーヴをとり、二五年後の七〇年ごろには五〇万近くになりますが、その後はさらにゆるやかな上昇となり、現在は六〇万ほどに留まっています。カトリック人口と合わせても一〇〇万人強、日本の人口比にして〇・八パーセントです。日本ではキリスト教学校は受け入れられましたが、教会は受け入れられていないのです。ですから、教会的基盤を欠如したキリスト教学校という点が、もうひとつの特徴となります。

九　今日の課題

現在、日本のキリスト教大学が直面している大きな問題は、従来追い風となってきた条件が失われた、いやむしろ逆風となったことです。もっとも基本的な条件として、日本の人口構成があります。戦後の日本の大学が人口の増大とともに発展したことはすでに述べました。第一次ベビーブームの世代は、一年でほぼ二六〇万人、第二次ベビーブームの世代は二〇〇万人の子どもたちが誕生したのですが、現在大学に入学する一八歳人口は一二〇万人ほどで、これが毎年減り続けています。現在は一八歳人口の減少にもかかわらず、大学進学率が上昇していることから問題が顕在化していませんが、近い将来、大学志願者数の絶対的減少が始まると予想されています。とくに地方都市は深刻で、地方都市を基盤とする小さなキリスト教大学、女子大学は存続の危機に直面しているといっても過言ではありません。そのためには、キリスト教大学としてのミッションをもう一度確認し、新しい方向を探っていかなければなりません。

明治の初年、開国によって西洋社会を知った日本人は、西洋の言語、文明の知識をもとめて宣教師を訪ねました。彼らがキリスト教を受け入れた理由のひとつに、文明国の宗教を受け入れて、日本を文明国としたいという強い動機がありました。また、第二次世界大戦後、帝国日本が偏狭な国家主義にとらわれて進路を誤ったことを反省し、民主日本として再出発したときも、アメリカン・デモクラシーを基礎づけるプロテスタンティズムへの関心がありました。キリスト教学校は立ち遅れていた女子教育に取り組み、男尊女卑ではなく男女平等の家庭を提示し、多くの人々から好意をもって迎えられました。家父長家族のなかで、家長の指示で、家族の利益のためになされる結婚ではなく、当事者同士が愛によって結ばれ、結婚の誓約で新しい家庭を築くことは、日本の若者の理想となりました。キリスト教学校がクリスチャン以外の人々に支持されたのも、そうした西洋社会の自由な文化を教えたからです。

しかし、戦後日本の民主化から六五年余り過ぎ、日本も世界も大きな変貌を遂げ、キリスト教大学が掲げたかつての理想は、それなりに実現し、見方によれば古い理想ともなりました。日本のキリスト教女子大学は、男女の役割分担が明確であった家庭、「良妻賢母」といわれた理想の家庭婦人の育成を目指すものでしたから、男女平等が進み、女性の職場進出が著しい中にあって、今日新たなヴィジョンが求められています。しかも、存在意義を問われるのは女子大学だけではなく、キリスト教大学一般にいえることです。今日の日本は開国直後の日本でも、敗戦直後の日本でもありません。現代では英語を学ぶのにキリスト教大学に行く必要はありませんし、アメリ力を民主主義の教師と感じる人も多くはありません。むしろ、キリスト教抜きで民主的政治制度を定着させた日本、経済成長を遂げた日本は、欧米の多文化主義の立場から、非キリスト教世界であるがゆえに評価されないともかぎりません。

とすれば、日本のキリスト教大学はかつてのミッションを現代に生かす道、新しいフロンティアを開拓しなければなりません。最近の女子大学の例でみれば、従来の家庭婦人の養成に加えて、看護学部などキリスト教的精神をいかす女性の職業分野のための学科が新設されています。あるいは、北海道の酪農学園大学における「神を愛し、人を愛し、土を愛する」農業の研究は、有機農法の研究など、地球環境問題に深くかかわり、今日的な最先端の取り組みに寄与していることが注目されます。

戦後の日本の歩みからすれば、高度経済成長の時代は遠く過ぎ去り、七〇年代の石油危機後の安定成長の時代も終わり、この二〇年近く、日本経済は低迷を続けています。日本は列島であることから比較的国境線が安定し、徳川幕府の鎖国政策もあり、言語も民族も文化も同質的な社会として知られています。それゆえにナショナリズムが強く、戦前日本は世界の中での自国の地位の確保をもとめて強固な帝国への道を突き進み、戦後はアメリカの平和の下で、経済ナショナリズム、一国の繁栄を追求してきた歴史を持っています。しかし、今日のグローバリゼーションのなかで、日本は世界の一国として、世界の人々とともに共通の問題を抱え、お互いに学びあい、協力して問題解決に努めなければなりません。にもかかわらず、大学の留学生の受け入れ数の少なさをはじめ、世界の中で日本の孤立を示す数字が少なくありません。グローバルな視野を持つ世界市民の育成も、キリスト教大学の大きな使命といわなければなりません。

私自身の反省として述べれば、今回日本のキリスト教学校の歴史をたどりながら、キリスト教大学としては姉妹校にあたるアメリカのキリスト教大学、また隣国の韓国をはじめアジアのキリスト教学校についての知識が不足していることを痛感しました。非キリスト教的文化の中でアジアのキリスト教学校はどのような問題に直面し、どのような役割を果たしたのか。さらに、今回のＩＡＭＳＣＵ（メソジスト関係学校国際同盟）総会を機会に、アジアだけではなくラテンアメリカ、アフリカ諸国のキリスト教学校の存在も意識されました。日本のキリスト教学校自体が、日本一国だけの視野で物事を見ていたという反省があります。世界の造り主を主とあおぐ私たちこそが、人種も国家も文化も越えて、グローバル社会の一員として、世界中にネットワークと信頼の絆を作り上げていく課題を与えられています。

日本は二〇一一年の大地震と大津波によって二万人もの人命を失う経験をし、さらに原子力発電所の深刻な事故によって、広範囲におよぶ放射能汚染に遭遇しています。自然災害と高度な科学技術の事故という二重の困難のなかで、人々の「絆」があらためて問われました。日本人は古くからさまざまな地震、火災、台風、洪水などの災害に遭遇し、忍耐をもって対処し再建する方法を身につけてきました。しかし、原子力事故は明らかに人為的なミスであり、リーマン・ショックと呼ばれた高度な金融システムの機能不全とそれに伴う経済危機と共通するものがあります。

日本では、二〇一一年の大災害後の「母の日」には、いつもの年よりも母に贈るカーネーションがよく売れたそうですし、結婚に踏み切ることになった若いカップルが増えたともいわれます。科学技術が高度に発展した社会も大きなリスクを抱えていて、そこでなくてならない人と人との絆の大切さが実感されたからではないでしょうか。それは私生活の場面に留まらず、大きな拡がりを持つものです。そこにキリストの福音が必要とされ、キリスト教学校の働きもまた求められています。

最後に、キリスト教学校の卒業生のなかから、現代日本で注目され尊敬されている一人の人物をご紹介して私の講演を終えたいと思います。その人は一〇〇歳にして現役の医師、聖路加国際病院の理事長、日野原重明さんです。日野原医師は、メソジスト教会の牧師で後に広島女学院の理事長も務めた日野原善輔《ぜんすけ》牧師の二男で、関西学院中等部で学んだ後、京都帝国大学医学部に学ばれました。日野原医師はさまざまな面で日本の医療を新しく作り変えました。カナダの著名な医師オスラー博士を紹介して医師の職業倫理を示し、ライフプランニングセンターを設立して、予防医学に貢献しました。日野原医師はさらに日本で最初に終末期医療ホスピスに取り組みましたし、音楽療法をも手がけました。また、多数の健康指導書を書いて、多くの読者に迎えられました。

日野原医師のメソジスト的な背景を知る人は、その仕事が医療を通した隣人愛の実践であり、医療を通した伝道であると理解できるでしょう。また、日野原医師の仕事の特徴は、ひとつひとつの課題を、人々と協力して、組織的裏付けをもって進めていることで、予防医学のため、音楽療法の普及のためなど、さまざまなＮＰＯを設立しています。ＮＰＯによって社会貢献するあり方自体が、アメリカのプロテスタント教会、とくにメソジスト教会の伝統であることはいうまでもありません。日野原医師は偉大な例ですが、決して例外ではありません。たとえば、青山学院の卒業生には、社会福祉の分野で重要な貢献をされた阿部志郎先生がおられます。私ども日本のキリスト教大学は、海外の姉妹校の経験とともに、日本のキリスト教学校が育てた卒業生たちの優れた仕事に学びつつ、新しい分野を切り開いていけるのではないでしょうか。

（二〇一一年六月二日、於・青山学院大学）

第7章　戦後史のなかのリベラルアーツ・カレッジ
——古屋安雄の神学的著作を通して

一　はじめに

私の報告の狙いは、戦後のリベラルアーツ・カレッジの歩みを、古屋安雄の著作を通して辿ることです。それではリベラルアーツ・カレッジの歩みとはいわないで、端的に国際基督教大学（ＩＣＵ）の歩みといってもよいようなものですが、リベラルアーツ・カレッジは、アメリカの大学、また日本のキリスト教大学の原点であり、その中心部分ということもできます。ですから、ここでいうリベラルアーツ・カレッジは、キリスト教大学と置き換えることができるものと考えております。

またすでに戦後六四年ですから、戦後の歩みを辿ることもずいぶん大きなテーマです。そこで、戦後リベラルアーツ・カレッジが直面した問題に焦点をあわせて考えてみたいと思います。あらかじめ申し上げますと、ひとつの主題は世俗化の進展とキリスト教大学ということ、そしてもうひとつの主題は、多文化主義、宗教多元主義の中でのキリスト教大学、言い換えれば非キリスト教国日本におけるキリスト教大学ということです。これらは戦後というよりも、明治以来、キリスト教大学の課題として意識され、さまざまな形で検討されてきた事柄といえます。この二つの問題が戦後の世界の中でどのように現れているのか、そこにはどのような問題があるのかを、古屋安雄の著作を通して考えてみたいのです。

古屋安雄はよく知られている神学者の一人ですから、とくに説明の必要はないと思います。古屋は二代目の牧師です。父の古屋孫次郎は、山梨県の農家の出身で、移民先のアメリカでキリスト者となり、アメリカの神学校に学んで牧師となりました。古屋孫次郎は中国伝道に従事し、中日組合教会を設立して牧会と伝道にあたると共に、病院、孤児院経営などの社会事業に携わっていました。古屋安雄は上海で生まれ育ち、その後自由学園、日本基督教神学専門学校（現東京神学大学）を経て、プリンストン神学校で学んでいます。プリンストン神学校で博士号を得た後、父の志を受け継いでアジア伝道を希望し、インドネシアの神学校に赴任する予定であったのですが、創立まもない国際基督教大学に招かれ、定年まで教員として、また大学教会牧師として職務を果たしました。

戦後のリベラルアーツ・カレッジの歩みをたどる上で古屋に注目したのは、彼が絶えず発言し続けたからです。最初の著作は一九六七年の『キリスト教国アメリカ』ですが、それから最近の

『なぜ日本にキリスト教は広まらないのか』まで、その著作は単著のみで一五点ほどに上っています。個人的な思い出になりますが、私がＩＣＵ在学中友人に誘われて古屋宅を訪れ、夜遅くまでわいわいがやがや議論したことがありました。その友人の中には、日本における解放の神学の旗手、栗林輝夫君もいましたが、彼が言ったのか私が言ったのか、それとも別の友人が言ったのか、古屋先生はジャーナリスティックだからと批評したことがありました。当時のＩＣＵの人文科学科は、とりわけアカデミズムを標榜していたこともあり、ジャーナリスティックというのは決してほめ言葉ではなかったのですが、その時古屋先生は色をなして、ジャーナリスティックで何が悪いと応答されたことがありました。

たしかに、古屋の著作はジャーナリズムとアカデミズムの接点に位置するものです。だからこそたくさん書けた。今それらを積み重ねて読んでいきますと、時代の輪郭が浮かび上がってきます。ジャーナリズムと接点のないアカデミズムの著作は、重々しく図書館に安置されてほこりを被っている面もないではない。ともあれ、古屋がたくさん書いてくれたおかげで、本日の報告の材料を得ることができているのです。古屋の著作は、ひとつには現代プロテスタンティズムの動向に関わるものです。『キリスト教の現代的展開』（一九六九年）、『プロテスタント病と現代』（一九七三年）、『激動するアメリカ教会』（一九七八年）、『現代キリスト教と将来』（一九八四年）、あるいは最近の『キリスト教国アメリカ再訪』（二〇〇五年）といった著作があります。そこで取り上げられる重要問題が「世俗化」です。

では、なぜ世俗化がリベラルアーツ・カレッジ、キリスト教大学にとって深刻な問題であるかといえば、リベラルアーツ・カレッジ、キリスト教大学の故郷はキリスト教国アメリカ、正確にいえばプロテスタント・アメリカだったからです。リベラルアーツ・カレッジは、植民地期アメリカ社会で独特に形成された高等教育機関を原型としていて、日本のキリスト教大学の多くも、プロテスタントの宣教団体が設立した教育機関を出発点としております。ですから、世界が世俗化するなかで、キリスト教学校の宗教的基盤はどのように位置づけられるのか、キリスト教大学のアイデンティティはどのように保持されていくのか、リベラルアーツ・カレッジの教育内容はどうあるべきか、そのようなことが重要な問題とならざるをえないのです。

二　近代日本とリベラルアーツ・カレッジ

本日の大西報告（「リベラルアーツ教育と日本の大学」）では、アマースト大学と札幌農学校が取り上げられております。この二つの学校は、クラークを介してリベラルアーツ教育でつながるのですが、成り立ちから言いますときわめて対照的です。極端に言いますと、この二つの大学は、アメリカの大学と日本の大学の成り立ちを象徴している面があります。植民地期のアメリカの大学はほとんどが教会を基盤として持つ大学で、今日的に言えばすべてがリベラルアーツ・カレッジでありました。古屋の『大学の神学』（一九九三年）にはプリンストン大学小史が含まれていますが、それはリベラルアーツ・カレッジの発展史として読むこともできます。今日のプリンストン大学とプリンストン神学校の母体でありますカレッジ・オブ・ニュージャージーは、信仰復興運動を背景として一七四六年に設立されました。当初は、学長一人に七人の学生であったといわれますから、学校というよりも塾であり、石造の堅固なナッソーホールが建ったのがその一〇年後、その時点でも学生数は七〇人ほどでした。こうしたプリンストンの出発点は、日本のキリスト教学校、同志社や明治学院の設立当初とあまり違わなかったことでしょう。

これに対して一八七六年（明治九年）設立の札幌農学校は北海道開発を担当する行政機関、開拓使に付属する専門職養成機関でありました。札幌農学校は、工部省による工部大学校、司法省による法学校、農商務省による駒場農学校と姉妹校でして、明治一九年創立の東京帝国大学は、札幌農学校を除いてこれら専門職学校を併せて出発しました。東京帝国大学は官僚世界に人材を供給することを使命とし、当時高度な専門教育を誇ったドイツの大学をモデルにしたのですが、専門教育の共通の基礎となるべき教養教育、人間教育は意識されていませんでした。ちなみに、内村鑑三が一八九〇年（明治二三年）に赴任した第一高等中学は、この帝国大学で外国人教師の授業についていくことができる人材養成を課題としていました。外国語教育を重視した高等中学は、アメリカ帰りの内村を教師として採用したのです。内村は設立まもない第一高等中学に赴任し、英語のほかに歴史と地理を教えました。内村が教えた内容は、おそらく『地理学考』『興国史談』として纏められるものですから、リベラルアーツ教育を行ったともいえます。したがって、内村鑑三不敬事件は一面では、アメリカ流のリベラルアーツ教育の排斥と解釈することもできるのです。

それはともかく、塾のようなものから出発したアメリカのリベラルアーツ・カレッジは、徐々に陣容を充実させていきます。プリンストンの場合でいえば、独立戦争の一〇年前に学長に赴任したのが、スコットランドから招聘された牧師・神学者のウィザースプーンで、スコットランド啓蒙の影響を受けた彼の時代に、自然科学をふくめてカリキュラムの充実が図られていきます。ウィザースプーンはアメリカ独立の大義を支持し、独立宣言に署名した唯一の牧師ともなりましたし、この時代、卒業生のなかから有力な政治家を輩出したプリンストンは「政治家の学校」と呼ばれることもありました。もっとも、現実には聖職者になる卒業生が多く、当時は半数ほどが牧師や大学の教師となったと見られます。ただ、一八世紀から一九世紀にかけて、少しずつ卒業生の聖職者の比率が低くなっていきます。イェールの卒業生の場合、独立までは牧師になったものが法律家と医者を合わせた人数よりも多かったのですが、その四半世紀後では、法律家、牧師、医者の順となり、実業家や農園主といった職業項目も目立ってくるようになりました。

このようにアメリカのカレッジは宗教指導者の養成にはじまり法律家、医者などの専門職教育、さらに広く上層の市民教育を担うようになりますが、一九世紀において大学運営は宗教家の手中にありました。この時期は神学的保守主義が主流で、宗教の規則主義、形式主義、抑圧主義が学生生活を支配したともいわれます。しかし、同じ時期、ヨーロッパの大学、とくにドイツの大学の影響を受けて、伝統的カリキュラムの改革や教育方法の改革の動きが現れ始めます。その先駆はハーヴァードのジョージ・ティクナーによるもので、一九世紀の半ばにはブラウン大学の学長ウェーランドが、カリキュラムの選択制、新教科の提案を行っています。プリンストンでも、一八六八年（明治維新の年）に学長に就任した牧師・哲学者のマコーシュが教授の研究能力を重視し、図書館を充実させ、ある範囲内での選択科目の導入に踏み切りました。マコーシュがダーウィンの進化論に対しても開かれた態度で接し、真理を探究する信仰と科学の究極的一致を信ずる立場を確立したと評価されています。この時期のプリンストンの陣容は、教育スタッフとしては、教授一〇名、助教授七名、学生数二八一名、それが敷地、設備を充実させ、大学院を設立し、創立一五〇年を記念した一八九六年（明治二八年）に、プリンストン・ユニヴァーシティとして再発足することになったのです。

これに対して、日本のキリスト教学校の歩みは平坦ではありませんでした。明治二〇年代には、明治学院、青山学院、立教学院などは、神学校に加えて、リベラルアーツ・カレッジをモデルとして英語中心の高等普通教育を行っていました。しかし、これらの学校は、専門教育へと傾斜する、官学中心の高等教育システムの整備とともに不振に陥ることになります。さらに追い討ちをかけたのが、私立学校令の公布とともに打ち出された、宗教教育禁止を求める文部省訓令でした。キリスト教学校は宗教教育を継続しようとすれば、正規の中学校資格とそれに付随する学生の徴兵猶予の特権を失うことになったのです。この時期キリスト教の女子教育機関も、活水女学校、神戸英和女学校などリベラルアーツ型の高等教育に取り組んでいますが、あまり学生を集めることができず閉鎖されるところも少なくありませんでした。

三　リベラルアーツ・カレッジの世俗化

古屋のプリンストン大学小史を「世俗化」という視点から見てみますと、いくつかの段階を指摘することができます。信仰復興運動のなかで設立されたカレッジ・オブ・ニュージャージーと、今日のプリンストン大学の間には大きな距離があります。すでに申しましたように、設立当初は牧師養成機関でありながら、専門職を志向する卒業生が増えていき、次第にアメリカ社会の指導層、いわばクリスチャン・ジェントルマン教育へと重点を移していきました。また、姉妹校として神学校が分離独立したことも大きな区切りでありますし、後のアメリカ大統領ウッドロー・ウィルソンの学長就任によって、はじめて聖職者ではない学長が就任したことも大きな出来事でありました。ウィルソン学長は、科学教育を充実させ、歴史批判に基づく聖書研究を推進し、はじめてユダヤ教徒とカトリック教徒を教授に任命しています。また、理事会を保守的長老派の聖職者支配から自由にするために、理事会で「非教派的機関」であることを議決し、成功したビジネスマンを理事会に招き入れるようになりました。

プリンストン大学の場合はともかくとして、当初は教会の業として始められたリベラルアーツ・カレッジは、このように学問水準を充実させ規模を拡大するなかで、不可避的に教会離れと世俗化の過程をたどることになります。南部の名門ヴァンダービルト大学でいえば、この大学は南北戦争後に南部メソジスト教会によって設立され、教会の監督が学長の役割を担っていました。それが二代目から学長は聖職者ではなくなり、その下で教授陣がメソジスト以外から採用されるようになり、次第にメソジストを超えた「キリスト教」大学を目指すようになります。それだけではありません。従来は教会が大学を財政的に支援していたのですが、資金が十分でなく神学部しか支援することができず、プリンストンの場合と同じように、理事会メンバーからメソジスト監督が少なくなっていきます。とくに、二〇世紀の初頭以降、カーネギー財団の設立した教授の退職基金、あるいはロックフェラーの一般教育財団が、支援の条件として、ノン・セクタリアン、いわば教派立大学ではないことを付け加え、それが大学の教会離れを決定的にしました。

このように牧師養成校からジェントルマン教育へ、教会からの独立、さらには研究型大学、総合大学へと変貌をとげたアメリカのリベラルアーツ・カレッジの歩みは、なにほどか日本のキリスト教学校の歩みと並行するところがあります。卒業生に世俗的職業人が多いのは、当初から日本のキリスト教大学の特徴ですし、専門教育としての大学教育の充実も、絶えず試みられていました。英語教育を中心とする高等普通教育から、さらに大学校へという流れは、早くから同志社などに見られ、女子教育では教派を超えた協力のもとに東京女子大学が設立されたことはご承知の通りです。ただし、東京女子大学は大学令による大学ではありません。一流のキリスト教的総合大学の設立は、戦前の内外のキリスト教関係者の間では悲願であり、ＩＣＵは当初は、高度な研究と専門教育を行う研究型大学、日本式にいえば総合大学として構想されていました。

それはともかく、近代日本にはキリスト教と親和的ではあるが、宗教団体とは関連をもたない学校もあります。成瀬仁蔵の日本女子大学、津田梅子の英学塾などが思い浮かびますが、慶應義塾もある程度そのような性格をもっていました。慶應は英語教育を中心とする高等普通教育という点でキリスト教学校と共通するだけでなく、福澤諭吉は先ほど述べたブラウン大学学長ウェーランドの著作に大きな影響を受けていて、また宣教師を教師として受け入れていました。それだけでなく、大学への脱皮を求めてアメリカから教師を受け入れ、ある時期には、当時のユニテリアンの神学校、先進学院との連携を真剣に考えていた時期もあったのです。これらはある程度、アメリカにおいて世俗化しつつあったキリスト教大学の歩みに対応するものでした。

古屋は佐藤敏夫にならって、「世俗化」すなわち宗教があらゆる領域を支配する状況が終わることと、「世俗主義」すなわち宗教それ自体を否定することとを区別しています。宗教の立場から見て、「世俗主義」は対決の対象ですが、「世俗化」は不可避の面があります。科学の評価基準は、宗教的基準とは区別しなければなりません。リベラルアーツ・カレッジで聖職者が学長であったことは、その神学的見識が学問全般に対する判断を可能とした時代であったことを意味していますが、学問の進歩はそれを不可能とし、レイマン（一般信徒）が学長となる時代になりました。これを別の面からいいますと、一九世紀のリベラルアーツ・カレッジは、グラマー・スクールの延長の面が強く、一五歳くらいの少年が入学する「子どもの学校」であって、教える内容も「素人的な学問」でした。そこで主眼とされたのが宗教を基礎とする人間教育でした。一八世紀プリンストンのウィザースプーンも、一九世紀ブラウンのウェーランドも、聖職者学長として、道徳哲学を教えて大学教育、人間教育の仕上げとしたのです。

四　多文化主義のなかで

したがって、アメリカにおける大学の世俗化は、ひとつにはキリスト教大学における人間教育の危機を意識させ、またもうひとつには、諸学問の統合の危機を意識させることになりました。この間の事情は、思想史家武田清子が書いたＩＣＵ五〇年史、『未来をきり拓く大学』（二〇〇〇年）で、ＩＣＵのリベラル教育の背景として触れられています。たとえば、戦前のシカゴ大学のハッチンズによる一般教育重視の教育改革論、戦後のハーヴァード大学のコナント報告として知られる「一般教育案」などがありました。古屋はそのハッチンズと神学者ウィリアム・アダムズ・ブラウンの興味深い論争を取り上げています。すなわち、ハッチンズが中世の大学の統合の原理は神学であったが、今日――戦前ですが――のアメリカの大学の統合の原理は、「古代ギリシアの秩序と調和の学問」である「形而上学」に求めると述べたのに対して、ブラウンは神学のために弁じたのでした。ブラウンによれば、プラトンであれアリストテレスであれ、ギリシアの形而上学は神学と結びついて中世ヨーロッパの大学に入り込んだ、すなわち、古典古代的な知的遺産はキリスト教と結びついて受け入れられてきたのだから、キリスト教と分離するのは適当ではないというわけです。

ところで、古屋が世俗化として問題とするのは、戦後社会の世俗化、とりわけ一九六〇年代のアメリカでした。古屋の最初の著作『キリスト教国アメリカ』では、五〇年代アメリカの「宗教復興」と、六〇年代の変貌が取り上げられています。すなわち、五〇年代のアメリカは、植民地時代の第一次宗教復興から数えて何度目かの宗教復興の時期にあたり、キリスト教人口が急増しています。この時期アメリカでは都市郊外に住宅地が広がっていき、都心を脱出して郊外で家庭を築いたホワイトカラーの人々が、子どもたちの知的、道徳的教育を求めて教会に通うようになりました。東西冷戦の五〇年代には、無神論的共産主義への対抗心が信仰心に火をつけた面もありましたが、いずれにせよ、戦後デモクラシーの模範国、アメリカン・ウェイ・オブ・ライフの精神的故郷がキリスト教であることは、戦後日本におけるキリスト教学校、ひいてはリベラルアーツ・カレッジの意義を側面から示唆するものでもありました。

これに対して六〇年代のアメリカでは、キング牧師の黒人公民権運動が起こり、ベトナム戦争反対運動が広がり、さらには教会の「世俗化」が指摘され、「神の死の神学」が台頭することにもなりました。キリスト者による公民権運動と世俗化論は、一見して正反対のヴェクトルを持つようですが、五〇年代の宗教復興を皮相な信仰と見る点では一致していました。五〇年代のアメリカの諸教会は人種的な隔離、社会的階層の区分を前提としており、白人教会からはその廃止運動は生まれて来なかったのです。また、世俗化論は、アメリカ社会のキリスト教的基盤そのものに大きな疑問を投げかけるものでした。五〇年代の宗教復興はアメリカ的生活様式のイデオロギーであり、キリスト教はプロテスタントもカトリックも一種の国教となっている。この時期、『世俗都市』を著したハーヴィ・コックスは、本来の宗教性は教会にはなく、公民権運動のように現実の諸問題に取り組む少数者の働きの中にあると見たのです。

六〇年代末の世界的な大学紛争によってアメリカは、制度変革が進まなかった日本とは対照的に、文化革命とも呼ぶべき大きな変化を生み出しました。典型的なワスプ（ＷＡＳＰ、ホワイト・アングロサクソン・プロテスタントの略）の男子大学であったプリンストンは共学化し、黒人を含む少数民族の人々を積極的に受け入れるようになります。しかし、そこでむしろ大学の脱キリスト教化が進むことになりました。大学内ではプロテスタント的な文化が批判され多文化主義が台頭し、プロテスタントの礼拝形式による大学礼拝への出席は自由化され、大学が主催する宗教プログラムは姿を消すことになったのです。また、これと並行して、アメリカにおける主流教会の衰退が見られ、福音派が台頭することにもなりました。このように六〇年代以降のアメリカでは、リベラルと福音派の対立、知性と心情の分離が顕著に見られるようになったのですが、これ自体が大学におけるリベラル教育、人間教育の危機を示すものに他なりません。

ところで、古屋はアメリカにおける多文化主義は、さらに一歩進んで宗教多元主義を生んでいると見ています。アメリカはその成り立ちからして移民の国でしたが、一九世紀半ば以降、南ヨーロッパからのカトリック移民が増大し、さらに一九六五年の移民法によって、ヨーロッパ以外からの移民が急増し、ヒンズー教、仏教、さらにはイスラム教の人口が増大しつつありました。一九八五年刊行の古屋の『宗教の神学』は、そのような宗教多元化現象を前にして、キリスト教の側から他宗教を理解する必要性を指摘するとともに、なぜキリスト教かに答えること、すなわちキリスト教弁証論の必要性を提起したものです。そうした中で、キリスト教大学、またキリスト教信仰で培われたリベラル教育の可能性が改めて問われることになります。

日本においては、キリスト教大学の世俗化の面ではある程度アメリカと並行した現象を認めることができますが、宗教多元主義の面ではまったく対照的といえます。というのは、そもそも日本の宗教事情は、儒教、仏教、神道と宗教的には多元であったからです。多元ではなく混淆というべきかも知れませんが、日本では特異な宗教文化のなかにキリスト教学校があり、また、リベラルアーツ・カレッジも設立されたのでした。リベラルアーツ・カレッジが人間教育を主眼とするものであるとしますと、日本においてアメリカのカレッジ教育をそのまま取り入れるということでよいのかという疑問はかなり早くから提出されていました。日本の大学が近代化を急ぐため速成の専門教育を志向したことはすでに述べましたが、それは一面では、伝統的に人間教育を担った儒学、国学が、近代的な大学教育に適応できなかったということでもあります。しかし、他方、日本の宗教意識ないしは伝統的な人間観をベースとしている学生に、キリスト教学校がどのように人間教育を施せるかは重要な課題でありました。

北越学館に赴任した内村鑑三が宣教師と衝突した理由のひとつは、宗教教育にありました。内村は、未開の民といいますかまったく無知な人間にキリスト教教育を施すのではなく、学生たちの宗教的な伝統、背景を自覚させた上で宗教教育を行うことを提起しました。具体的には僧侶を呼んで日蓮について話をさせるなど、いわば比較宗教学的なアプローチを主張したのです。これは宣教師から見れば理解しがたいことでした。もっとも、日本に来た宣教師の中にはその問題に気がついた人もいました。一八九二年（明治二五年）、立教大学校の校長ティングは、アメリカの伝道局に次のような報告を書き送っています。

> 日本のカレッジは若干の点においてアメリカのそれと違わなければならない。漢学がラテン・ギリシアにとって代わる必要がある。日本文学・語学および歴史の場合、英語民族におけるそれらの諸学と同様の価値をもつ、否より重要である。それは普通教育に欠くべからざるものであり、あらゆる教養は終始それに基づくことが要求される。（海老沢有道編『立教学院百年史』立教学院、一九七四年）

先ほどの神学者ブラウンによれば、古典古代の学問はキリスト教神学と結びついて、リベラルアーツとなり人間教育の支えとなりました。とすれば、日本人にとって古典古代の学問に相当するのは漢学ではあるまいか。漢学、広くいって東アジアの伝統的な人間学とキリスト教とを結びつけることは可能なのか、この問いはその後も未解決のままで今日に至っています。

五　むすび——日本からの問いかけ

古屋には『大学の神学』、『宗教の神学』、それに大木英夫との共著『日本の神学』の三部作があります。前二者についてはすでに見てきました。古屋は世俗化と多文化主義の中で、もはやキリスト教信仰や神学が大学の統合の原理ではなくなった状況において、神学者が神学部の学問として充足するのではなく、大学全体、学問全体を視野におかなければならないこと、宗教多元主義の中では、他宗教との対話を通してお互いに理解を深めるとともに、なぜキリスト教でなければならないかを明確に語ることを求めているのです。そのことはとりもなおさず、アメリカと同じように世俗化し、またもともと非キリスト教世界にある日本のキリスト教大学の課題を示唆しているといえます。いや、まさしく日本にあるキリスト教大学であるからこそ、今日アメリカのみならずヨーロッパにもみられる、多文化主義の中のキリスト教、宗教多元主義の中の人間教育という普遍的な課題に、日本から発言できることがあるのです。

その意味では、古屋、それに古屋の盟友の大木英夫は、アメリカの神学の潮流に棹《さお》さしているようでいて、日本独自の神学を構想していることが注目されます。ただし、現実の日本人にとって、伝統的宗教よりも、日本ナショナリズムの方がリアルであるかも知れません。普通の日本人の精神生活において、どれほど仏教が生きているのか、儒教はどうか、また神道はどうかといわれても、それほど自覚的ではありません。しかし明治維新以後の日本は、ナショナリズムを新興宗教のごときものとして、国家と社会を形成してきたのです。日本ナショナリズムを国家神道と規定できるかどうかは別として、七〇〇〇名もの神風特攻隊の兵士を生んだ現実、七〇〇〇名もの生命が人身御供とされた現実は、「日本の神学」を必要とするのです。

この『日本の神学』は、日本の敗戦の意味を深く捉えるにはキリスト教が不可欠であると主張しています。大木英夫はそれを「ＩＣＵと日本」という形で主題化しています。「日本を絶対化しそれにすべてをささげたヘノセイズム、戦後はそれが複数化したが相対的なものを絶対化している。これに対して「日本をも相対化するような絶対的な信仰」が必要であるというのです。これは戦後日本の出発点であり、戦後のキリスト教学校の出発点であり、戦後のリベラルアーツ・カレッジの出発点でありました。では、その戦後の歩みはどうであったのか。私の報告は、古屋の著作を通して、戦後の世俗化と多文化主義がもたらした問題を指摘することでした。この現状に対する神学者古屋の処方箋は、「大学の神学」の構想であり、トレルチの「文化的総合」、ティリッヒの「神律的文化」、リチャード・ニーバーの「徹底的唯一神信仰」の意義が示唆されています。

では、そうした古屋の問題提起は、現実の戦後のキリスト教大学の歩み、リベラルアーツ・カレッジの歩みにおいて、聞かれたのか批判されたのか、あるいは無視されたのか。私はそのことについて語る準備がありませんが、最近ＩＣＵでは大きなカリキュラム改革が行われ、それに関して『グローバル時代におけるリベラルアーツ教育』という小冊子が刊行されています。そこでは、ＩＣＵの改革の理論的支柱となったのがシカゴ大学のマーサ・ヌスバウム教授の『人間性の涵養――リベラル教育における改革の古典学的擁護』（*Cultivating Humanity: A Classical Defense of Reform in Liberal Education*, Harvard, 1997）であると記されています。ここでいうクラシカルとは、古典学の意味で、具体的には、ソクラテスとセネカが注目されています。ソクラテスからは批判精神を学び、セネカからは世界市民、地球的市民の自覚を学ぼうというのであります。かつてハッチンズが大学の統合原理を古典古代に求めたのに対し、ヌスバウムは個々の責任的市民の関心に焦点を当てて、古典学の知識を継承しようとします。変転極まりない社会、複雑に多元化する社会の現実のなかで、聡明に有効に対処するには、何を身につけるべきかが説かれているのです。

かつて神学者ブラウンは、西洋的知的伝統において古典古代の知的遺産はキリスト教と結びついて意味をもっていたことを指摘していました。ヌスバウムにおいて宗教はどのような位置をもつものなのか。彼女はアメリカが宗教的に熱心な精神風土であり、また宗教多元主義の国であることを前提としています。「隣人愛は、主要なアメリカの諸宗教すべてにおいて中心的な価値である。これらの宗教はわれわれ自身の自己中心性、偏狭さを批判的に検討することをもとめ、より幅広い共感をうながす。」すなわち、彼女は隣人愛の情熱がアメリカ社会で一般的であることを前提とし、それをよりよく生かすため、ソクラテス、セネカに学ぼうと主張するのです。その宗教的情熱を日本社会で前提とすることはできるでしょうか。あるいは、それは本当にアメリカの常識ですかと、問い返すこともできます。古屋が『大学の神学』で問題としたアメリカの大学や知識層の道徳的退廃の問題は、そこでは主題化されていないからです。

とりわけ日本の現実を踏まえるとき、古屋が言うように、キリスト教大学においては、神学者から言えば「大学の神学」を、世俗的な学者から言えば学問における宗教的次元を自覚すること、すなわち宗教と学問、キリスト教とヒューマニティーズ、信仰と社会科学といった主題が不可欠となります。しかし、それにしても戦後六四年、戦後日本のリベラルアーツ・カレッジ、キリスト教大学は、あるいはキリスト者大学人は、そのような問題にどのように取り組んできたのか、そこにどのような継承すべき遺産があるのか。「戦後日本におけるリベラルアーツ・カレッジ」という主題からすれば、これから本論を始めなければならないところかも知れませんが、これはどうしても塩田報告（「体験的リベラルアーツ論」）に見るように、ひとまずは個人的な経験としてのみ語りうるものかも知れません。それらの点を繋いで線とし、線をつないでどのような絵を描くことができるのか。そのあたりのことがこれからの大きな課題となってくるでしょう。

（二〇〇九年一一月二一日、於・国際基督教大学）

主要参考文献

一、古屋安雄の著作

古屋安雄『キリスト教国アメリカ――その現実と問題』新教出版社、一九六七年
古屋安雄『キリスト教の現代的展開――古屋安雄論文集』新教出版社、一九六九年
古屋安雄『プロテスタント病と現代――混迷からの脱出をめざして』ヨルダン社、一九七三年
古屋安雄『激動するアメリカ教会――リベラルか福音派か』ヨルダン社、一九七八年
古屋安雄『現代キリスト教と将来』新地書房、一九八四年
古屋安雄『宗教の神学――その形成と課題』ヨルダン社、一九八五年
古屋安雄・大木英夫『日本の神学』ヨルダン社、一九八九年
古屋安雄他『日本神学史』ヨルダン社、一九九二年
古屋安雄『大学の神学――明日の大学をめざして』ヨルダン社、一九九三年
古屋安雄『日本伝道論』教文館、一九九五年
古屋安雄『日本の将来とキリスト教』聖学院大学出版会、二〇〇一年
古屋安雄『日本のキリスト教』教文館、二〇〇三年
古屋安雄『キリスト教と日本人――「異質なもの」との出会い』教文館、二〇〇五年
古屋安雄『キリスト教国アメリカ再訪』新教出版社、二〇〇五年
古屋安雄『神の国とキリスト教』教文館、二〇〇七年
古屋安雄『なぜ日本にキリスト教は広まらないのか――近代日本とキリスト教』教文館、二〇〇九年

二、その他（ABC順）

アイグルハート、C・W、『国際基督教大学創立史——明日の大学へのヴィジョン（一九四五—六三年）』国際基督教大学、一九九〇年

天野郁夫『大学の誕生』上、下、中公新書、二〇〇九年

ベラー、ロバート・N他、中村圭志訳『善い社会——道徳的エコロジーの制度論』みすず書房、二〇〇〇年

倉松功他編『知と信と大学——古屋安雄・古稀記念論文集』ヨルダン社、一九九六年

栗林輝夫『現代神学の最前線——「バルト以後」の半世紀を読む』新教出版社、二〇〇四年

ホーフスタッター、R、『学問の自由の歴史一　カレッジの時代』井門富二夫他訳、東京大学出版会、一九八〇年

Marsden, George M, *The Soul of The American University: From Protestant Establishment to Established Nonbelief* (Oxford UP, 1994)

並木浩一『学問共同体としてのキリスト教大学——その構成原理を求めて』国際基督教大学、二〇〇〇年。

並木浩一『キリスト教は大学においてなお意味を持ちうるか』国際基督教大学、二〇〇四年。

Nussbaum, Martha C., *Cultivating Humanity: A Classical Defense of Reform in Liberal Education* (Harvard UP, 1997)

大木英夫『「宇魂和才」の説——21世紀の教育理念』聖学院大学出版会、一九九八年

Ringenberg, William C., *The Christian College: A History of Protestant Higher Education in America* 2nd

Edition (Baker Academic, 2006)
スティール、ウィリアム編『グローバル時代におけるリベラルアーツ教育』国際基督教大学、二〇〇七年
武田清子『未来をきり拓く大学』国際基督教大学出版局、二〇〇〇年
土屋博政『ユニテリアンと福澤諭吉』慶應義塾大学出版会、二〇〇四年
潮木守一『アメリカの大学』講談社学術文庫、一九九三年

三、報告者の関連論文

梅津順一「アメリカの高等教育における女子大学の位置」『青山学院女子短期大学総合文化研究所年報』第二号、一九九四年
梅津順一「首都圏の私立大学──類型と系譜」『同年報』第三号、一九九四年
梅津順一「神学なき社会科学、信仰なき市民社会──近代日本への一視点」『キリスト教文化学会年報』四一号、一九九五年
梅津順一「アメリカ啓蒙と宗教──ウィザースプーンの場合」『聖学院大学論叢』一六―二、二〇〇四年
梅津順一「教会、大学、経済学──アダム・スミスとその周辺」今関恒夫他『教会』ミネルヴァ書房、二〇〇五年
梅津順一「結社の人・内村鑑三」『内村鑑三研究』三八号、二〇〇五年

第8章　戦後七〇年、日本のキリスト教大学はどこへ行く

一　はじめに

本日は建学六〇周年記念講演にお招きいただき、ありがとうございます。昨年は、同志社大学学長の村田晃嗣先生が「同志社からＩＣＵへ、リベラルアーツの旅路」として講演されたとうかがっております。昨年は、湯浅八郎先生についての展示があり、同志社大学学長から国際基督教大学（ＩＣＵ）学長への道を歩まれた湯浅先生にふさわしい企画ではなかったかと存じます。今回の展示の対象は、ディッフェンドルファー氏とトロイヤー先生ですが、ディッフェンドルファー氏は長くメソジスト監督教会の仕事をなさった方ですので、メソジスト監督教会が建てた青山学院の私が招かれたのかも知れません。そうであれば、「青山学院からＩＣＵへ、キリスト教大学の行方」といった論題でもよかったのですが、青山学院とＩＣＵだけではなく、つとめて日本のキリスト教大学の将来を考えたいと思い、このような題名にいたしました。

ただ、私はトロイヤー先生とも縁があります。私はＩＣＵの一四期生ですが、一四期生はおそらくトロイヤー先生の価値研究のクラスを受講した最後の学年でした。私が在学した一九七〇年に向けての時期は、いわゆる学園紛争の時代で、戦後二五年を迎える転換期でありました。ＩＣＵにとっても転換期で、トロイヤー先生など草創期を担った先生方が引退し、アメリカに帰国された時期でもあります。ですから私の世代は、草創期の雰囲気について当事者の語ることを直接聞くことができた世代で、また草創期の方からいえば、草創期の理想から平気で逸脱する言動をとる困った世代でもありました。

最初から脱線気味で恐縮ですが、横須賀社会館の館長を長く務められ、戦後日本の社会福祉の分野で重要な役割を果たした阿部志郎先生をご存じの方もおられると思います。阿部志郎先生は戦前に青山学院院長であった阿部義宗先生のご子息で、中学までは青山キャンパスで育ち、青山学院、明治学院、東京商科大学（現在の一橋大学）を経て、ニューヨークのユニオン神学校で学ばれました。その阿部先生から、ご自身とＩＣＵとの面白いかかわりをお聞きしたことがあります。それは、阿部先生がニューヨーク留学中に、当時のテレビ番組に、ドルー元駐日大使の相手役としてテレビに出演したことです。それは、ドルー元大使が日本で新しくキリスト教大学を建てる計画とその意義を語り、日本人学生として阿部先生が打ち合わせ通り賛意を示すというものだったそうです。その阿部先生はＩＣＵの設立に実行面で大きな貢献をされた方として、アメリカではそのドルー大使、日本では一万田尚登日銀総裁、それに教会関係者ではディッフェンドルファー氏を挙げておられました。

二　青山学院からみたICU

青山学院は一八七四年（明治七年）に創立されました。といいましても、青山学院という学校が始まったのではなく、青山学院に流れ込む最古の源流がその年に設立されたことを意味しています。それはドーラ・スクーンメーカーという当年二三歳、アメリカ・イリノイ州から太平洋を越えてやってきた女性宣教師が始めた女子小学校です。女子小学校といっても集まった女子児童はたったの五名、それに大人一人と男の子一人が加わって七名で始められた学校でした。いや、学校の名に値しない、若い女性宣教師の周りにできた学習のグループで、塾のようなものでした。しかし、そこから始まって五年後には、築地の外国人居留区に海岸女学校となり、その一〇年後、一八八九年（明治二二年）には、現在の青山キャンパスに移転して、東京英和女学校となっています。ちなみに、ご承知の方も多いと存じますが、「英和」とは「Tokyo Anglo-Japanese Seminary」という英語の名称から来ています。この英和女学校は、女子の教員養成を視野に入れておりました。

青山学院の男子教育の源流は二つありまして、ひとつは、ジュリアス・ソーパー宣教師のもとで設立された耕教学舎、もうひとつはロバート・マクレイ宣教師が横浜山手に建てた美會神学校

（The Methodist Mission Seminary）です。さきほども触れましたが、青山学院はアメリカのメソジスト監督教会の伝道の中で設立された学校です。当時のプロテスタント伝道は、メソジストに限らず、福音伝道に加えて積極的に教育に取り組み、教会とともに学校を建てました。学校設立の目的として一番重要なのは、伝道者養成を課題とする美會神学校ですが、ソーパー宣教師の耕教学舎は、彼が洗礼を授けた日本人と協力して創設した学校でした。最初は英語中心の教育でしたが、次第に、東京大学をはじめとした上級学校への入学準備のための学校となっていきます。

この二つの男子系の学校が合同して東京英和学校となり、現在の青山の地で再出発し、名称を青山学院と改称することになります。渋谷はその名の通り谷ですが、その渋谷から坂を上ったところが青山です。この辺りは大名の屋敷地があり、青山の地名は現在の青山墓地に屋敷のあった美濃郡上藩主の青山氏に由来するといわれています。青山キャンパスは伊予西条の藩主松平氏の屋敷でありました。東大本郷キャンパスが加賀藩の屋敷地、慶應義塾の三田キャンパスが島原藩の屋敷地であったことはよく知られていますが、青山学院も大名屋敷跡でした。その連想でいいますと、ＩＣＵも軍需工場の跡地ですから、明治の出発点も、戦後の出発点も、大学キャンパスは日本社会の非軍事化と関係があることになります。

青山キャンパスはおおよそ三万坪ですが、当時の値段は六〇〇〇円で、ボルティモア在住のガウチャー牧師の献金によって賄われました。ガウチャー牧師は青山学院だけでなくアメリカ内外のキリスト教学校の発展に多額の献金をなさった方です。一牧師がどうしてそれだけの資金をお持ちか疑問でしたが、牧師夫人が多額の遺産を受け取られた方だそうです。それはともかく、いま申しましたように、男子系の二つの学校が合同して青山学院となり、関東大震災の後に、東京英和女学校を引き継いだ青山女学院を合わせて、現在の青山学院の原型ができあがりました。ＩＣＵの設立母体がエキュメニカル、超教派であるのに対して、青山学院はメソジスト監督教会が母体であり、ＩＣＵが最初から大学として出発したのに対して、青山学院の場合は、宣教師の周りにできた小さな学校が少しずつ規模を大きくし、合同してできあがったのでした。もう一点、ＩＣＵは当初から牧師養成の神学部を持たない大学であることも重要な違いです。

戦前の青山学院にとって大学昇格は悲願でしたが、実現しておりません。戦前の日本では大学へのハードルは高く、キリスト教系の私立大学では、大正期に同志社と立教が大学となり、昭和に入って上智と関西学院が大学となっただけです。戦前の青山学院の理事会記録は英文で残されていますが、青山学院の中の学校は、アカデミー、カレッジ、セミナリーと区分されていて、それぞれ中学・高校レベル、高等学部、神学部に相当します。すなわち、カレッジというべき高等教育は行われていたものの、日本の大学制度における大学とは見なされていませんでした。青山学院が大学に昇格できなかったひとつの理由に、関東大震災の被災がありました。青山学院は当時、主要な校舎を失ってしまったのです。

キリスト教の宣教地日本に、キリスト教系大学の設立を求める声は、海外にもありました。すでに、一九一〇年にエディンバラで開かれた世界宣教会議において、キリスト教大学の設立が話題となり、とくにキリスト教学校が比較的受け入れられた日本に、帝国大学に肩を並べるキリスト教系大学を設立することは、大変意義があるプロジェクトと考えられました。その場合は、特定の教派を超えた合同キリスト教大学として構想されていました。実際、教派を超えた合同キリスト教大学は一九一八年に東京女子大学として実現しました。青山学院をふくめて、当時のキリスト教系女子学校の最上級の部分が合同して、東京女子大が設立されたのです。その意味で、東京女子大学はエキュメニカルな背景を持ち、文理学部、すなわちリベラルアーツ・カレッジという意味でも、戦後のＩＣＵと似ています。ただし、東京女子大も戦前は日本女子大、津田塾大学と同じく、正式の大学ではありませんでした。なお、戦前に男子系の合同キリスト教大学が実現しなかったのは、明治学院と青山学院の間で折り合いがつかなかった事情もあったようです。

三　戦後改革とＩＣＵ

改めていうまでもなく、戦後日本において、国際基督教大学の設立は大きな思想史的事件でありました。開国とともに宣教師が日本に上陸し、明治維新前後より教会と学校を建てたのですが、明治初期のキリスト教学校は日本社会にとってはいわばよそ者でありました。求道の心から、あるいは英語の知識を求めてキリスト教学校に通う者はいても、社会全体から見れば少数派、国家から見てもキリスト教学校はその教育政策には入らない、取扱注意の存在でした。しかし戦後のキリスト教大学の設立には、日本の国家的指導層も国民も大きな支持を与えました。アジア・太平洋戦争における日本の敗北は、明治以降の日本国家体制の挫折であり、天皇崇拝を中核に置く臣民教育の挫折と捉えられたからです。

国際・キリスト教・大学、この大学名自体が、戦前日本へのアンチ・テーゼでした。日中戦争を終結することができなかった日本は、国際社会において自らの安定した地位を確保するための冷静な判断ができませんでした。戦線拡大が満州の荒野で倒れた「英霊の声」に促されたものであるとすれば、和平への道に進むには精神的呪縛から解き放たれなければなりませんでした。さらに、戦時体制の中で科学技術者、大学の知識人もまた批判精神を失っていたのです。したがって、戦後日本での国際基督教大学の設立は、その大学名だけで存在価値を示すものでした。国際基督教大学の存在意義は、多かれ少なかれ、戦前より存続していた日本のキリスト教大学の存在意義と共通するものがありました。

今から三〇年前、一九八五年のＩＣＵのキリスト教週間で、神学者大木英夫は「永遠の相の下に――ＩＣＵと日本」という講演を行っています。大木教授は東京陸軍幼年学校在学中に敗戦を迎え、その年の秋に賀川豊彦の伝道集会でキリスト教に触れ、のちに東京神学大学で長く教鞭をとりました。いわば敗戦による日本の回心を、彼自身が少年の身で体現したわけですが、大木教授はＩＣＵの存在意義を日本との対峙に見ています。敗戦によって無残な姿をとどめた日本、その問題点を冷静に見つめること、再生の方向を探ること、それは宗教的次元を必要とするし、鋭利な知的作業が求められる。それは戦後改革期だけの問題ではなく、「永遠の相の下」で、日本国と人類社会の来し方を見つめる視点でなければならない。大木教授の講演は、ＩＣＵのミッションを大きなスケールで語るものでした。

先に申しましたように私は一四期生ですから、草創期の雰囲気を直接知る者ではありません。むしろ、草創期の理想を無視する、ないし敬意を持たない困った学生が現れたといわれた世代です。時代的な背景からいえば、戦後日本の民主化が課題とされた時代から、東西対立、いわば冷戦構造のなかで日本の立ち位置が問題とされ、民主的な志向と親アメリカ的志向との間に緊張関係が生じていく時代の変遷を経験しました。学生一般には、革新勢力と連携する志向が優勢で、それが他方から見れば、社会主義ないし共産主義を支持する動きともとれることになります。また、高度経済成長にともなう社会のひずみが自覚され、高度成長は豊かな社会の実現ではあるが、巨大なマシーンのように社会のあらゆる現象をねじ伏せていくものであると捉えられた時代でした。

私自身の個人的な経験を少しお話しますと、私は山形県の出身で旧制中学の伝統を引く高校を卒業して、ＩＣＵに入学しました。私の高校は、成績の最上位は東京の国立大学を狙い、上位層は東北大学を目指すということで、ＩＣＵの位置づけは不明という状態でした。私がＩＣＵを志望した背景には、家庭がキリスト教だったこともありますが、高校時代の東京オリンピックが大きいように思います。国際化の時代という実感があり、国立は東北大学の法学部を受験して合格もしていたのですが、あまり迷うこともなく東京に出てきました。もう少し詳しく言いますと、当時日本育英会の特別奨学生の資格を得た者には、ＩＣＵは授業料が半額であったのです。半額で年間三万円。国立は確か、一万二〇〇〇円。ただし、ＩＣＵの寮に入ると確かひと月三〇〇〇円ですから、経済的にも見合うものがありました。

そこで上京して、入学当初びっくりしたことがいろいろありました。当時は、フレッシュマン・オリエンテーションがかなり丁寧に行われていて、Faculty Home Visiting というプログラムがあり、何件かの教員宅にお邪魔したのです。フレッシュマンに、やはり当時ＩＢＳ（ICU Brothers and Sisters）と呼ばれていた上級生の世話係が一緒になって十数人での訪問だったのですが、私たちのグループはたまたま鵜飼信成《うかいのぶしげ》学長宅にお邪魔しました。行ってみますと、鵜飼学長の横にその春卒業した女性がおりました。関係ない人もいると最初は思ったのですが、その方はどうも鵜飼先生の卒論指導を受けた学生であるらしい。彼女がいうには、鵜飼先生は東京大学の社会科学研究所にいらした頃は社会的な発言も積極的になさって、シャープな批判的な論客で知られていた。ところがＩＣＵの学長になられてからは、どうもシャープさが失われている、というのです。自分の先生を目の前にして、ずいぶん遠慮のない発言だと心底びっくりいたしました。

ＩＣＵの設備の中では、私は図書館が素晴らしいと思いました。図書館用の家具が素晴らしい。びっくりするほど座り心地がよい、とくに二階のラウンジのソファーがよくて、当時すでにそこには冷水を飲める設備がありました。もちろん、レファレンス・ルームは充実しているし、蔵書はすべて開架式、開館時間も夜九時までは利用できたと記憶しています。私は遊びに行くお金もないので週末はよく図書館に行って、新聞を読んだり、雑誌を見たりしていましたが、今振り返って、大変充実した時間であったと思います。当時の図書館長は高橋たね先生、ご存じの方もおられるでしょうが、戦後日本で皇太子、現天皇の家庭教師をされたヴァイニング夫人の秘書をなさった方です。高橋先生にはこんな思い出もあります。入学したてのころ、D館の入り口近くにあった郵便ポストの辺りで友達と立っていたら、白い車がスーと止まって（当時は車も通れました）、窓が開き、見ず知らずの学生である私に対して、「これちょっと入れてくれない？」と封筒を差し出すのです。最初は何のことかわからなかったのですが、どうもポストに入れてほしいという依頼であることに気が付きました。これが戦後民主主義とどう関係するかは論理的に語ることはできませんが、新鮮な文化のキャンパスでありました。

当時のキャンパスでは、大学の業務に積極的に学生アルバイトが用いられていました。私自身が経験したのは、図書館のシェルヴィング、返却された図書の配架、本館の清掃などですが、夜ＩＣＵの代表電話にかかってくる電話の交換手も学生がやっていました。ただしラディカルな学生が本館に立てこもったとき、清掃のアルバイトをやっていた学生が、鍵のありかを知っていたことが問題になって、その種の学生アルバイトも縮小していったように思います。寮生活について一言触れておきますと、当時はどこの大学も自治寮といって学生たちによる自治的な運営が理想とされ、また大学から見ればその党派性が問題とされていました。私がここで特にお話したいのは、その寮会が議事法を意識して運営されていたことです。会議には議事法が必要です。議案提出権とか、採決の方法とか、議事のルールに則ることがとりもなおさず民主的な手続きを意味しますが、日本社会ではいまだにそのことが意識されていないのではないでしょうか。ただし、この寮会の議事法も、紛争の過程で霧消してしまいました。

四　戦後のキリスト教大学とリベラルアーツ

戦後のＩＣＵの発足が、日本の旧体制へのアンチ・テーゼであり、ひとつの思想史的事件であったことはすでに述べました。大学の形としては、当初は旧制の帝国大学に引けをとらないキリスト教系総合大学を設立する夢がありましたが、結果としては、小規模のリベラルアーツ・カレッジの設立となりました。リベラルアーツ・カレッジという言葉は今日でこそ市民権を得ていますが、私の在学中はそれほど知られていませんでした。しかし結果として、ＩＣＵの日本社会における存在価値はリベラルアーツ・カレッジとしての大学の在り方を示し、社会的評価を受けた点にあります。リベラルアーツ・カレッジは、人間教育、教養教育を基礎に専門分野を学ばせる点において、従来の日本の大学と対極的な性質をもつものでした。

日本の大学第一号は、いうまでもなく東京大学ですが、その東京大学の源流の多くは、省庁が実務家を養成するために設立した学校でした。司法省の法学校、工部省の工部大学校、農商務省の駒場農学校などが、徐々に東京帝国大学として統合されました。ちなみに、内村鑑三らが学んだ札幌農学校も、北海道開拓使、現在の北海道庁管轄の学校でした。これらの学校では、お雇い外国人がその国の言葉で教えていましたから、グローバルな学校でもありました。ただし、ここで目指されたのは、政治制度をはじめ社会的諸制度の洋風化に伴い、その意味と運用を外国語で理解でき、実務的な判断のできる人材の養成でした。ここに高級実務家の促成栽培という日本の高等教育の特徴が見て取れます。札幌農学校のクラーク先生のように、聖書を用いて人間の内面から鍛えようという教師は例外的でした。

ですから初期の帝国大学は外国語での教育で、帝国大学に入学するにはその授業についていくことができねばならず、内村鑑三が教えた東京大学への予備門、第一高等中学では、英語教育が重視されていました。内村鑑三はアメリカ留学帰りであり、生きた英語を教えられる教師として採用されたのです。内村の英語教育は型破りなもので、伊藤博文の憲法義解の英訳をテキストに使うなど、学生にとても人気がありました。内村はまた、地理学、歴史学も教えていますが、その内容はおそらく後に『地理学考』『興国史談』にまとめられたと考えられます。とすれば、内村鑑三は第一高等中学において、孤軍奮闘、アマースト・カレッジ仕込みのリベラルアーツを教えていたということもできます。当時、学内で内村鑑三に反感をもっていたグループとして、国家主義的学生、東洋倫理派、それに派手な内村のパフォーマンスを苦々しく思っていた英語教師がいたことが知られていますが、それを考えると、内村鑑三不敬事件の学内的背景として、リベラルアーツへの反発があったと解することもできます。

戦後、ＩＣＵが日本の大学教育に一石を投じたとすれば、旧来の日本のキリスト教大学はその後どのように展開したのでしょうか。戦前の大学制度において、青山学院が大学に昇格できなかったことはお話しましたが、戦後には、ほぼ旧来の陣容で新制大学として出発することができました。文学部および商学部の二学部構成で、それぞれ一学年四〇〇名程度、完成年次では二部すなわち夜間部の学生を入れて、大学全体として四〇〇〇名近い規模でした。開学にあたって豊田實学長が述べた教育目的は、大学レベルの専門的教育を行う上で、キリスト教に基づき、平和思想、社会人類に対する奉仕的人生観を養うこと、さらに専門いかんを問わずに、英語教育に力を入れ、世界市民としての自信をもつことを挙げています。ここには広い意味でリベラルアーツの教育理念が語られているといえるでしょう。

その後の青山学院の歴史は、学部学科の増設によって総合大学としての陣容を整える過程でありました。商学部は比較的短時間の内に経済学部に編成替えされ、一九六〇年代の半ばより、第一次ベビーブーム世代の大学進学に合わせて、法学部、経営学部、理工学部が設置されました。また、この時期文学部には、従来の英文学科、教育学科、キリスト教学科に加えて、フランス文学科、日本文学科、史学科が増設されました。この時期が大学拡大のひとつの転機ですが、次の転機は一九八〇年代に訪れます。この時期は大学進学率の上昇と第二次ベビーブームによる大学進学者を見据えた拡充がなされ、青山学院には国際政治経済学部が設立されました。この時期にはまた、国家の都市機能の郊外への分散政策に対応して、都心からの大学の一部移転が行われ、多くの都心の私立大学と同じく、青山学院も厚木に新しいキャンパスを求めています。

第三の転機は、大学進学率の上昇と大学設置基準の規制緩和、経済構造のサーヴィス化、グローバル化を背景とするものです。この十数年あまり、国立大学ではいわゆる教養部が廃止され、伝統的な学部とは異なった、総合的というか文理融合というか、いわくいい難い学部が出現しました。私立大学でも同じような傾向があらわれ、青山学院大学の場合には、総合文化政策学部、社会情報学部、最近では地球社会共生学部が設立されました。また、この一〇年ほどの間に、法科、会計、ビジネスなど高度専門職のための専門職大学院が設立されるようになり、青山学院大学も三つの専門職大学院を持っております。このようにして戦後青山学院大学は、リベラルアーツ教育の重視を掲げつつ、いわゆる総合大学として発展してきましたが、大学院レベルの比重が少なく、アメリカ型のリサーチ（研究重視）大学への道を歩んでいるとはいえない状況にあります。

日本の大学では、アメリカ式のリベラルアーツ・カレッジから専門職大学院へという専門職教育の路線が定着していません。昨今の法科大学院をめぐる問題は、むしろ逆戻りの気配すらあります。専門職はできるだけ早く、余分な勉強をしないで試験に合格できれば良い、促成栽培でよいとの風潮があります。

では、同じ時期ＩＣＵはどのような道を歩んだのか。私はこの問題に踏み込むには知識が不足していますので、ごく一般的な事柄を記すとすれば、ＩＣＵの歴史は青山学院とも共通して、第一に学科構成の拡充であり、それと関連する学生数の増加です。開学当初は、人文科学科、社会科学科、自然科学科の三学科、学生数一学年二〇〇名弱で出発したのが、六〇年頃までに語学科、教育学科が加わり、七〇年頃より学生数が三〇〇名台を超えて、九一年には国際関係学科を増設、学生数も九五年には五〇〇名を超えています。これに九月に入学する学生や留学生を加えると、リベラルアーツ・カレッジとしては大きな規模となります。

これにより、教養学部とはいってもミニ総合大学ではないかとの批判を受ける可能性があります。そのためもあったのでしょうか、二〇〇八年より教養学部、アーツ・アンド・サイエンス学科として、いわゆるメジャー制度に移行しています。これはカリキュラム面でリベラルアーツ・カレッジであることを徹底したものと受け取れます。青山学院大学は日本で大規模な総合大学といわれても、アメリカ流のリサーチ大学に発展することはなかなかできない。ＩＣＵも時代の要請、社会のニーズにこたえる形で拡大すれば、リベラルアーツ・カレッジの形が壊れてしまうという問題を抱えてきたのかも知れません。では、ＩＣＵの卒業生の進路はどうか、大学院教育とのかかわりはどうか、日本の他の大学とどう違うかが興味深いところです。

五　キリスト教からの解放？

さて、今日の日本でも大学教育におけるリベラルアーツの重要性は、広く受け入れられるようになりました。専門教育以前に、社会人としての基本的教養を身に付けること、グローバル時代にふさわしくコミュニケーションの手段として英語を駆使できること、さらには平和教育、差別や社会的少数者、社会的弱者への偏見と抑圧の除去といった人権思想の普及などは、社会常識としてどの大学でも重視されるようになりました。ただし、その場合、キリスト教系大学以外では、リベラルアーツと宗教の関係、とくにキリスト教の役割については、ほとんど言及されることはありません。日本の教育史の社会的文脈では、リベラルアーツは英米の宣教団体が設立したキリスト教系の大学で強調されてきました。しかし、今日日本のキリスト教系の大学において、教師のキリスト教信者の比率は非常に低くなっています。キリスト教大学においてすら、大学の基礎的教養と宗教との関係を問うことすら難しくなっています。

リベラルアーツ教育にどうしてキリスト教、とくにプロテスタンティズムが必要かという疑問には、ひとまず歴史的に答えることができます。すなわち、日本を含めて伝道地に設立された大学は、アメリカの大学、とくに建国期のニューイングランドに設立されたカレッジを原型としていますが、それらのカレッジは宗教者が建てた大学であり、牧師養成をその重要な一課題としていたのです。植民地期のカレッジといっても設立時は、教員は学長と二～三名、学生数は全部で一〇〇人に届かない、塾ともいうべきものでしたが、彼らは植民地社会の次世代のリーダーを育てる責任がありました。そのリーダーの重要部分が聖職者であり、加えて法律家、医者、建築家といったいわゆる知的専門職の養成に取り組みました。グラマー・スクールで古典語、すなわちラテン語、ギリシア語をある程度マスターした生徒を大学で教育したわけで、入学者の年齢は一五～一六歳。二〇歳にもなれば卒業で、そのあとはいわば個人的な訓練で知識を身につけて特定の専門職に就くことになりました。

ですから、当時のリベラルアーツ・カレッジは、教師はすべて神学者・牧師であり、見方によれば神学校のようでもありました。学生はすべて寮生活ですから、修道院とまではいかなくも、日常生活は宗教的な規律の下にありました。一八世紀の啓蒙主義の時代になっても、聖職者でもある学長が卒業生に道徳哲学を講義して、クリスチャン・ジェントルマン教育の仕上げをするのが慣例でした。スコットランド啓蒙の薫陶を受けたプリンストンの学長ウィザースプーンもそのような道徳哲学の講義を残していますし、バプテスト派が建てたブラウン大学の名学長フランシス・ウェーランド（彼も聖職者です）が残したモラル・サイエンスと経済学の教科書は、長い間アメリカの大学の標準的な教科書として使用されました。この本は明治期の青山学院でも用いられたらしく図書館に入っていますが、日本ではとくに福澤諭吉に影響を与えた書物として知られています。

アメリカの大学の歴史でいいますと、こうした宗教的志向の強いカレッジは、一面では啓蒙思想の影響で次第に主知主義化し、宗教的な情熱を失っていく面と、他方で、宗教的な覚醒運動とともに、宗教的原点を重視する新しい大学が設立される面とがありました。たとえば、新島襄、内村鑑三の留学先として有名なマサチューセッツ州のアマースト・カレッジは、主知主義化したハーヴァードに対する批判から設立された経緯があります。宗教的覚醒を経験したカレッジでは、寮生活における朝晩の礼拝など宗教プログラムが充実していただけでなく、神学のサークルなど宗教的活動も活発なものがありました。間歇的におきるリヴァイヴァルでは、いたずら好きの悪童たちが、大挙して回心し、そのある者は伝道者となり、海外伝道を志す者もありました。西部開拓地に建てられた大学も含めて、伝道地の大学、海外伝道の中で建てられた大学は、カレッジの宗教的原点を重視するものでした。

このようなクリスチャン・カレッジも一九世紀後半より大きな課題に直面することになります。アメリカ社会の工業化に伴う社会変化が与えた影響もありますが、より深刻な問題としてキリスト教的世界観を揺るがすラディカルな知的傾向が広まっていったことです。その第一は、聖書の高等批評の出現で、聖書のテキストが神聖な神の言葉という以前に、歴史的な一文書として取り扱われることになったことです。もうひとつは、聖書の天地創造の記述に真っ向から挑戦するチャールズ・ダーウィンの進化論の登場でした。こうした新しい知的傾向が主流になるにつれて、大学ではキリスト教信仰もさまざまな思想信条のひとつとされるようになりました。必修科目であった聖書の時間は、宗教学ないし価値観を学ぶ時間となり、大学で礼拝や宗教活動を大切にする習慣も薄れていくことになります。教員の採用の方針としても、明確なキリスト者を求めることは少なくなり、自己の専門科目をキリスト教信仰と関連させて語る教授も少なくなっていきました。

このようにアメリカ大学史の文脈でいえば、こうした世俗化はすでに一九世紀末以来進行していたことになります。これに対して、いわゆるファンダメンタリズムの立場に立つ大学もあったのですが、戦後日本にキリスト教大学の設立を推進した人々は、ファンダメンタリストではなく、リベラルなプロテスタントでした。そもそも、トロイヤー先生の日本人の価値観の研究自体が、宗教的な相違をひとまずはカッコにいれて価値観を検討するという方法ですから、宣教師が土着の文化を見下して断罪する態度とは正反対でした。さらにいえば、大学紛争を経験したトロイヤー先生は、学生の問題提起に誠実に付き合ったうえで、ＩＣＵへの告別講演で、大学における「信頼」の重要性を示唆していますが、その信頼は真理への謙遜として根拠づけられています。すなわち、宗教的な言葉ではなく、特定の宗教ないしは教派を超えた、普遍的価値を基準に語っておられます。

とすれば、戦後日本の再出発にあたってのキリスト教への熱意は何だったのかということになります。アメリカ型民主主義とそれを支えているキリスト教に対する日本側の熱意の方がヴォルテージは高かったのか？　トロイヤー先生の言動に接するかぎり、また物理学のワース先生や経済学のグリースン先生など、私自身多少は知っているいわゆるティーチング・ミッショナリー（teaching missionary）の先生方の態度も、キリスト教の押しつけとはまったく違って、冷静で温和なものでした。とはいっても、そうした先生方の信仰があいまいであったということではなく、静かな情熱をもって教え、語られていたように思います。その意味で、私の世代は戦後のキリスト教大学のよき時代、敬虔と学問が調和していた最後の時代であり、その後、ベトナム戦争後のアメリカ的価値観の揺らぎ、高度成長にともなう世俗化、巨大メカニズムと化した社会への人間回復の叫び、グローバル化と宗教多元主義の同時進行などによって、キリスト教自体が捉え難いものになっていきました。

リベラルアーツにはキリスト教は必要か、必要であるとすればどのように位置づけることができるのか。この問いはＩＣＵの課題であるとともに、日本のキリスト教大学全体の問いであり、そこにキリスト教大学の存在意義がかかっている重要な問いでもあります。戦後の日本においては、リベラルアーツとプロテスタンティズムの関係は自明のものでした。しかし、リベラルアーツの本家本元のアメリカでは、リベラルアーツは特定の宗教や教派に関係するものではなく、多宗教共生の時代、多文化社会の中で、宗教の違いにもかかわらず成立する普遍的な学識、市民意識を支えるものとして想定されています。では、その近年の常識を日本社会で応用すれば、これだけキリスト教がマイノリティの社会で、取り立ててキリスト教に固執する理由はないのではないか。むろんキリスト教もよい、ほかの宗教もよい、どの宗教もリベラルアーツとよい関係を持ちましょう――そう考えれば、なぜ特別にキリスト教が必要かという問いには答えられなくなります。

六　むすび

「キリスト教大学はどこへ行く」というテーマを掲げながら、主題にたどりつけないうちに時間がなくなってきました。キリスト教大学と申しますのは、今日風にいえば教育ＮＰＯでありまして、それが必要だという人々が集まり、資金を集めて経営体を組織し、土地建物を確保して教員を迎え、学生を募集して始められたものです。キリスト教大学とは端的にいえば、キリスト教会が、教会の信徒の献金で始めた学校です。私立大学の寄付者というと多額寄付者の名前が浮かびますが、草創期はそうではありません。それ以後でも、多くの名の知れぬ人々の支えで設立されました。戦後すぐのＩＣＵ設立のために、アメリカのキリスト教大学で、学生や教師が食事を一食抜いて、そのお金を送るということが行われたのです。

時代は移り、大学にお金がかかるようになって、教会だけで支えることができなくなり、大学の卒業生を中心とするビジネスマンの寄付金が重要になっていきます。これが財政的にみたキリスト教大学の世俗化で、近年はさらに巨大科学などにお金がかかりますから、国家の補助金が大きな比重を占めるようになっています。国家の補助金も元はといえば国民の税金ですから、いただいていけない理由はありませんが、見える紐は付いていなくとも、よかれあしかれ、国家の教育政策が大学の方針や運営に影響しないはずはありません。とすれば、日本のキリスト教大学がどこへ行くのかは、信仰的にも財政的にも、支えとなるはずの日本のキリスト教会がどこへ行くのかと切り離せない問いとなります。

日本のキリスト教はどこへ行く。このテーマはＩＣＵの顔でもあった古屋安雄名誉教授が倦まず弛まず書き続けた問題ですが、それが教会問題でありつつ、他面でキリスト教学校の問題であることは、あまり意識されていないかも知れません。しかも、このテーマは論じる人のミッションの意識にかかわらせて議論しなければ意味のないテーマであります。日本のキリスト教大学のミッションは何か、キリスト教会のミッションは何か、いまこの時点で、この場所で、何を語りうるか、それが問題です。これをＩＣＵ創立時の状況と比べてどのようなことがいえるでしょうか。敗戦直後、国際的に開かれた態度・キリスト教・大学における批判的知性、これらを一体として理解することに何の疑問もありませんでした。キリスト教関係者からは、日本をキリスト教国にという勇ましい発言もありました。それに対して、民俗学者の柳田國男は「やれるものならやってごらんなさい」とクールに言い放ったそうです。

「やれるものならやってごらんなさい」「とてもやれるはずはないでしょう。」まさしく、日本の教会の現状は、とても楽観的に語りうるものではありません。かといって、柳田國男が理想とする常民の常識が通用する社会、御先祖さまを大切にする古き良き日本が健全に生き続けているかといえば、そうでもありません。敗戦時に鈴木大拙が語った「日本の霊性」も、農村社会の変貌とともに危機に瀕しているのではないか。最近話題となった限界集落における「寺院消滅」、地方都市のシャッター街は、地域社会の空洞化、日本社会の精神的空洞化をも示唆しています。皮肉なことに、その精神的危機はしばしばグローバリゼーション、アメリカナイゼーションの帰結として語られています。それは日本社会が、民主主義であれ市場経済であれ、近代社会の諸原則の道徳的基礎、宗教的基礎を真剣に考えたことがなかったことを意味します。そしてその問題はただちに、リベラルアーツにおける宗教の問題に行きつくのです。

最近、ある有力な政治家は、日本を「世界の中心で輝く国」にしたいと語っています。オリンピックの全種目で金メダルを取ることができるような国にしたいのでしょうか。微笑ましい目標ですが、金メダルを取りたいために一心不乱では、友人が得られないのではないか。輝く国は「金甌無欠《きんおうむけつ》」という言葉をも連想させます。現代では聞いたことがない人も多いでしょうが、「金甌無欠」とは傷ひとつない黄金の瓶を指し、他国から侵略されたことのない国を意味します。日本は「金甌無欠」であるから、決して敗戦することはない。つまり、戦中には特別な国日本を強調し、戦争を鼓舞する言葉でした。日本は「金甌無欠」ではありません。「金甌無欠」ではありえない。日本であれどの国であれ、「世界の中心で輝く国」ではありえないことから出発しなければ、国際社会で安定した地位を得られないのではないでしょうか。

しかし、この「世界の中心で輝く国」という言葉は、アメリカの政治家のいう「丘の上の輝く町」(Shining City upon a Hill)に影響を受けていることはないでしょうか。「世界の中心で輝く国」は面白いことに、「金甌無欠」とともに、「丘の上の町」の連想を生むのです。ちなみに、青山学院のスクールモットーは「地の塩、世の光」という聖句です。イエス・キリストの山上の説教にあるこの言葉は、ジョン・ウィンスロップの説教で語られ、新大陸アメリカを象徴する言葉として受け入れられています。旧世界ヨーロッパに対して、マサチューセッツ湾植民地は、キリスト教的愛の町のモデルとなるというわけです。アーベラ号の船中でこの説教を聞いたのはわずかに一〇〇名ほど、ボストンに最初に入植した人々は総勢一〇〇〇名ほどで、広大な世界に消え入りそうな存在でした。そのとき誰も、彼らが「世の光」となることは想像できなかったことでしょう。イエスの周りに集まった人々もそうでした。自分を「地の塩」とも「世の光」とも思えない人々に、イエスは「あなたがたは地の塩、あなたがたは世の光」と宣言されました。

「丘の上の町」は、世界帝国の指導者が自国を語るにふさわしい言葉ではありません。しかし、現在の日本の教会や、ミッションを雄弁に語ることのできない日本のキリスト教大学にはふさわしい言葉です。事実、この百数十年の歴史を持つ日本の教会で、日本のキリスト教大学で学んで育った人々の中からは、「地の塩、世の光」というべき人がたしかに輩出している。私どもは、そうした先達の歩みにも励まされながら、前進していくことにいたしましょう。

(二〇一五年一一月五日、於・国際基督教大学)

Ⅲ　信仰なき市民社会への挑戦

第9章　体験的日本伝道論

──一信徒として、一社会科学者として

一　はじめに

本日は、東京神学大学学生会の講演会にお招きいただき、お話する機会を与えられましたことを感謝いたします。私も物書きの端くれでございますので、書いたものを読むだけでなく、実際に話を聞いてみたいといっていただけるのは大変嬉しいことです。どこかから講演依頼が来ないかなどと、ときに考えないでもありません。しかし、東京神学大学の学生会から講演依頼が舞い込むとは、まったく想像しておりませんでした。先日、現在聖学院大学院で教えておられる古屋安雄先生にお会いして、このような依頼を受けましたと申し上げましたら、それはいい機会だから遠慮なく思う所を話したらよいとのアドバイスでした。古屋先生がさらに付け加えておっしゃるには、東京神学大学では教授会から呼ばれるよりも、学生会から呼ばれる方が名誉なことであ

る、現に私は、つまり古屋先生は学生会の講演会には何度も呼ばれたが、教授会から呼ばれたのはあまり記憶にない、ということでした。古屋安雄先生に当てはまることが私にも当てはまるとも思えませんが、それを伺って、私もそれなりに張り切って参った次第です。

当初私に与えられましたテーマは、近代日本社会論と伝道論を関係させることでした。両方をバランスよくと考えますとなかなか難しくなりますので、「体験的日本伝道論」という表題を掲げることにしました。体験的ということで、自分が身近に体験したことをお話すると想像されるかも知れませんが、必ずしもそうではありません。体系的、神学的な日本伝道論ではないというくらいの意味です。これまで私なりに教会生活を続け、また社会科学と歴史を勉強するなかで、折に触れて日本のキリスト教、日本の教会のあり方を考えてきました。本日はそのことを多少は脈絡をつけてお話してみたいのです。

日本のキリスト教、日本のプロテスタント教会、とくに日本基督教団に属する諸教会の現状については、私なりに問題を感じてきました。危機感を持っているといってもよいと思います。ただし、私がその問題について素晴らしい解決策を持っているわけではありません。日本の教会の現状は、一種の生活習慣病ではないか。生活習慣病というのは、最近とくに有名になった日野原重明医師の命名によるものですが、生活習慣に由来する慢性病のことです。慢性病はそもそも患者にはあまり自覚がない。すぐに命にかかわるものでもない。しかし、長い時間のなかで重大な結果を引き起こすことになる。そのときにはもう手遅れにならないとも限らないのです。

もしも、現在の教会が抱える問題が生活習慣病に類することであるなら、どこが問題かを注意深く考える必要があります。日本の教会でなんとなく当たり前と思われていることが、もしかして深刻な帰結をもたらさないとも限らない。そう思いますと、日本の教会の現状について、いろんな角度から検討してみることが必要になります。いわば健康診断です。その場合の検査項目もなるべく広げたほうがよい。病気とは直接関係がないと思えることも視野にいれて柔軟に考えてみる。私のような立場の者が伝道について語りうるとしたら、そのように自由に問題点を指摘することではないかと思います。それが果たして的を射たものかどうか、正確に的を射ていないとしても近いところを突いているのかどうか。あるいはまったく的外れか、その辺の判断は皆様にお任せすることにして、さっそく本題に入ることにしたいと思います。

二　日本の教会の現状——数字から探る問題点

私が一社会科学者として、日本の教会——以下では主として日本基督教団の諸教会を指します——の現状を診断する、あるいは日本伝道を考えるという場合、第一に提起したいことは、数字を入れて考えることです。数字を入れない伝道論はナンセンスだとさえ思います。伝道が進んでいくとは、ひとつひとつの教会が成長していくことであり、教会の数が増えていくことであり、イエス・キリストの父なる神を主と仰ぐ人々の数が増えていくことではないでしょうか。とすると、教会の停滞、伝道の低迷ははっきりと数で見えてくるはずです。今、日本の教会が低迷しているとすると、どのような点でそうなのか。いつからそうなのか。その原因は何か。このようなことを、具体的な数を根拠に考えなければならないのではないか。

ところが、そのような数字を入れた伝道論、断片的な数字ではなく系統的な数字に基づいた伝道論はあまり見たことがないのです。もちろん、私が知らないだけかも知れません。それに教団年鑑を見ると、個別の教会、教区単位、教団全体の数字が並んでいます。しかし、そうした数字を元にして、教会の現状、問題の診断を行っている例はあまりないのではないか。あるいは、あったとしても、あまりおおっぴらに議論されてはいないように思います。ただ、その数字も元をたどれば根拠があやふやな面があります。現住陪餐会員の取り扱いひとつ見ても、個々の教会でかなり違うし、教会会計も、たとえば支出項目が適切に判断されているかなど、厳格になされているかは疑問です。株式会社であれば、きちんとしたルールにそって会計の処理を行わなければ会計粉飾や脱税に直結します。しかし、教会会計にはそれに相当するものがないので、数字が信用できないともいわれるのです（本来は世俗の会社よりも、教会の方が会計のルールは厳格になされなければならないにもかかわらず、です。もしそうした教会があれば生活習慣病の重大な徴候です）。しかし、数字はそれなりに意味を持つものです。

そこで、私なりにごく簡単な数字を出してみました。『日本基督教団年鑑』、『キリスト教年鑑』からごくおおざっぱな数字を出したに過ぎませんので、学者として胸を張って分析したといえるものではありません。第一は、毎年の『キリスト教年鑑』に掲載されている日本のキリスト教人口の推移です。これを見ますと、戦後すぐの時点で、プロテスタント人口二〇万弱、カトリック人口一〇万強で、ほぼ半世紀を経た二〇〇〇年の時点で、プロテスタント人口六〇万弱、カトリック人口四五万ほどです。つまりプロテスタントは三倍、カトリックは四・五倍になっています。この限りでは、日本でキリスト教人口は徐々にではあるが増えています。ただ、絶対数が少ないのが問題です。確かイラクのキリスト教人口が三パーセントといいますから、人口比一パーセント未満という数字は、世界から見れば、私ども日本のキリスト教信徒はなきに等しい、あるいはかなり珍しい存在になります。それでも増えているならいいかということになりますが、こと日本基督教団についてはそうともいえません。

教団の信徒数を見ますと、戦後すぐの一九四七年で一一万五三六五人、その五年後、一九五二年で一五万四六七六人、その一〇年後、一九六二年で一八万八四九四人、その四〇年後の二〇〇二年は、一九万六〇四四人。ピークは二〇万をちょっと上回る数字ですが、この四〇年間あまり変動していないのです。カトリック教会はこの四〇年間で、ほぼ一六万人の増加を示しています。教団以外のプロテスタント教会も、二五万の信徒を増やしています。この数は、おそらくいわゆる福音派教会の増加であるといってよいでしょう。ついでに、ちょっと気になる数字を指摘しておきますと、その福音派も一九九五年前後をピークとして伸びが止まっている感じがします。それにカトリック教会も、その数年後から伸びが止まっている感じがする。これはもう少し経ってみないとわかりませんが、九〇年代の半ばに日本社会である変化が見られたのかも知れません。ただ、もちろん、われわれの関心は教団の動向です。

教団のその他の数字で注目すべきは、受洗者数の変化です。戦後すぐには一年間で一万人前後の受洗者がありました。一九四七年で一万一三八六人、一九五二年で九九五七人、六二年で五七〇〇人、それが七九年になると二三八六人に落ち込んでいます。ただ、この時期はいわゆる教団紛争の時期で、統計未提出の教会が多く、実際は三〇〇〇人前後の数字が続いたと考えられます。しかしその後、受洗者の低落傾向は続き、九二年で二三八三人ですが、二〇〇二年で一五一一人という史上最低の数字が記録されています。教団の信徒数に大きな変化がないのに受洗者が少ないことは、教会員の年齢構成が年々高くなっていると考えられます。（教会員の年齢構成が正確にどのようなものかを示す数字も、伝道を論じるのに不可欠と思いますが、まだ見たことがありません）。七〇年代、八〇年代には教会学校の生徒数がどんどん減っていますが、それは教会の年齢構成と関係があります。最近になって信徒数がついに減少に転じました。年齢層としては比較的多い高齢の信徒が、天寿を全うする時期に差し掛かっています。この傾向が一〇年、二〇年続くとなりますと、信徒数の激減、教会の激減につながることになります。数字が得意な人がいれば、これは簡単に具体的な数字として予測できるでしょう。すでにどこかに計算した数字があるかも知れません。いずれにせよ、教団の危機を示す数字に他なりません。

三　教会の低迷を考えるヒント

1　日本社会における宗教人口

このように教団は危機的状況にあるわけですが、危機だ、危機だと叫んでも、よいアイディアも浮かびませんから、ここで遠回りをして、現代日本の宗教的な状況を簡単に復習しておきたいと思います。日本の宗教統計については、文化庁の『宗教年鑑』を手がかりにすることができます。これは宗教法人の提出書類から作成されているもので、それぞれの宗教法人が記載した数字も批判的に見なければなりません。ちょっと見てみましたら、ある仏教の有力宗派など、一〇年間で信徒数が一人も変わらずまったく変更なしという数字が堂々と記載されています。だいたい、お寺がそれぞれの檀家の人口を正確に把握することなどできませんから、この数字は大まかなものです。それでも、日本の宗教人口の特徴として、人口の約二倍の数が提示されていることは興味深いものがあります。神社も寺院もそれぞれが日本国民全体をカバーしていることになっているからです。

また、これも日本の特徴として、宗教団体の数が非常に多いことがあげられます。神社神道系の包括宗教団体で、圧倒的に大きいのは八千万以上の信徒を抱える神社本庁ですが、それを含めて一六団体あり、教派神道系では、一〇〇万の信徒を抱える出雲大社教をはじめ八〇団体、新教派（旧との区別は何か不明）には四八団体あります。仏教系の信徒数では、天台系約八〇〇万、真言系約一四〇〇万、浄土系約二〇〇〇万、禅系約九〇〇万、日蓮系は約二五〇〇万の信徒をかかえ、それぞれに数十の包括団体を持っています。ちなみに、プロテスタント系の教団も多く、四二の教団があります。さらにわかりにくいのは諸教という区分で、ここに天理教、生長の家、ＰＬ教団、世界救世教など、有力な新宗教が含まれています。つまり民間神道系の新宗教がこのように位置づけられているわけです。

従来は「新興宗教」と呼ばれていたグループが最近は「新宗教」とよばれて、日本社会で存在感を示すようになりました。『宗教年鑑』を手がかりに新宗教の一覧をまとめたものがありますが、しばらく前に話題になっていた「イエスの方舟」の信徒二六人から、推定五〇〇万の創価学会まで多数の新宗教が並んでいます。今日日本の宗教ブームとして新宗教が話題になりますが、天理教、ＰＬなど、それぞれ二〇〇万、八〇〇万ほどの信徒を持つ、比較的大きな宗教団体が信徒数を増やしているかといえばそうではなく、天理教、大本教などから新しい小教団が次々と分出していることが注目されます。この点は、アメリカ社会の福音派と似たところがあるかも知れませんが、小集団で密な人間関係を作り上げるのが近年の新宗教として注目される現象です。ただし、これら民間神道系の新宗教が、今後どれほど安定的に存続できるかはわかりません。それと比べれば、創価学会、立正佼成会など仏教系宗教の強靭さが目立ちます。

こうした新宗教の公称信徒数は、現実の数字とはずいぶん違うともいわれます（もっとも、日本基督教団の信徒数も別帳会員まで含んだ数字ですから、礼拝出席者とはかなりの隔たりがあります。信徒数二〇万に対して、礼拝出席者は六万程度です）。しかし、新宗教の信徒数を見るとそれ自体が重みをもって迫ってきます。求道する人をどうしてキリスト教に迎え入れることができないのか。こうしたことを考えさせる数字でもあります。戦後日本の宗教家は、たとえば神道系の学者がティリッヒを研究するなど、欧米の宗教によく学んでいます。日本の大衆的新宗教もアメリカの福音派を学んでいる節があります。われわれも自己反省のひとつの手がかりとして日本の新宗教の実態に目を留め、それなりの判断をもつことも必要かと思います。

２　欧米の主流教会の低迷

日本の宗教人口における教会人口の位置はこのようなものですが、日本の教会の低迷が話題になるとき必ずといってよいほど話題になるのは、欧米の主流教会も低迷していることです。多少ほっとする事実かも知れません。日本の教会がかつて学び、今も学びつつある教会が低迷していることをどう考えたらよいでしょうか。ヨーロッパとアメリカでは教会的背景がかなり違うのですが、ヨーロッパでは国教会の教会出席がかなり落ちていますし、アメリカではいわゆる主流教会、すなわち会衆（組合）派、長老派、メソジスト派、聖公会、ディサイプルズ派が低迷し、逆にいわゆる福音派、すなわちバプテストや、アッセンブリーズ・オブ・ゴッド、それに教派としては小さな教会が伸びています。ある方がジュネーヴを訪問し、たまたま復活節にサン・ピエール教会の礼拝に出席したら、大聖堂いっぱいに人々が溢れていた。それが、その翌週、同じサン・ピエールに行ったら、ほとんど人がいなくて礼拝堂が閑散としていたそうです。これは厳密に確かめたことではありませんが、ドイツの大都市で日常的に礼拝を守っている人の比率は、東京よりも低いのではないかという人さえいます。

アメリカの主流教会も、かなり数を減らしています。アメリカの場合は、自由教会ですから、子どもが成人したとき、親と同じ教派の教会に行くとは限りません。それだけでなく、アメリカは社会的移動が激しいこともあって、教会を変わることも少なくありません。したがって、それぞれの教派の人口はかなり劇的に変化します。少々古い数字ですが、一九四〇年から一九八五年にかけて、主流教会が劇的に信徒数を減少させています。メソジストが四八パーセント、長老派が四九パーセント、ディサイプルズ派が七〇パーセント、聖公会が三八パーセント、と軒並み信徒を減らしています。三五年間で信徒数が半減するという、なんとも恐ろしい数字が並んでいるわけです。これに対して、南部バプテストが三二パーセント増、アッセンブリーズ・オブ・ゴッドに至っては、三七一パーセントも伸びています。ただし、この時点では、やや主流教会人口の方がまだ多数を占めていますが、別の統計から推測すると、一九九五年時点で福音派のほうが多くなっています。今回のブッシュの勝利によって、もはや主流教会は主流とは呼べないという声も上がっています。

この主流教会の衰退は一九六〇年代くらいから始まるといわれますが、ではそれはどのように説明されるのか。これ自体現代アメリカ教会史の重要な主題ですが、一般的にいえば、主流教会が主知的になっていわば民衆から乖離していったのに対し、福音派は民衆の心情に訴え、宗教的な経験として力強さをもっていることが指摘されます。教会員の教会に対するコミットメントの強さ、教会としての結束、教会員の相互の交わりといったものは、福音派に多く見られるのです。たしかに、日本の教会もよく勉強する人々の群れで、教会人口に占める神学者の割合は、日本は世界一かも知れませんから、日本の教会は知識偏重という意味でアメリカの主流教会と似ている面もあるかも知れません。ただし、教団の教会から福音派の教会に流れていっているという話はあまり耳にしません。

3　戦後的価値の曲がり角

ところで、アメリカの主流派教会が六〇年代に衰退を始めたころは、たしかに日本でも戦後思想が曲がり角を迎えていたことに気づきます。このころから戦後のいわゆる進歩勢力が衰退しはじめ、それと親和的な関係にあったプロテスタンティズムも運命を共にしている面があります。日本で戦後の革新勢力といいますのは、政党でいえば社会党と共産党、そして労働組合、あるいは進歩的知識人たちを指しています。アメリカ占領軍の政策として生まれた戦後体制を堅持していこうとする勢力で、憲法に対しては護憲、米ソ冷戦に対しては中立平和、将来の方向については、広い意味で社会主義志向がありました。そのなかでも社会党は、さまざまな勢力の寄せ集めで、キリスト教的社会主義者もいること、また理論好きで頭でっかち、タテマエにこだわってよく内部対立が見られる、あるいは日常の政治活動の足腰が弱いという点で、戦後のプロテスタント教会とよく似た面があったのです。

これと対立する勢力は自民党ですが、自民党は内容からすれば自由主義、民主主義を標榜する政党というよりは、日本の伝統的な価値を守りつつ、戦後の自由主義体制を活発な経済活動の機会とした勢力で、農村的利害と大企業的立場の連合体でした。アメリカは自民党に対し、反共勢力であり、また実利的で現実的という意味で安心感をもって同盟関係をもったと考えられます。現在自民党は農村の衰退を都市部の中下層を基盤とする公明党で補う形で、連立政権を組んでいます。公明党も、仏教的人間主義を唱える政党ですが、この場合も西欧的イデオロギーよりも伝統的価値、伝統的な人間関係の尊重、実利的という意味で、自民党と親和的であるということができます。

戦後の政治体制は五五年体制といって、自民党の単独政権と三分の一の批判政党としての社会党との共存の時代が長く続いたのですが、社会党は村山党首のときに自民党と連立政権を組んだ後に分裂して消滅してしまいました。その多数は自民党の離脱派と組んで民主党の一翼を担う形になり、一部は土井たか子率いる社会民主党として独自性を発揮することになりました。土井社会民主党は、護憲と平和を掲げ、また女性をはじめ少数者の権利の尊重を強く訴えている点で、日本の政党の体質として戦後の革新勢力をもっともよく継承している面があります。ともあれ、日本のプロテスタント教会とよく似た社会党は事実上消滅してしまいました。その背景には社会党が急進的なマルクス主義者を抱えて、現実的な社会民主主義的政策を打ち出せなかったこと、護憲、平和、人権といった戦後的な価値を、幅広い人の支持を得る形で提起できなかったことがあります。こうしたことも、日本プロテスタント教会に共通する課題を示唆しています。

四　近代日本とキリスト教

1　日本精神史とキリスト教

このように今日の日本では、理想主義に対して実利主義、西欧思想に対して土着思想、知識志向に対して心情志向が高く評価され、プロテスタント教会が順調に発展していくことができない思想的背景となっています。プロテスタント教会としてこの局面をどのように打破できるか。こう考える場合、ひとつには温かみのある教会を実現しようという志向があります。いわば、教会における交わり重視、心情重視の福音派的志向に近い立場です。かりに牧会を重視する立場といってもよいかも知れません。これに対して、プロテスタント的な思想をもう一度鮮明に主張しようという立場があります。これは現代において聖書に基づいて真に人間的な生き方を提示しようとする立場、いま抑圧されている人々や少数派の立場に共感する生き方、あるいは現代においてプロテスタント的な文化総合を提示しようとする立場です。これらを仮に神学派と呼ぶこともできますし、最近の表現を用いて公共神学的志向といってもよいかも知れません。

日本プロテスタンティズムの伝統に即していえば、近代日本ではこの公共神学的な流れが存在感を示してきたといってよいでしょう。たしかに、日本の近代社会においてプロテスタンティズムは、ごく少数派でありながら日本の精神史の重要な部分を担ってきました。たとえば、近代日本とキリスト教を論じた共同討議の三部作『近代日本とキリスト教――明治篇』、『近代日本とキリスト教――大正・昭和篇』（いずれも創文社、一九五六）、『現代日本のキリスト教』（創文社、一九六一）は、そのあたりの事情を知る上でよい手がかりを与えてくれます。この共同討議は、関西学院大学の久山康がコーディネイターの役割を果たし、キリスト教関係者と非キリスト教学者が一堂に会している点が特徴的です。参加メンバーとして、東京神学大学関係では山谷省吾、北森嘉蔵、それに小塩力牧師、作家の椎名麟三、当時若手の新進学者（三〇代半ば）であった隅谷三喜男、武田清子、クリスチャン以外の知識人として、哲学者の高坂正顕、社会思想史家の猪木正道、文学者として亀井勝一郎が参加しています。

賀川豊彦はその明治篇について「多方面の文献と材料を面白くまとめて、明治文明史の中核をなすキリスト教精神史を、小説以上に強い印象を与えるように綴ってある」と評価しています。では、明治期のキリスト教はどのような意味で明治文明史の中核をなしていたのでしょうか。ごく簡単にいえば、明治日本の文明化の進展とともに、キリスト教は文明の宗教として受け入れられた側面があるからです。明治啓蒙思想を担った明六社の人々は、キリスト教にはっきりと向き合っておりましたし、自由民権運動はプロテスタンティズムと共通する社会的基盤をもっていました。また、藩閥政府による上からの欧化主義に対して、熊本バンド出身の徳富蘇峰はキリスト教を背景として平民的な急進的欧化主義を対置させることもできました。さらに、明治の三〇年代には日本にも社会主義が紹介されるようになりますが、その社会主義を担ったのも、片山潜、安部磯雄、木下尚江といったキリスト者たちでした。このように欧米の新しい思潮はキリスト教とともに日本に入ってきたのです。

このことを他面からいえば、国家の方針に対して、はっきりと思想的原理的に発言できたのがキリスト者であったということです。教育勅語に対するいわゆる内村鑑三不敬事件、足尾銅山鉱毒事件に対する抗議運動、あるいは日露戦争に対する批判、それに幸徳秋水の大逆事件に際して、勇気ある発言をした徳富蘆花の講演「謀反論」など、時代の問題に対してもっとも先鋭な発言をしたのはキリスト者、ないしプロテスタント系知識人だったのです。大正期の世界史的な事件は、第一次世界大戦であり、ロシア革命であったのですが、この時代の日本社会におけるキリスト教の役割も、そのような明治期の役割の延長に位置づけることができます。キリスト教社会主義の面では、賀川豊彦のスラムでの運動や山室軍平の救世軍の活動がありますし、大正デモクラシーの代表的論客は、吉野作造でした。あるいは文学運動としては白樺派の人たち、志賀直哉や武者小路実篤、有島武郎も、それぞれ青年期にプロテスタンティズムに傾斜した時期がありました。

２　キリスト教思想と教会

しかし、日本の思想史においてキリスト教思想は、次第にその比重を低めていくことになります。第一に、ヨーロッパで文明とキリスト教との乖離がおきたからです。それまではキリスト教を背景にもつ欧米文化、欧米社会は、いわば進歩した世界であり日本のお手本でした。それが欧米の文化、社会の現状それ自身が、反キリスト教的なものとして現れてきた。近代社会の危機は、キリスト教の危機としても現れてきたのでした。第二に、日本社会もそれなりに発展し、都市中間層が生まれ、知識社会が生まれ、キリスト教とは別のところから日本の思想が生まれてくることになった。大正の教養主義や西田哲学は、キリスト教の影響を受けたとしても、もはやキリスト教を基軸とするものではなくなっています。第三に、この時期にロシア・マルクス主義の影響が広がったことが挙げられます。マルクス主義は現実にロシアでユートピアを築きつつあると思われたことから、日本の青年層にも大きな影響を与えました。マルクス主義には宗教批判がありますから、それがキリスト教批判の原理ともなりました。日本社会批判の勢力はこうして、キリスト教思想とは切れたところで展開することになったのです。

昭和期に入ると、国際情勢の面では日本は大陸進出に本格的に乗り出し、東アジアの帝国を目指すようになり、英米を中心とする旧来の帝国主義的、自由主義的勢力との間に緊張が生まれます。それに経済恐慌が重なり、批判勢力としてのマルクス主義が弾圧され、軍部の発言力が強まり、全体主義的な傾向が強まって第二次世界大戦へといたるわけです。そうした危機的状況を背景に、昭和初期には社会的キリスト教運動もあり、また危機神学の受容もあったのですが、キリスト者はおおむね、戦時下における国家への対応に見るように、いまだ幼弱であった教会をいかに存続させるかを主眼とせざるをえなかったのでした。

戦後に入ると戦後精神史をキリスト教と関連付けて討論することがますます難しくなります。この共同討論の戦後篇は、キリスト教を除いて『戦後日本精神史』としてまとめられています。では、『現代日本のキリスト教』でキリスト教界の問題として取り上げられている主題はといいますと、キリスト教と共産主義（赤岩栄牧師の入党問題）、キリスト者の平和運動、椎名麟三文学についてであり、それ以外は日本基督教団問題、キリスト教主義学校、宣教師問題、来日した欧米の神学者・伝道者の影響について、それに牧師と信徒の問題、キリスト教の土着化問題などがならんでいます。大正期以降、小さいながらもキリスト教世界が広がってきた結果、キリスト教会とキリスト教思想それ自身が、独立して問い直されています。キリスト教世界も、ひとつの世界として議論される主題となったのです。

これを別にいえば、戦後世界においてキリスト教の日本社会への関わりは、キリスト教思想が思想として社会問題となるのではなく、教会のあり方を踏まえて、問題とならざるを得なくなったことを意味しています。つまり、日本の教会があってキリスト教思想があって、それが社会的にどのような意味を持つかという形をとるようになったわけです。これ自体が日本でキリスト教世界が前進しつつあることの証しであり、社会進化の結果という面があるわけですが、キリスト教世界が停滞しキリスト教思想がその周辺を低迷することになりますと、キリスト教世界と思想の社会的インパクトが小さくなる。ここではキリスト教が日本という大きな世界のなかの小さな世界の出来事に過ぎない、いわばサブカルチャーになってしまうわけです。

３　思想としてのキリスト教の隘路《あいろ》

この三部作（ないしは四部作）の討論が行われたのは、最初が一九五五年でいわば焼け跡民主主義が落ち着いたあたり、最後は一九五九年のことで、その翌年が六〇年安保ということになります。戦後がいつまで続いたと見るかについてはいろいろな考え方があるでしょうが、世界各地でベトナム反戦運動と学園紛争が吹き荒れた一九七〇年ごろがひとつの転機といえるでしょう。ちなみに、日本基督教団も万博問題を皮切りに内部紛争をかかえるに至り、東京神学大学でも大騒動が起きました。この時期は、戦後民主主義の思想家の威信が揺らいだ時期でもありました。個人的にいえば、この時期が私の学生時代にもあたります。私はむしろ時代に遅れて大塚久雄や丸山真男の著作に接して、むしろそちらの側に感銘を受けて勉強を始めることになりました。このころまで日本の社会科学では、プロテスタント系の学者が存在感を示していました。大塚久雄の比較経済史学、ウェーバー研究のグループには、内田芳明、中村勝己、住谷一彦など、政治学でも南原繁門下の福田歓一、宮田光雄、京極純一など、もちろんこの共同討論に参加した隅谷三喜男、武田清子、その他にも多数挙げることができますが、こうした人々はプロテスタント的な信条を内に秘めながら、戦後日本の民主化に、それぞれの専門領域での学問研究を通じて貢献しようとしたのでした。

では、プロテスタンティズムと親和的であった戦後思想がどうして説得力を失ったかといいますと、ひとつには戦後思想が分極化したことが挙げられます。もともと戦後思想は民主主義を踏まえた社会主義志向だったのですが、社会主義の理解をめぐってかなりの幅がありました。また、一方では、戦後的な思想をさらに急進化させる動きもあり、またフェミニズム、途上国問題、人種問題、環境問題、さらには同性愛問題などが取り上げられましたが、これらひとつひとつはそれなりの意味があっても、幅広い勢力に求心力を与えるものとはならなかったのです。またこのころより、西欧近代は人権と自由を与えたというイメージよりも、自由を抑圧した管理社会の根源だと批判されることにもなりました。

また、この時代は自由主義経済の柔軟さと強靭さが再認識され、日本はそのなかで優等生となり、他方で日本の伝統文化の持続性も確認されることになりました。戦後は、日本の伝統的な束縛を克服し、近代化を目指すことが主題であったわけですが、これ以降は日本経済のパフォーマンスの優秀性とそれに寄与した日本文化という文脈が注目されるようになりました。したがって、プロテスタンティズムなき日本の近代化が、マイナスとしてではなく、むしろ非キリスト教世界に希望をあたえるプラスのシンボルとされたのです。となると、日本社会でプロテスタンティズムの出る幕はなくなります。

五　運動としての教会、制度としての教会

１　海外伝道と日本の教会

以上のように、近代日本でキリスト教は文明の宗教として受け取られ、明治の文明化において、積極的な意味でも批判的な意味でも、キリスト教はそれ自身が事件であったわけです。それが大正期、昭和期と経るにつれて、日本社会が発展し、社会思想も日本社会に根ざしてそれなりに展開し、キリスト教は日本社会において衝撃力ないし統合的な力を失っていったといえます。プロテスタント的知識人は戦後の民主化のなかで重要な役割を果たすことになりますが、ポスト戦後の時代になると、その影響力を減退させていきました。今後キリスト教が影響を持ちうるには少数の知識人の運動ではなく、教会が日本社会にある存在感を持って根付き、その存在感を踏まえて発言するものでないと、本当の意味で説得力が出てこないのではないか。こうしてキリスト教思想の展開は教会の発展抜きには語りえないことになったのです。そこでようやく日本の教会（基本的にプロテスタント教会）の問題にたどり着くことになります。

ここでは教会形成の問題を、「運動としての教会」と「制度としての教会」という視点から考えてみたいと思います。これはいわば社会学的な視点ですが、たとえばひとつの商売を例にとって考えますと、まったく資産もなく商売を始める場合に、昔なら誰かから売る物を卸してもらっ

て、その商品をもって各地を回って売る、いわば行商人、遍歴商人になります。そこから徐々に資金をためて店を持てるようになる。土地を買い建物を建て、顧客に恵まれるようになれば、安定した商家となります。遍歴して売り歩く段階が運動で、安定した商家が制度ということになります。商売を教会と一緒にするなどとんでもないという方がおられるかも知れませんが、似ている面もありますのでご容赦ください。

原始教会も伝道旅行から始まりますから、その意味では最初は運動でありました。パウロは遍歴職人として仕事をしながら伝道したようですが、伝道の結果、各地に教会ができるようになります。その教会が二世代、三世代と時間を経るなかで安定し、制度としての教会ができあがることになります。信仰箇条が確定し、教職制度が生まれ、教会法ができ、というメルクマール（指標）でみれば、キリスト教会は何百年かかけてようやく制度として存続できるようになりました。日本はキリスト教世界から見れば異教の地で、プロテスタンティズムはアメリカ、カナダ、イギリスなどの海外伝道のプロジェクトとして日本に伝えられました。日本の教会の現状を考えるとき、私の最初の疑問は、果たして日本の教会は安定した、確固とした制度としての存在を持ちえているのか、というものです。もちろん、日本の教会には海外の宣教団体から受け継いだ教派の伝統があり、また教団の歴史もあって、信条も職制も教憲教規も整えられています。しかし、いまだ未成熟の課題を数多く抱えているのではないでしょうか。

２　キリスト教思想と教会形成

すでに触れましたように、日本においてプロテスタンティズムは当初文明の宗教として受容されました。札幌バンド、熊本バンドは、専門的な伝道者によってではなく、文明を伝えるレイマン（一般信徒）に触発されて発足しました。クラークもジェーンズも日本人に西洋の実学を教えることを求められた人であって、伝道者ではありません。明治の文学者がキリスト教に関心を寄せる、あるいはキリスト者が社会主義を志向するという場合にも同じことがいえます。そのように文明の宗教としてキリスト教を志向する場合、当然ながら、教会の標準的な信徒のあり方とは違う面が出てきます。キリスト教的理想を掲げて社会的に活躍することと、主日の礼拝を守り、教会を支えるという生き方の間には、人にもよりますが、多少の距離があるわけです。

徳富蘇峰は、熊本洋学校から同志社で学び、戦前日本の言論界で大活躍した人物ですが、ジャーナリズムの大志をもって上京するとき、新島襄先生に「君はきちんと教会には出席するだろうな」と念を押されました。ハイと答えた徳富は、植村正久の教会に出席しますが失望したということです。植村は訥弁で風采も上がらなかった。徳富が考える指導者像とはかなり異なっていたからです。これはキリスト教的理想を掲げて日本を改造しようとすることと、堅実な教会生活を守ることの違いを示すエピソードです。もっとも、その後ジャーナリズムの寵児となった徳富の家族は、たしか両親も妻もともに霊南坂教会で洗礼を受けていますし、妻は婦人矯風会の会員としても活躍しています。

内村鑑三の場合を考えても、キリスト教的知識人が教会人となることの困難がよく現れています。内村はメソジスト教会のハリスから洗礼を受け、仲間と共に札幌独立教会の設立に参加していますが、ハートフォード神学校を中退して帰国したのち、教員として身をたてようとして、ひとつには宣教師と、もうひとつには国家と対立して挫折し、キリスト教的文筆家、文明批評家となりました。その後次第に聖書そのものへの関心を深め、聖書を掲げて世と対決するという、いわば預言者的スタイルの独立伝道者になります。その内村の姿勢は、よくも悪くも教会的な秩序に収まりきらないものがあったわけです。

たとえば、内村は伝道者を志しているようで、職業的伝道者というあり方には終生納得できない思いを拭い去ることができませんでした。あるいは、独立伝道者となってからも、自分自身をどう規定するかについて、聖職者という意識があったのか、あくまでレイマンとしての伝道者なのかが曖昧でしたし、「無教会」という規定も、はたして新しい教派の意識があったのかどうか、内村自身が最後まで揺れていたように思います。その内村の揺れ自体のなかにある真実が含まれていますから、魅力的ともいえるのですが、内村的な伝道方法と制度としての教会形成の間には、かなりの距離があるわけです。ただ、では内村の活動は反教会的かといえばそうでもなくて、内村の『聖書之研究』の読者には、教会の信徒も多く含まれていて、彼らの信仰を養っていたことも忘れてはなりません。

ともあれ、社会的に注目されるキリスト教的知識人であっても、教会人として教会形成において頼りになるかといえば、必ずしもそうではない。知識人は、牧師の知識水準や思想傾向に違和感をもったら説教が聞きにくくなるし、社会改造に意欲をもつ人は忙しくて教会の仕事を引き受けてくれない。悪くすると突然教会に現れて、いろんな勝手なことをいってかき回すことにもなりかねないのです。牧師の立場からいえば、安定した堅固な教会形成には、非凡な知識人よりも、実直な生活者の方がありがたい。しかしまた、平凡な常識人だけの教会になると、日本社会における教会の存在理由があいまいになってしまうディレンマがあります。

３　合同教会の困難

さて、運動としての教会から制度としての教会に脱皮するには、思想家、知識人だけではだめで、常識人、生活者が必要だと申しましたが、さまざまなプロテスタント諸派の伝道の地となった日本では、安定した堅実な教会制度とは何かについて共通の理解を得ることが非常に難しいという、もうひとつの問題があります。アメリカ社会で諸教派の対立をそのまま伝道の地に持ち込むことはナンセンスだというのは、多くの人が感じることだと思いますし、事実宣教師たちもそう考えました。しかし、いざ協力、合同となりますと、それほど簡単なことではありません。それに世界的に見て合同教会にはあまり成功例がないらしいとなりますと、合同教会の先行きに不安が生まれてきます。

この辺の事情は、私が改めて述べるまでもないでしょうが、戦後の教団の諸教会の歩みの中では、繰り返しこの種の問題に直面してきています。合同教会に属することは過去の伝統を尊重することなのか、あるいは過去の伝統を尊重しつつも新しい一致を強調することなのか。このどちらを目指すべきなのか。それともその二つのバランスの問題なのか。この問題が個別教会において、教会統治の問題でも、信仰表現の問題でも、牧師と信徒の関係のあり方でも、いろんな側面に顔を出しています。教会内でひとつひとつ議論をしていたら、とてもやっていられない。しかし、お互いに遠慮して物をいわなくなると、誤解も生まれ、不信も生まれ、結果としては無秩序になってくることになります。

4　異教文化のなかの教会形成

それはともかく、日本の地でさまざまな困難を経て教会形成がなされ、制度として存続しているわけですが、ある種の安定を得てくると今度は、土着化によって本来の教会の姿から遠ざかるのではないかという心配が出てきます。たとえば、日本の議会制民主主義や政党などは、日本が西洋社会から学んでそれなりに定着させている制度ですが、議会運営の仕方や選挙のやり方、政党の役割など、たしかに外的な形としては議会であり政党であっても、たとえばイギリスの議会や政党とは違う面が出てきます。これは日本の会社についてもいえることで、たとえば株式会社という制度も西洋社会から学んだものですが、株主総会のあり方、会社役員の役割、会社の方針の立て方など、さまざまな意味で欧米の会社とは違った性格をもつようになりました。では、日本の教会はどうか。日本文化、日本社会のなかで、どうも教会のあり方もかなり違ってきているのではないか。日本の教会は、良し悪しは別にして日本化せざるを得ません。しかし、日本型民主主義は本来の意味で民主主義かという問いが成り立つのと同じく、日本型教会は本来の意味で教会でありえているのかという問いが生じてくるのです。

これは大正時代くらいのことですが、権威ある大学の教授の娘が、その教授の後継者と結婚することが珍しくなかったといいます。そうした関係は今日想像するほど不自然なものではなかったのです。これも聞いたことですが、神学関係でもある時期までそのようなことが珍しくなかったそうです（そういうことが起こってはいけないということではありませんので、誤解のないようにお願いします）。そうであるとすれば、教授ポストが世襲の形で引き継がれていきます。江戸の商家などの場合、自分の家を誰に継がせようかと考えて、ボンクラな息子ではなく、番頭のなかから優秀な者を選んで娘婿にして継がせたという話がありますが、こうした日本文化が日本の西洋式の大学や神学校にも入り込んでいたことになります。教会の場合でいえば、ある特定の教会が、お寺とその住職のように、牧師家庭の家業のようになってしまうことはないか。それは本来の教会のあり方からして適切なのかどうか。問題があるとすれば、どのような問題かを考えなければなりません。つまり、日本の教会が安定しているとしても、本来の教会の秩序とは別の秩序によって支えられている側面はないか、ということです。

たとえばこんな話もあります。東京以外で神学教育を受けた人が、家庭的な事情でできれば東京の教会で任地を探したいという場合、それは大変難しいというのです。どうしてかと聞いたら、東京周辺の教会は東京神学大学の卒業生が抑えていて入り込む余地がないというのです。これはどこまで本当かわかりませんが、教会の牧師のポストに出身大学別の系列化が進んでいること、少なくともそう信じている人がいることを意味しています。医学部の卒業生の職場として、それぞれの医学部に関連する病院の系列があるのと同じなわけです。そうした方が、いろんな意味で便利で能率的ということかも知れませんが、これも本来の教会の秩序としてはどうかと疑問符が付きます。教会は日本社会に根付かなければならないのですが、このように、日本社会に根付くと今度は変質してしまう危険があることも忘れてはいけません。

六　堅固な教会の条件――教会財政からの視点

1　教会財政的視点

では、今日の日本で安定した堅固な教会はどのように作り上げることができるのでしょうか。今日の教会にとって、牧会志向も重要であり、公共神学志向も重要なのですが、それにもまして教会の制度としての確立が重要ではないか。伝道して新来者が来ても受洗者が多くなっても安定した教会にならないことは、そうした人がいつの間にかいなくなることを意味するからです（ついでに申しますと、日本の教会で受洗者がどの程度きちんと教会員として生活を全うできているのかを示すデータも必要かと存じます）。安定した教会とは、砂の上の教会ではなくて、風が吹いたり大雨が降ったりしても倒れないものでなければなりません。

では、安定した堅固な教会とは何かと考える際には、そもそも教会がどのようにできあがったかを学ぶ必要があるでしょう。基本信条、礼拝規程、教職制度、教会法、これらがきちんと整備されることが必要です。しかし現状の合同教会では、教派的な伝統もあってこれらに関してコンセンサスが得にくいこともあります。また制度的な正しさを強調すると、比喩的にいえば、行儀の良い子は育つが、活発な子は育たないという問題があります。少し外れ気味であっても活発な運動が湧き上がらないと、制度も生き生きと存続できない側面があるわけです。この辺のことはこれ以上立ち入らないで、ここでは堅固な教会のメルクマールとして、もう少し別の角度から、教会財政、教会の経済問題を考えてみたいと思います。

『日本基督教団年鑑』を見ますと、教会数、教師数、信徒数、受洗者数などとともに、教会財政の数字が並んでいます。経常収入、月定献金、経常支出、教師謝儀などです。日本の教会を経営的に分析した研究というものがあるかどうか知りませんが、それはぜひ必要ではないでしょうか。安定した教会、堅固な教会は、安定した財政、堅固な財政抜きに語れません。教師謝儀についても、安定した堅固な謝儀でなければ、安定した堅固な牧師の働きは望めないのではないでしょうか。ところが、諸教会の教会財政の数字をちょっと見ただけでも、教会がさまざまな問題を抱えていることに気がつきます。

2　教会の財政規模別分布

簡単な手作業ですが、ここで東京教区の南支区、東京教区の東葛分区、それに東北教区の福島地区からそれぞれランダムに二〇教会を選び出して、現住陪餐会員数、礼拝出席（平均）、経常収入、月定献金額、それに一人当たりの月定献金額を検討してみました。東京の南支区は都心から比較的近い地域、東葛分区は東京郊外の住宅地、それに福島地区は地方の教会を代表すると考えられます。

第一に考えてみたいことは、教会財政の規模からして、安定した教会と言いうるためにはどの程度必要かという問題です。二〇〇四年度の年鑑、したがって二〇〇二年度の報告書から考えてみることにしますが、仮にサラリーマンの平均的な年収が六〇〇万くらいとして、牧師謝儀をその金額に合わせるとしますと、経常収入はその二倍ほどの一二〇〇万は必要ということになるのではないでしょうか。そうしますと、南支区でその条件に合う教会、すなわち経常収入が一二〇〇万を超えている教会は、二〇教会中八教会で、その次の八〇〇万以上一二〇〇万未満が四教会、四〇〇万以上八〇〇万未満が四教会、四〇〇万未満が二教会ということになります。一二〇〇万を安定した教会財政と考えれば（それでも少ないという考え方もありますが）、教団の中では比較的恵まれた南支区でもその条件を満たしているのは四〇パーセントに過ぎず、八〇〇万以上を基準としても六〇パーセントなわけです。

これを千葉の東葛分区で考えると、一二〇〇万を超えている教会は八教会、八〇〇万から一二〇〇万は四教会、四〇〇万から八〇〇万が六教会、四〇〇万以下が二教会であることがわかります。面白いことに、この数字は南支区と比較的よく似ています。それぞれの教会財政区分を、A、B、C、Dと区分することにしますと、Aランクの教会では、礼拝出席数がほぼ八〇名以上いることになっております。教会によっては五〇名くらいの教会も例外的にありますが、この場合は、多く捧げておられる方が多いともいえますし、家が教会から遠いなどの理由で礼拝出席が少ないのかも知れません。Bランク、八〇〇万に到達してなんとか教会の体裁を整えるまでになるには、礼拝出席はほぼ三〇名のようです。CランクとDランクの教会は、どのように将来構想が描けるのでしょうか。以上から、安定した教会となるためには、礼拝出席八〇名、経常収入一二〇〇万が目安となりますが、郊外も含めて大都市圏ではその条件を満たす教会は四〇パーセントであって、それに準ずる教会も含めて半分ほどだということがわかります。

　地方の教会はこれとかなり趣を異にしておりまして、福島地区の二〇の教会で、経常収支一二〇〇万に達している教会はひとつもありません。八〇〇万以上が四教会、それもすべて福島、郡山という地方中都市の教会に限られ、四〇〇万から八〇〇万が四教会、四〇〇万未満が八教会あります。四〇〇万未満の教会では、礼拝出席は一〇名をちょっと超えるくらいのところが多いようです。大都市部以外の教会運営の困難さが、このような数字にはっきり示されているわけです。

3　教会成長のモデル？

仮に伝道の成功というものを財政的に安定した教会の増加と考えると、いかにして今述べた一二〇〇万の教会に成長させるかが課題となります。では、教会は成長しているのかどうかを見るために、『日本基督教団年鑑』から一九七九年のデータと二〇〇四年のデータを比較してみました。礼拝出席が顕著に伸びた教会として、四〇名から一三七名になった東葛分区の柏教会、四一名から八六名になった鎌ヶ谷教会などが挙げられます。これは地域住民の人口が増えたことと関係があるわけです。逆に、人口の減少、つまり人口のドーナツ化といわれる都心からの人口流出が礼拝出席の減少につながっていることも推定されます。しかしもちろん、このような外的要因からの説明だけでは不十分です。同じような条件の下で成長した教会もあればそうでなかった教会もあり、また同じような条件で減少した教会も、逆に成長した教会もあります。したがって、伝道の成功を探るには、個々の教会のケース・スタディが必要と考えられます。

伝道論のためにはケース・スタディを積み重ねなければなりません。ケース・スタディといっても大げさなものではなく、いくつかのチェック項目についてデータを出して、時間的な推移を検討してみることが重要です。これは牧師の業績チェックのように響く側面もありますから、牧師相互ではお互いにやりにくいことでしょうが、第三者的な研究機関がデータの検証をもとにアドバイスできる体制を整えることが必要ではないでしょうか。教会を成長させるものは何か。いろんなことが考えられますが、意外に地理的な条件や会堂の大きさ、外的制約の影響も大きいものです。それに何よりも、ひとつひとつの教会が現状に満足しないで成長の経路を思い描けるようにしないと、教会は成長しません。幻なき教会は滅びるのです。

4　職業としての牧師

この一覧表を見ながら考えたことは、職業としての牧師というのはなかなか難しいということです。教会財政からして不安定ということは、職業としての牧師も不安定ということになります。しかもこれだけ教会によって差があることから、一人一人の牧師が平安な気持ちで職務に従事することが大変難しいと考えられます。不本意な任地に赴かされたと、一生割り切れない気持ちで過ごした牧師もいると聞いたことがあります。ただし教会が成長するかどうかは、かなりの部分、牧師の働きにかかっている。困難な教会であればあるほどやりがいがある。こう考えてたくましく適進する牧師がいることも事実です。しかし職業としての牧師、教団の牧師に任じられたのであれば、ある程度の条件は保証される方がよいでしょう。しかしまた、それを実現できる条件も考慮しなければなりません。

経済学の立場からいいますと、教会は広い意味での教育産業と位置づけることができます。そうしますと、牧師の職業は教師の職業に近くなります。牧師はヨーロッパの国教会であれば公教育の教師に近い存在ですし、自由教会的なところでは私立学校の教師や塾の先生に近い面があります。しかし、牧師の仕事は特別な奉仕だといわれる場合があります。たしかに、二〇名から三〇名の礼拝出席の教会で奉仕し、牧師が報酬を受けるとき、塾の先生のように扱われる可能性があります。この先生は厳しすぎる、この先生は何を教えているかわからないなど、自分たちの都合に合わせて牧師の進退に注文をつける場合も少なくないかも知れません。しかし牧師の仕事は主の教会のために奉仕することによって主の教会から報酬を受けるものです。その意味で、牧師の報酬は教会員へのサーヴィスの対価と考えられてはなりません。

とはいっても、牧師は霞を食って生きてはいけませんし、家族も養わなければなりません。では、牧師の謝儀はどのような基準で決めるのが適当でしょうか。一方の極にはカトリック教会のように、どの教会に奉仕するとしても全体教会の基準で決定される場合があります。この場合は教師の任地も全体教会のしかるべき機関で決定されます。他方では、アメリカ社会の自由教会のように、個別教会の間で競争原理が働いている場合があります。この牧師の働きからすれば、これこれの謝儀を約束して引き止めたい、そうした配慮から牧師の謝儀が個別教会の総会で決定されるわけです。日本の教会は、この問題にはっきりと向き合っていないように思えます。

ご参考までですが、アダム・スミスは『国富論』のなかで、教育機関としての教会問題に触れ、牧師の処遇についても言及しています。スミスによれば、牧師の処遇はその牧師が他の職業に就いた場合に得られる報酬よりも少し少ないくらいがよいといいます。たとえば、牧師は公教育の教師もやれるが、その場合得られるであろう報酬よりも少し少ないくらいがよい。そうすると、教会員は牧師が多少の経済的な不利益を顧みずに奉仕していることがわかり、自然に感謝の気持ちが湧いてくるというのです。そうすれば牧師の仕事もやりやすいことになります。こうした判断はひとつの知恵かも知れません。

七　停滞する教会の内実

1　不安定の安定

教団の教会は全体としてこの四十数年ほとんど成長せず、この二十数年の個々の教会の動向を見ても、大都市近郊の人口急増地域に新しく教会が生まれたり、急成長の教会が現れたりしていますが、全体としては変化に乏しいといわなければなりません。もちろん、その中にも、目覚ましく成長した教会もありますから、成功した教会の事例は、いろんな角度から研究して他の教会も学ぶ必要があるでしょう。逆にかなり芳しくない結果が出ている教会についても、何が問題かについて、第三者の立場から必要な是正や勧告が与えられるのが望ましいのではないでしょうか。日本では個別教会が尊重されているのはよいのですが、全体教会としてともに学び、ともに問題を担う姿勢が乏しいように思います。

この二十数年の個別教会の教勢を見て感じることは、全体的に停滞が続いていることであり、この停滞に歯止めをかけること、この四〇年の停滞を打破することが、伝道の課題そのものであるということです。しかし、この停滞する教会の会員たちは日本の教会をこれまで支えてきた貴重な人々でもあります。とすると、困難な中で教会を支えてきた人々の教会生活こそが問題といわざるをえないことになります。たしかに、この四〇年間教会を担った人々、たとえば六〇年代に二〇歳代であった方々は現在は六〇歳代ですし、また、おそらく五〇年代初頭に信者になった方が一番多いとすればその方々は七〇歳代になっています。その方々を前にして、皆さんのこの四〇年間の教会生活が問題ですよ、などと言えたものではない。しかし、この四〇年間の教会のあり方をそのまま肯定してしまっては今後の展望は開けません。ある牧師のここが問題だとか、ある信徒のここが問題だというのではなく、日本の教会のあり方として根本的に捉え返すことが必要ではないでしょうか。そのような思いで心を痛めつつ、この四〇年間を過ごした牧師や信徒もいるのではないでしょうか。

ではこうした停滞のなかで、どうして教会は存続できたのでしょうか。つまり、礼拝出席八〇名でひとまず安定した教会が成立するのに、なぜそうなる前に停滞してしまったのか、また、なぜ不安定な安定で留まりえているのでしょうか。ひとつの説明は、そうした教会を担う牧師がおそろしく忍耐強かったからというもので、たしかにその側面もあると思います。もしかしたら、兼業ないし副業をすることでなんとかしてきたのかも知れません。教会が付属の事業を行っている場合もあるでしょうし、牧師が個人的に何らかの仕事を兼ねている場合もあるかも知れません。場合によっては、配偶者の仕事と一緒になって牧師職が成り立っている場合もあるかも知れません。そうしたあり方はすべて一概に否定することはできないのですが、いずれにせよ教会的な立場からすれば不安定の安定であることに違いはないのです。

２　内向きの教会

日本の教会に対してよく言われる批判に、内向きの教会である、というものがあります。自分たちでひとつの世界を作っていて、その世界がすべてであるかのようにしている。したがって外向きの伝道の意欲も弱い、という批判です。たしかに教会の活動は、あるいは教会員は、現状の教会を成り立たせるために多大なエネルギーを用いており、良かれ悪しかれ、それだけで精一杯という現状にあります。これをどう考えたらよいのか。たとえば、礼拝出席八〇名以上の、かなり安定軌道にある教会を見てみても、それだけのメンバーを抱えて教会活動を維持するには、かなりの努力が必要です。仮に、教会役員（長老）に選ばれたとします。月一度の役員会は夕方まであることも珍しくありません。どなたかの話では、教会の備品、極端にいえばガス・コンロのゴムホースを替えるかどうかまで議論しているからいつまでも終わらない。主日礼拝よりも役員会の方がずっと長いし、労力も大きい。そもそも安息日に役員会であれこれ議論しているのは好ましいことなのか。

さらにその役員は、しばしばある部署の担当となります。伝道部が担当であれば月に一度は伝道部の部会を礼拝後にするでしょう。それに年齢にふさわしい交わりの会に出るとなると、ほぼ毎週日曜は朝から午後の二～三時までは教会にいることになります。書記や会計になればもっともっと仕事が増えます。職業を持たない女性であれば、週日に行われる祈禱会、婦人会、家庭集会などへの出席もあるし、それぞれの会合を準備する役割も回ってくるでしょう。こうした活動のどれひとつも不必要とはいえませんが、結果としてみると、教会を忙しく歩き回ることになります。果たしてこれが理想の教会生活でしょうか。教会を維持するだけで中心を担う教会員はかなり大変な労力を払っています。それだけ奉仕をしてくださっている方々に、あなたがたの教会生活は内向きで駄目だなどとはとてもいえません。しかし、それでは教会はどうしても閉じた世界になってしまいます。

七〇年代、八〇年代と教会学校の生徒数が減少していますが、七〇年代の二度にわたる石油危機は、日本社会を大きく変えたように思います。企業は生き残りをかけて、サーヴィス残業に象徴されるように、企業の無理を従業員に押し付けるようになりました。それと関係するかどうかわかりませんが、中学・高校の教員もこの時期からクラブ活動の顧問など休日の仕事が増えました。ある時期から教員が教会に来ることが難しくなっている。社会全体として職務への要求がきつくなったことは、子どもたちへの学業への要求がきつくなっていることとも関係しています。他方、教会活動も密度を高めている気配があります。そうすると、教会活動はますます教会外との関係や接点を失いながら、別世界を作ることになります。悪くいえば、教会はいわば家庭からの単身赴任をしている女性の活躍の場であり、また高密度社会から逃れたい人々の避難所となってしまい、教会から外への働きかけはますます弱まるのです。

牧師の仕事も忙しいものです。教会学校、礼拝、役員会、部会、交わりの会、地域の家庭集会、教会の物的な維持管理、会計、それに冠婚葬祭、病人へのお見舞い。さらに年齢に応じて教団関係の仕事も増えていき、場合によっては、教団だけではなく教団内のさまざまなグループ活動にも参加しなくてはなりません。それらすべてをこなしても、教会員の牧師への要望は少なくない。財政的に安定した教会で会員数が多いほど、牧師は忙しくなります。とすれば、財政的に安定している教会も、本来の教会活動としては不安定かも知れません。主日の礼拝を守り、御言葉を聞き、賛美と感謝を捧げ、祝祷によってそれぞれの地に派遣される。その信徒が世のそれぞれの場で働き、主日にまたともに礼拝を守る。どうもそれだけでは日本の教会は済まず、さまざまな補助活動で維持されている面があるのです。

それだけ教会活動が盛んだと、教会は教会員のための活発な活動の場として意識されるようになります。そして教会はいつのまにか、教会員の、教会員による、教会員のための教会になってしまいます。これでどこが悪いのかと言われそうな気さえいたします。人民の人民による人民のための政府、これがリンカーンの有名な演説に出てくる民主主義の政府の定義ですが、そうであるとすれば、教会員の、教会員による、教会員のための教会は、まさしく民主的な教会でよいのではあるまいか。しかし、いうまでもなく教会は神の家であり、神の、神による、神のための家のはずです。神の主権が確立するのが教会です。教会員のための教会は、いわば教会の私物化です。内向きの教会はたえずこの問題に立ち向かわなければなりません。

ある地方の牧師とそうした教会の私物化の危険について話しておりましたとき、そういえば教会には結構私物が置いてあるという話がありました。地方の教会なので敷地にゆとりがあったことから、教会役員の判断でよその人に資材置き場として便宜を図っていたことがあったらしいのです。牧師がそれに疑問を呈したら、それだけでその役員は次の週から礼拝には来なくなったといいます。これは極端な例かも知れませんが、自分たちが自由に使える教会が教会員にとっての良い教会であるとしますと、神の家としては問題が出てきます。そんな話題を別の牧師としたところ、都会の教会でも狭いなりに教会には誰のものかよくわからないものが結構あるということでした。教会で活動する時間が多い場合、ついつい教会を自分の家に近い感覚で使ってしまう。それは教会の私物化だといっても、自分はこんなに教会に貢献していると言い返される恐れがあります。

3　信仰の継承

日本の教会で絶えず議論されていて解決のつかない問題に、教会員の子どもたちの教育があります。端的にいって、教会員の子どもたちに信仰を継承させることが極めて難しいのです。親と一緒に教会に来ていた子どもたちも、思春期にさしかかるころ教会から遠のくことになります。どうしてそうなるのか。この問題にはいろんな側面があります。都会の教会であれば、家から教会が遠い。あるいは学校が忙しい。思春期はいずれにせよ難しい。それに親が教会で忙しい内向きの教会では、家庭にも背を向けた教会になりかねないのです。超多忙な日曜日は、家庭を忘れての教会生活になりかねません。また、教会に積極的に参与している教会員も、教会についてさまざまなストレスを持っています。家に帰ればついつい教会の愚痴もでます。それが子どもの耳に入れば、人間の集まりとして教会もそんなに違わないということになってしまいます。

夫婦揃って教会にくる家庭の子どもの教育について、ある方は子どもを教会で放し飼いにしていると笑って語っておられました。教会での子どもの放し飼いは、よいことなのでしょうか。教会員はみんな良い方ばかりなので、子どもは良い影響を受け、良く育ち、信仰も継承されるのでしょうか。たしかに、教会で子どもは大切にされています。しかし、甘やかされていることはないでしょうか。なんでも許してもらえる世界になってしまうことはないでしょうか。外に出られない子どもになってしまうことはないでしょうか。率直にいって放し飼いは危ないと私は思います。子どもを長時間教会にいさせるべきではないとも思います。神を呼び求める教会には、悪魔も出るのです。教会でしか育たない良い子どももいますが、教会でしか育たない悪い子どもも出ることを忘れてはなりません。

日本の教会学校は礼拝を中心にしています。それが本当によいのかどうか。むしろ子どもには礼拝者としての大人の姿を見せなければならないのではないか。それに私は月に一度、教会学校の説教を担当していますので、福音主義教会連合が出している教案を読むことがあります。子ども向けの説教についての私の率直な感想は、なんと正しい説教が語られているかというものです。

たしかに、教理的に正しい説教が語られています。教案作成者は教理的正しさを競っているとさえ思います。しかし、それは子どもたちの日常生活とかけ離れすぎてはいないでしょうか。それと関係して、日本の神学者は欧米の神学によく学んでいると思いますが、こと子どもの教育については（ついでにいえば信徒教育についても）、あまり学んでいないのではないでしょうか。

私は基本的に教会員の子どもたちは、ある年齢に達したら信仰告白の準備をするべきだと思います。もちろん強制はできませんが、思春期の初期にいる子どもは、自分の人生の拠り所を求め、信仰をもつ親への尊敬があれば積極的に応じるでしょう。その場合、どのような教育プログラムを準備するかは、教会学校の教案以上に重要ではないのか。最高の頭脳を結集して、神学者、牧師、信徒が協力して良いものを作ることは、かならず良い結果を実らせることでしょう。日本の教会員は一代目のクリスチャンが多いわけですから、いわば恋愛結婚して教会員となったようなものです。しかし、子どもに同じような経験を求めるのは無理な注文と言わなければなりません。安定した教会生活を続けるには、安定したクリスチャンの家庭を築くことを試みなければなりません。そのためには何に気を配るべきなのか。日本の教会はそうした実践指針を準備しているとはいえないのではないでしょうか。

4　檀家を抱えた教会？

異教社会の日本の信徒にとって、信仰の継承が古くからの問題であったとすれば、日本の教会も一〇〇年を超える歴史を経て直面することになった問題があります。曲がりなりにも日本社会の中に定着した日本の教会は、日本人の通過儀礼としての宗教行事を引き受けるようになってきました。キリスト教式の結婚式を望む女子学生は六〇パーセント程いるといいますが、七五三の時期に少年少女祝福式をやる教会も多いのではないでしょうか。それに信徒以外の結婚式だけでなく、信徒以外の葬式も積極的に引き受けたらよいのではとの提言もあります。

それはともかく、日本の教会は歴史を経るにつれ、多くの人を天に送ってきました。すなわちそれは、召天した信徒の遺族を多く持つようになったということです。遺族は伝道の重要な対象ですし、教会の檀家に近い存在ともなります。イースターや聖徒の日には積極的に案内を送り、礼拝に招く教会も多いことでしょう。しかしそうなりますと、教会も葬式仏教に近い役割にならないとも限りません。あるいは死者に対する対応の仕方が、知らず知らずのうちに、伝統的な日本の宗教意識に近づいていく面も出てきます。それはマイナスだけではないとも思いますが、キリスト教的信仰の立場から見てどうなのかという課題はあります。遺族を招く折など、教会堂に数多くの遺影を大々的に飾るところもあります。私は教会堂に遺影を飾ることには抵抗がありますが、その辺りの神学的な判断も必要ではないでしょうか。

また、知らず知らずのうちに、日本的な組織運営の知恵が教会に入り込むことにもなります。長年長老として教会に仕えた信徒が、教会の改修工事に貢献したとして教会から感謝状を受けたとか、あるいは、最近気が付いたことですが、教会学校の奉仕にも永年勤続の表彰などがあるようです。永年勤続表彰は日本の会社経営の知恵として出てきたものです。教会学校の教師はそれを励みになされてよいものでしょうか。教会学校の教師は努めて若い人に積極的に担ってもらい、回転をよくすべきではないでしょうか。小さな事のようですが、小さな事の積み重ねが日本の教会の伝統を作り上げていきます。明治のはじめ、日本の教会はその存在自体が日本の文化や社会への挑戦でした。日本の教会は土着化しなければならない。しかし、土着化は埋没の危険を伴っています。

八　むすび――教会改革と伝道

現在、日本の政治では失われた一〇年という言葉がしばしば使われます。これはバブル崩壊後の日本経済の停滞一〇年を意味する言葉で、これに対して聖域なき構造改革が叫ばれています。政治制度、行政制度を構造改革し、再び経済的活力を取り戻そうというのです。それを真似ていえば、教団の現状は失われた四〇年です。この四〇年、戦後民主主義の時代が終わりかけた時期から、教団の教会は成長を止め、停滞に陥ってしまいました。それが当たり前の現状になり、ようやく最近ことの深刻さが身に沁みて感じられ、多くの人が取り上げるようになりました。では、構造改革はどのようになされるのでしょうか。構造改革を教会に当てはめれば、教会改革に他なりません。では、日本の教会はどのように改革しなければならないのでしょうか。

もちろん、教会は御言葉に従って絶えず改革されなければならない。教会改革としてはそれが本筋の議論ですが、本日私がレイマンの立場から、やや角度を変えてお話したことは、これまでの停滞が不安定の安定であって、いわば生活習慣病であることを自覚することでした。教会財政の基準ひとつとっても、日本の教会は決して安定したものとはなっていないのです。比較的うまくいっているように見える場合でも、内向きの教会となって、教会員のための教会となっていることはないのか。日本の教会は堅固な教会のヴィジョンを持ち、そのために戦略を練り、力を合わせ、目標を実現していかなければなりません。教会改革なき伝道では、結局は砂の上に建てた教会になってしまいます。では、どこから手を付けたらよいかとなると、たいていの人は途方に暮れるのではないでしょうか。教会改革などと中途半端にいい出したら、これまでの不安定の安定すら失われる危険があるからです。

堅固な教会の建設という路線を着実に歩むことは、教会の外への働きかけを忘れて良いということではありません。教会の建設は内側ばかり向いてできることではありません。現状の教会を改革しようとすると、離れていく人が多数でて縮小する可能性があります。そうではなく、教会改革とは内向きの教会を外向きにし、過去向きの教会を将来志向にすることを意味します。教会が世俗から離れた避難所になるのではなく、世俗に立ち向かう拠点になることが望ましいのです。教会改革はこれまでの教会の歩みの中から、そのような実績、動き、志向を発見し、伸ばすことでもあります。また教会の外にも、プロテスタント的な文化を掲げたさまざまな社会事業があります。学校、病院、社会福祉施設などが頭に浮かびますが、それらの活動について実績と問題点も視野に入れながら、今日におけるプロテスタンティズムのミッションを再確認することも重要です。

プロテスタンティズムのミッションという点では、教会と社会の接点になるのは社会的職責を担う職業人ではないでしょうか。もうだいぶ前、新共同訳聖書ができたとき、カトリックで宣伝文を書いていたのは遠藤周作で、プロテスタントでは日野原重明でした。つまり、知的専門職として権威をもつ方々だったわけです。教会関係者は日野原医師についてその人柄、考え方など、ずいぶん前からよく知り、尊敬をもっていたと思います。しかし、日野原さんの存在がこれほど世間の注目を浴びるとは誰も想像しなかったことでしょう。教会はまだまだ内に秘めたたくさんの資源を活用していないし、発見してもいないのではないか。

先日、戦後の教会の中では大変成功したと目される教会の長老さんとお話をしました。そちらの教会はどのようにして成功したのですかと尋ねたところ、答えは「小さな努力の積み重ねです」ということでした。これは言い換えれば、小さな事を揺るがせにしないことでもあります。一発ホームランを狙っても決して教会は前進しないでしょう。ひとつひとつの小さな事柄を教会的に正しく吟味して前進することが必要ではないでしょうか。それなら上手下手はともかく、誰にでもできることです。もう一人、やはり成功した教会の役員をしている方に同じ質問をしてみました。その方は、「たしかに成功したかも知れませんが、私は教会でいろいろ醜いことも見てきました」と答えられました。私はこの答えにも感銘を受けました。教会の中に起こる問題、醜い事柄にきちんと向き合ってこられたことがわかったからです。教会内のタブーをそのままにして教会は成長できません。これも考えるべき言葉ではないでしょうか。

私の最初のプランからしますと、この最後の部分を独立させてもっと立ち入って考えてみたかったのですが、予定の分量を大幅に超えてしまいましたので、あわただしいまとめとなってしまいました。実は今日は私にとっては小さな喜ばしい偶然がありまして、神様のお恵みで、私の著作『ピューリタン牧師バクスター――教会改革と社会形成』（教文館）が本日刊行されたのです。私は若いころは教会形成といったテーマは考えたことがなかったのですが、年を取るにつれて多少は貢献しなければならないと自覚するようになり、教会形成に関心のある方に読んでいただけるようにと書いたものです。もしも、この本がすでに出版されていれば、関係させてお話ししてもよかったのですが、本日は積極的に触れることはしませんでした。しかし、それを読んでいただきますと、今日私が申し上げたことの参考にもなると思いますので、宣伝も兼ねて最後に一言申し上げる次第です。ご清聴ありがとうございました。

（二〇〇五年一月一八日、於・東京神学大学）

第10章　神学なき社会科学、信仰なき市民社会

――近代日本への一視点

一　はじめに

今回は、伝統あるキリスト教文化学会に招かれ、お話する機会を与えられまして、大変光栄に思います。共通する主題が「キリスト教と社会科学」でありまして、私も一プロテスタント社会科学者として、いつかは取り上げてみたい主題なのですが、こんなに早く依頼を受けるとは思っていませんでした。本来は適任ではないのですが、これをお断りすれば、永久に機会がなくなるかも知れませんので、あえて出てきた次第です。ただ、この主題につきましては、社会哲学者でも組織神学者でもない私には、とても体系的・総合的にお話することはできませんので、日頃私が考えている問題のいくつかを提起して、討論の糸口にしていただけたらと思う次第です。

今回の研究会は、前回のキリスト教主義大学に関する議論を受け継ぐものと承っております。

前回の議論は、国際基督教大学（ＩＣＵ）の古屋安雄先生の『大学の神学』を出発点とするものであったとも承っているのですが、私もこのご本は大変興味深く読ませていただきました。実は私は一九七〇年前後にＩＣＵのキャンパスで過ごした者ですので、古屋先生のこのご本をどうしても、あの大学紛争に対するひとつの総括のようにも読んでしまいます。一九七〇年から二十数年経ってひとつの大学論が出た。当時の学生としては何もレスポンスしないで済ませられるものではありません。今回私が不肖を省みずお引き受けした動機には、そうしたものもあります。

『大学の神学』で私がもっとも興味を引かれたのは、プリンストン大学の歴史です。一八世紀に長老派のリヴァイヴァルの中からカレッジ・オブ・ニュージャージーが生まれ、スコットランドの著名な学者であり説教者であるウィザースプーンを招いて徐々に大学としての体裁が整えられていきました。一九世紀の前半には、神学校が大学院レベルでの専門教育機関として大学から分離し、一九世紀の後半には、やはりスコットランドからマコーシュを招いて、小さなカレッジから脱皮し総合大学への道を歩んでいくことになります。興味深いことに、二〇世紀の初頭、後に大統領となるウッドロー・ウィルソンは、聖職者ではない最初の学長となったそうで、その下で保守的な聖職者の支配から自由になるために「非宗派的機関」となり、理事会の主要メンバーとして、聖職者に代わって富裕な卒業生、ビジネスマンが入り込んでくることになりました。

この本で非常に驚かされたのは、現在の学長はユダヤ人、ユダヤ教徒であることです。今日のアメリカでは宗教多元主義が非常に進んでいて、大学の行事すなわち「入学礼拝とか卒業礼拝、そして教職員逝去者の追悼記念礼拝などはいわば宗際的（interreligious）礼拝であり……礼拝堂の正面に安置されている十字架をたれ幕で隠し、キリスト教のシンボルとしての聖餐用のカップと、ユダヤ教のローソク立てを並べて置く。さらに聖書は『イエス・キリスト』の名が出てこないところ、ほとんど旧約聖書が読まれ、讃美歌も『イエス・キリスト』というところは『神』とか『主』に変えられ、祈りにも『イエス・キリスト』の名は用いられない[1]」とのことです。古屋先生は六〇年代後半に『キリスト教国アメリカ』をお書きになっていますから、その間のアメリカの変貌は目覚ましいわけです。また、大学の非キリスト教化という点から言えば、どうも今世紀初頭のウィルソン学長の頃がひとつの節目となっていることがわかります。

それはともかく、『大学の神学』では一貫して、大学、学問とキリスト教はどのような関係であり得るのかという問題が、アメリカの大学史に即して考察されているのですが、キリスト教と学問、特に社会科学という問題はまた、近代日本史の文脈でも検討されるべき課題をなしています。それは、今日の日本のキリスト教主義大学がアメリカの大学の伝統を継承して始められたから、その後の日本における展開はどうであったかを知らなければならない、というだけではありません。欧米における学問が、キリスト教信仰あるいは神学部との深い関わりの中で展開されてきたのに対して、日本においては学問、科学一般は、最初から非宗教的なもの、しばしば反宗教的なものとして受け取られてきたのでした。したがって、そうした日本の学問共同体の中で、そもそもキリスト教と社会科学との内的関連という問題設定がどのような意味を持ち得るのかを問わなければならないと思うのです。

二　フランシス・ウェーランドと福澤諭吉

ところで一九世紀アメリカの、いわばプロテスタンティズムと大学が幸福に共存していたころの代表的な大学人に、ブラウン大学の学長フランシス・ウェーランドという人物がおります。ご存じの方も多いと思いますが、ブラウン大学は今日アイヴィーリーグに属する名門校ですが、その前身は、一七六四年にバプテスト派によって設立された北米植民地七番目のロードアイランド・カレッジです。ウェーランドは、イングランド系アメリカ人の二世で、実業家で後に牧師となった父を持ち、苦学しながら医学を志し、後にやはり父と同じく聖職者となり、ボストンの第一バプテスト教会の牧師を務め、その後ブラウン大学の学長に迎えられ、長期にわたってその職にありました(2)。

一九世紀初頭のブラウン大学は、卒業生は毎年二五名ほど、教員も学長、教授、講師を入れて五名程度だったといいますから、まさしく小規模カレッジというか日本でいう塾のようなものでありました。したがって学長であるウェーランドの授業の負担も大変なもので、道徳哲学、精神哲学、修辞学、文芸批評、生理学、経済学と幅広く教えなければならなかったようです。当時のアメリカのカレッジでは、学長が最終学年に道徳哲学を担当して、ジェントルマン養成の仕上げをするのが普通でありました。道徳哲学のテキストとしては伝統的にイギリスのものが用いられ、フランシス・ハチスン――この人物は後に触れますがアダム・スミスの先生に当たります――などが用いられましたが、フランシス・ウェーランドはアメリカ人として『道徳学原理』（*The Elements of Moral Science*）を著しており、これはなかなか評判がよかったらしく、初版は一八三五年ですが、それ以後四〇年にわたって生命力がありました。

ウェーランドはまた経済学の教科書も残しました。一九世紀初頭のアメリカのカレッジでは道徳哲学を担当する聖職者がしばしば経済学も担当し、経済学史の上でも牧師派経済学、経済学の聖職者学派（clerical school）と呼ばれるほどで、一八三七年に刊行されたウェーランドの『政治経済学原理』（*The Elements of Political Economy*）はその代表的な書物なのです。[3] このようにウェーランドは、信仰と人間学と経済学を一身に体現していて、キリスト教と社会科学という主題からはまことに注目すべき存在なのですが、ここで取り上げたのは、一九世紀の標準的なアメリカの教科書であったウェーランドの著作が、日本の経済学にとっても重要な出発点となったからです。

福澤諭吉といえば、明治日本を代表する啓蒙思想家ですが、維新以前に三度欧米に渡航した経験をふまえ、兵学と医学から始まった西洋文明への関心を社会制度全般に広げた点で注目されます。その福澤は西洋文明の学び方という点でも工夫をこらし、比較的平易な教科書類をうまく使っております。例えば当時福澤は、今日風にいえば生涯学習用に出版された、エディンバラのチェインバーズ社の経済学および道徳読本を読んで、前者は『西洋事情』で紹介し、後者は『童蒙教え草』として翻訳までしております。そして彼はウェーランドの経済学と道徳学の二著にも注目しているのです。ちなみに、上野の森で官軍と彰義隊が戦っていた折、福澤が意を決して塾での授業を続けたことは有名なエピソードですが、そこで読んでいたのがウェーランドの経済学で、聞くところによりますと、慶応義塾ではこの五月一五日を「福澤先生ウェーランド経済書講述記念日」と呼んでいるそうです。

福澤がウェーランドからどのような影響を受けたかという点については、いろいろと研究もあるのですが、例えば[4]『学問のすゝめ』のある部分はウェーランドの道徳学の翻訳に近いことが指摘されています。たしかに、有名な「天は人の上に人をつくらず、人の下に人をつくらず」がアメリカ独立宣言に由来するなど、ウェーランドに限らず福澤にはアメリカ思想の影響が見られ、『学問のすゝめ』にはしばしば「造物主」なる言葉も登場しております。しかし福澤は、キリスト教信仰と人間学・道徳学と経済学を一身に体現したウェーランドに深く学びつつも、その中のキリスト教は取り除いていました。アメリカ思想史の文脈では、二〇世紀の初頭から顕在化してきた「神学なき社会科学」が、日本の近代思想史の文脈では、その初発から前提とされているのです。

三　福澤諭吉における「文明の精神」とキリスト教

福澤には、キリスト教に好意的だったことを窺わせる面もないではありませんが、原理的にいえば福澤は、キリスト教抜きで西洋文明を日本に導入しようとしています。しかしそれは、福澤が排外的な心情を持っていたからではありません。また、佐久間象山とか横井小楠といった、幕末の先覚的な儒者のように、東洋道徳・西洋芸術（技術）といった、道徳・精神における東洋主義と科学技術における西洋主義という二元論に立っていたのでもありません。福澤は日本の文明化を論ずるに当たって、「文明の事物」ではなく、「文明の精神」の導入こそが重要だと力説していました。つまり、西洋文明の成果である外面的な利器の導入ではなく、伝統的な日本人の内面的・精神的な革新が必要であると見ていたのです。しかし、その「文明の精神」からはキリスト教は除かれていました。

福澤は「文明の精神」を、人民の気風であり、また智徳の向上である、と捉えていました。日本の人民の懐深くに、従来は欠如していた数理学、すなわち科学的な精神が浸透すること、また人間性においても、従来は依存心に傾きがちだったけれども、独立心をもった優れた人間的資質を身につけることが必要と考えたのです。その場合、福澤は知識の働きをより積極的に評価することになります。『文明論之概略』には、智徳の弁、智徳の区別を論じた部分があるのですが、そこでは知識の能動的作用が語られています。古来不変の徳目を個人が内面的に保持することが道徳であるのに対して、積極的に外部の事柄を判断するのが知識であって、ある場合には一人の知識が全世界を一変させる働きをもつといいます。知識は日々進歩し増加していくし、学習と試験によってより広い人々に伝えられて行く。福澤はそう考えた上で、文明にとって双方が不可欠であることを認めつつも、知識をより重視したわけです。

福澤のこの知識重視には、二つの論敵があったと想定されます。(5) 第一は伝統的な徳義主義で、学問といえば道徳の教えととる考え方です。これは今日でも学校教育における知育偏重を批判する立場として脈脈と生きているわけですが、ここで想定される徳育とは、伝統的な儒教の教えです。第二の論敵は、キリスト教的な道徳論でした。明治の初年には日本の文明化論の一系譜として、後に現れる熊本バンド―同志社の陣営に見られるように、文明の宗教としてキリスト教を導入しなければならないとの考え方がありました。それに対して福澤は、それも一種の徳義主義であり、重要なのは知識の方だと語っています。しかしこの場合には、キリスト教はたしかに文明国の宗教であるという現実があったわけで、そのことをどう考えるのか。結論的に言いますと、福澤はキリスト教抜きで文明化が可能であると言うのですが、福澤はこの問題を、きわめて冷静に分析的に議論しております。

福澤の議論を私なりにまとめますと、第一にキリスト教を基盤とする西洋の道徳と、神儒仏を基盤とする日本の道徳の間には、それほどの差異はないといいます。キリスト教と神儒仏の説くところは同じではなくとも、「其善を善とし、悪を悪とする大趣意に至りては大に異なることなし」というのです。日本の伝統教育を受けた人物に十戒を示したとして、神に対する義務である第四戒まではともかく、人に対する義務である第五戒以下については、ほとんど知らずして実行しているものとされるであろう、とも述べています。十戒も五倫の教えも、いわば古来不変の人類の道徳を示すものと考え、日本人の徳性を向上させるのに、必ずしもキリスト教は必要ではないだろうということです。この議論をより攻撃的に表現すれば、キリスト教国を自認する西洋諸国の悪徳には凄まじいものがあり、あるいは道徳的には日本社会の方がよいかも知れないという主張ともなります。

日本のキリスト教化に否定的な理由として、福澤は第二に、キリスト教は西洋列強の宗教であることから、日本の独立にとって危険であると考えます。これは『時事小言』の中で展開されている議論ですが、たしかにキリスト教は隣人愛を教え、地球上の人間がすべて兄弟であることを教えるが、地球の現実は国々の封建割拠、いわば戦国時代の様相を呈している。各国が独立と拡張を競っている中で、日本が独立を保持するには、かつて外国勢力に一度も侵略されたことがない――これを金甌無欠というのだそうですが――という誇りに基づいて、一致団結してことに当たらなければならない。そこに強国の宗教が蔓延してくることは、たとえそれがいかに素晴らしい教えであったとしても、日本の独立を危うくする要素があるというのです。

このように、日本人の伝統的な道徳はその内容において普遍的であり、その実行において劣るところはなく、国民の一体性を損なわない利点があるから、ことさらキリスト教を導入することは必要ではないというのですが、さらにもう一歩踏み込んで、第三の理由として、西洋文明それ自体にとって宗教は必ずしも積極的な役割を果たしていない、という判断がありました。すなわち、キリスト教はたしかに文明国の宗教ではあるが、キリスト教が文明化を積極的に推進したのではなく、むしろキリスト教が文明化されているのだ、というのです。「宗教は文明の進歩によって其趣を変ずるものなり」、キリスト教にあっても初期はもっぱら「虚誕妄説」を唱えていたが、人智発生に伴ってその性格を変えてきている。そうした観点からいえば、プロテスタンティズムとは知識進歩に適合した宗教だということになります。つまり、ここでは文明の推進力は知識であって、その知識によって宗教もまた変化していくと捉えられたのです。そうである限りにおいて、日本の文明化のために必要なのは知識であって、宗教ではないと結論づけられることにもなります。

福澤が『文明論之概略』を構想するに際して、ギゾーの『ヨーロッパ文明史』、バックルの『イングランド文明史』の影響を受けたことはよく知られています。宗教改革を文明化された宗教とみなす福澤の見解も、このギゾー、バックルに遡るといえます。ギゾーは一九世紀フランスの穏健な自由主義者であり、彼自身プロテスタントの背景をもち、近代社会の成立に対するプロテスタンティズムの意義、したがってまた一七世紀のイギリス革命の意義に注目した人物でもあります。そのギゾーも宗教改革について、「人間精神の自由の一大飛躍であり」、「人間の思考を解放しようとする大きな企図」であると述べています。ギゾーは人間精神の自由の発達の一大モメントとして宗教改革を位置づけているわけで、それに倣って福澤は、宗教改革運動の中に「文明進歩の徴候」が見られるとしたのです。

したがって、福澤がキリスト教抜きの日本の文明化を志したことは、一面では福澤が私淑したヨーロッパの思想家の判断に従ったものです。ギゾー自身がそうした問題を問われた場合どう答えるかはともかく、福澤の場合、そのように文明と宗教を捉えた結果、日本においてキリスト教抜きの文明化を推進することとなったのです。近代日本の知識人、社会科学者は、神学抜きで社会科学を構想すること、信仰抜きで市民社会を構想することを常識としております。むしろ、そのことを問題とすること自体が、キリスト教という信仰を持つがゆえの偏見ある感情的な議論であると受け取られる場合が多いのです。ともあれ、そうした近代日本の知的伝統は福澤諭吉のものであり、またその淵源を辿ると一九世紀の自由主義的思想に行き着くのです。

四　スコットランド啓蒙における道徳哲学と経済学

一九世紀アメリカの古き良きカレッジを象徴するフランシス・ウェーランドは聖職者にして学長であり、道徳哲学と経済学にスタンダードな教科書を残しました。これに対してウェーランドに学んだ慶応義塾の創始者福澤諭吉は、キリスト教抜きに西洋的知識を学ぼうとしました。これにはどこに問題があるのか。福澤が正しいとした場合、ウェーランドのキリスト教は道徳哲学や経済学にとって受動的な意味しか持たなくなるのですが、それで良いのか。こうした問題を念頭に置きながら、今度はウェーランドから遡って、スコットランドの道徳哲学に触れたいと思います。アメリカでウェーランドの道徳学の教科書以前によく用いられたのが、フランシス・ハチスンの道徳哲学体系であることはすでに指摘しました。自然神学、道徳哲学、法学、経済学を含むその体系は、実は経済学の父と呼ばれるアダム・スミスの出発点でもあったのです。

フランシス・ハチスンはいわゆるスコッチ・アイリッシュ、すなわちスコットランド系アイルランド人牧師の家系の出身です。ハチスンはアイルランドで生まれ育った後、グラスゴー大学に進み、卒業後も神学専攻生として研究を続け、牧師補（Probationer）となります。その後、ダブリンのディセンティング・アカデミー――といってもこれも塾のようなものですが――の教師となり、母校グラスゴー大学の道徳哲学教授として迎えられました。教師としてのハチスンの活動は革新的であったようで、彼はスコラ学的な、テキストにラテン語でコメンタリーを付けていく授業ではなく、英語で講義を行いました。しかも話し方やマナーもさわやかで聴衆にいつも良い印象を与え、道徳的な義務や徳性を情熱をもって語り、教授にして説教者という二重の役割を果たして大きな影響を与えたのです[6]。

スミスはハチスンの次の次の後継者として、グラスゴー大学の道徳哲学講座を受け持ちました。スミスはエディンバラの対岸の小都市カーコーディの出身で、グラスゴー大学で学び、卒業後はスネル奨学金――これはもともとは監督教会の聖職者養成のためのもの――を受けてオクスフォードに留学します。その後スコットランドに戻り、エディンバラ大学での公開講義によって評判を得て、グラスゴー大学に迎えられたのでした。当時の学生によりますとスミスの道徳哲学講義は次の四つの部分にわかれていました。

第一部は自然神学であった、ここで彼は神の存在と属性の証明、および宗教の根拠たる人間精神の諸原理を考察した。第二部は厳密な意味での倫理学であって、ここで彼が主として述べた学説は後に『道徳感情の理論』として公刊されたものである。第三部では、彼は徳性のうち正義に関連する部門をやや詳しく取り扱った。……この問題については、彼はモンテスキューから示唆を得たと思われる案を踏襲した。即ち、公法・私法両面にわたって法が未開野蛮な時代からもっとも洗練された時代に至るまで漸次進歩してきた様を跡づけ……〔第四部の〕最後の部分では彼は政治的規制を検討したが、彼によればそれは正義の原則ではなく、便宜の原則の上に立つものであり、その意図は国家の富と力と繁栄であった。(7)

すなわち、スミスの講義は自然神学、倫理学、法学、経済学の四部構成をとっていたというのですが、この法学に関しては、学生による講義ノートが発見されまして、そこから第四部、後に『国富論』としてまとめられる経済学の萌芽が含まれていることが知られています。ともあれ、これをスミスの社会科学体系の原型としますと、それを遡れば一九世紀の初頭までアメリカでも用いられた、ハチスンの『道徳哲学体系』に行き着くことになります。しかもこの事実は、経済学が道徳哲学体系として位置づけられ、また道徳哲学体系は自然神学を基礎としていたことを示唆するのです。その意味で、スミスの社会科学体系はキリスト教神学との深い関わりから発生したのですが、それをどう評価するかという点で、すぐに福澤の場合で見た問題に直面することとなります(8)。

最近の研究史では、一八世紀のスコットランド思想はスコットランド啓蒙として取り上げられていますが、その特徴は「学識や徳性への愛好、理性と科学への信頼、……勤勉と物質的改善への尊重、ある種の世俗的歓びや楽しみへの関心……宗教的熱狂主義や迷信への不信……」といった点にあるといわれます。また、スコットランド啓蒙を支持したスコットランド教会の穏健派は、説教の主題として社会的義務に偏り、その論拠は理性的推論であり、聖書よりも古典古代の著者を権威としたともいわれています（ちなみに、こう穏健派を批判したのは、プリンストン大学に招かれてアメリカに渡ったウィザースプーンその人で、彼はこの穏健派の批判者である民衆派に属していました。スコットランドの民衆派はアメリカ植民地の同信の者を積極的に支援したのです(9)）。とすれば、スミスの社会科学体系も、神学思想を母体としたことよりも、そこからどのように離反したのかに注目しなければならない、スミスにおいては信仰ではなく理性が、啓示的な直観ではなく経験的観察が重要ではないか。この主張にも根拠があることになります。

五　スミスにおける人間と神　その一

たしかに、ハチスンとスミスを読み比べてみると、スミスはハチスンの基本構想を受け継ぎつつ経験的方法をより徹底させ、自己の社会科学を作り上げていったことがわかります。その結果、できあがった形から見ますと、倫理学である『道徳感情の理論』も、経済学である『国富論』も、ひとつの完結した体系となっています。スミスにおいては、法学にしろ経済学にしろ、ハチスンが構想した自然神学的な調和の体系からはみ出し、特定領域の社会理論として自立しています。スミスはあくまでも経験的な事実に基づき、人間生活のある局面について、相対的に自律的な領域、学問世界を作り上げたのです。それはまさしく社会諸科学の成立を意味することですから、それを神学思想に引きつけて捉えることは、むしろ社会科学を幼年時代に引き戻すことにならないか、という疑問が生じてくるのです。

これに対してどのように答え得るか、これは私にとっては、実に頭の痛い難題なのですが、スミスの『道徳感情の理論』を手掛かりに考えてみたいと思います。この『道徳感情の理論』における道徳感情、すなわちモラル・センチメントは、人間行為に対応するものと考えられています。つまり人間は社会生活において事柄の是非を判断して、道徳判断によって自己の行動を方向づける、理論とはそうした人間行動のあり方に一般的な説明を与える試みであり、『道徳感情の理論』

とは、人間行動の理論と読み換えることができます。スミスが人間行動をどう捉えたのか、そしてその場合、神の問題、宗教の問題をどのように位置づけたのか、こうした点を考えてみたいのです。

ところで、スミスは道徳判断の基礎、人間行動の基礎にあるものは、他の論者がいうような利己的な衝動でもないし理性的な判断でもない、あるいはモラル・センスといった特別な道徳感覚でもないと考えます。スミスは、人間は社会生活の経験を通して胸中に良心の声を宿すようになるといいますが、基本的な人間的経験として、相互の共感という、いわば社会的本能があると考えます。スミスはこの共感（sympathy）とは何かを、二人の人間関係のモデルで説明しております。例えば、ここに悲しんでいる人がいるとして、それを見た人はどういうわけか同じように悲しい気持ちになる。喜んでいる人に出会うと、こちらも喜ばしい気持ちになる。最初の人を当事者と呼び、つぎの人を観察者と呼ぶとして、観察者は、それがどのようなものであれ、当事者の感情を自分のものとしようとする傾向があるというわけです。

スミスはそこに第一に、想像上の立場の交換が起こると考えました。つまり人は、悲しんでいる人を見るとどうしてもその人が直面する状況、立場に自分の身を置いて、自分がその人であるかのように振る舞うというのです。重量上げのテレビを見ていた人が、つい選手の立場に身を置いてしまって、腰を傷めることがあるそうですが、人間の社会的な本能として、相手といいますか、当事者といいますか、その人の立場になり代わる傾向があるというのが、想像上の立場の交換です。そして第二に、当事者とまったく同じではなくとも類似の感情を抱くようになるのです。歯が痛い人を見れば少しは自分の歯も痛いような気になってしまいますし、顔を紅潮させて語るプロ野球のヒーローを見れば、自分も興奮して幸福な気分になるのです。ところでスミスは、人間はこのように相手の立場を気づかい、相手と類似の感情をもつ傾向があるのだが、現実にそうした経験をするとき、すなわち当事者の抱く感情を観察者も共有するとき、もうひとつ別の特別な喜びの感情が沸き上がると考えています。

当事者の抱くオリジナルないわば原本的な感情と、観察者の抱く共感的感情が、完全に一致することはなくとも、それなりに一致した時、両者の心には特別な満足が沸き上がる。スミスはそれゆえ、友人は喜びを倍にし、悲しみを半分にするといいます。自分の立場に感受性豊かについてきてくれる友人は、喜びにつけ悲しみにつけ、自分の感情を共にしてくれるからです。そうした特別な友人ではなくとも、人間の社会生活は人間相互の共感の経験によって支えられるのですが、スミスは人間の道徳判断の原則、したがって人間の社会的な行動の原則は、その共感の経験を基礎にしていると考えます。というのは、人間は社会生活の経験を通して、ある状況において、どの程度の感情と行動であれば他者が共感してくれるのか、ついてきてくれるのかを知るようになるからです。

ちなみに、スミスは経済行動を「利己心」で説明したというのが通説ですが、私はむしろその場面でも共感を重視したいと思います。と申しますのは、たしかにスミスは『国富論』の冒頭の部分で取引の際には、「私の欲しいものを下さい、そうすればあなたの望むこれをあげましょう」という具合に、相手の「利己心」に呼びかけるといっているのですが、この場合にも、では相手がどのような物を欲しいのかを知るのは共感の働き、すなわち想像上の立場の交換を前提としていますし、等価交換であるためには相手がどれほどの労苦を費やしてそれを生産したかの判断が必要であり、そこにもまた共感の働きが前提とされているからです。つまり、取引は「博愛心」ではなく、「利己心」だとスミスがいっているのは、取引が施しではないという意味であり、相互にとって利益となる取引は、素材的にも価値的にも、相互の立場の交換、共感作用が前提となるのです。

それはともかく、スミスは人間の行動様式を説明するのに、「公平な観察者」という視点を持ち出します。たしかに、個々のケースでどのような感情が適切であるかは人によって異なり、人によって甘かったり厳しかったりするのですが、しかし社会的経験の積み重ねは、ある種の基準を教えるようになる。こうした判断をする人を、スミスは「公平な観察者」、「第三者」と呼び、ある場合はこれを「胸中の人」、「良心の声」とも呼んでおります。したがって、人々は個々の状況において、「公平な観察者」の視点を意識し、「公平な観察者」であれば共感してくれるであろう感情――この感情は単なる衝動的な感情ではなく、社会化された感情であり、したがってまた道徳感情（モラル・センチメント）なのですが――をもって行動するというのです。当事者であれば自己の感情に対して自制心を働かせ、観察者としては他者の感情に感受性を持つこと、これが社会的人間の基本的な態度でありました。

六　スミスにおける人間と神　その二

ところで、スミスが人間の社会的行動の原則をこのように理解する上で、それをあくまでも人間本性、人間的自然、社会的本能から導いていることが注目されます。すなわち共感の作用は、未開社会にも文明社会にも通用し、キリスト教以前のギリシア・ローマの古典に描かれる世界にも、スミスと同時代の経験にも妥当するものであったのです。むろん、あらゆる時代を通じて人間の行動様式は同じであるというのではなく、社会状況に応じてマナーの差はあると考えられました。しかしそれにしても『道徳感情の理論』では、人間の普遍的な行為のあり方が説かれているると言えます。スミスがあくまでも経験的事実や社会生活の観察を基礎に議論を導いていること、別言すればキリスト教世界というよりも、普遍的な人類社会を念頭に置いていることは、スミスをキリスト教神学から脱却している思想家として解釈する立場にとって有利なのです。

『道徳感情の理論』の冒頭には、隣人愛と、共感的経験から生ずる「自然の勧告」とを対比している部分があります。

自分自身を愛するように自分の隣人を愛することがキリスト教の偉大な律法であると同じ

く、われわれが隣人を愛する以上に自分自身を愛してはならない、あるいは、これと同じ意味であるが、隣人がわれわれを愛する以上に、自分自身を愛してはならないということは、自然の偉大な勧告である。(10)

あらゆる場面において、「公平な観察者」の眼で見て行動することは、常に自己と隣人とを置き換えることができることであり、自然の共感の法則はそうした行動を取ることを求める、これをスミスは「自然の勧告」と呼びます。ではスミスは隣人愛の律法に対して、「自然の勧告」をどのように位置づけているのでしょうか。スミスが隣人愛は不自然なものであり、それに代替すべきものとして「自然の勧告」を打ち出しているとすれば、スミスは非キリスト教的ないし反キリスト教的思想家であるといわねばなりません。しかし、隣人愛の律法と「自然の勧告」とを調和したものとして捉えていると解釈すれば、スミスは啓示と自然とを調和するものと見ていた、その意味で経験的事実から出発する社会科学者スミスは、キリスト教世界を前提しているということができるのです。

私は後者が正しいと思いますが、その第一の理由は、共感本能を持つ人間のあり方を人間の神に対する関係と類比させて捉えている節があることです。例えば、スミスは良心の規制のもとに行動する人間を神と人とに責任をもつ、応答する、申し開きをする存在であると述べています。

人間はこれを責任をもつ存在（a responsible being）と見ることができる以上、道徳的存在であると思われる。然るに、責任を持つ存在とは、すでにこの言葉が明らかにしているように、自分の行為のために、ある他の存在に対して責任を持つ存在であり、従って自分の行為を他の良好な好みに応じて規制しなければならない存在である。人は神に対して、また仲間のものに対して責任を負っている。[11]

すなわち、他者の眼を想定し他者の共感を得るように行為することは、他者に申し開きすることであり、それは神に対して申し開きをしながら行為することと類比して理解されているのです。その意味で、スミスの人間理解は聖書的人間理解と類比的であるのです。もっとも、聖書の立場からいえば、神は人間を神の像として創り、神への応答的存在とした、したがって人間相互にあっても応答的に行動しなければならないのですが、これに対してスミスは、神に対する責任、すなわち神の共感を得ることより、人に対する責任、人の共感を得ることが先行すると考えています。長くなりますので引用はしませんが、自然の創造主は人間に対して、まず人間に責任をとることを教えており、その上で神への責任に到達するというのです。とすれば、スミスの神はあくまでも人間経験から導かれる自然の神であり、理性的に類推される合理的神にとどまる、という問題がまた登場してきます。ただしスミスの人間行動論からしても、スミスは啓示の神、人格的神を呼び求めるモメントを残しています。これが、スミスがキリスト教世界を前提していると考えられる第二の理由です。

人間の通常の行動は、「公平な観察者」、「胸中の人」に申し開きをし、その共感を求めつつなされます。ところが、この「公平な観察者」の視点は、ある場合には、現実の観察者と真向から対立することがあり得るのです。良心が命じることを行おうとする時、現実の観察者はそれとはまったく反対の声をあげる。スミスは現実の観察者のことを、裁判のたとえで第一審といい、「公平な観察者」の判断を第二審と呼んでいます。通常はここまでで十分なのですが、この第二審の声が猛烈な現実の観察者によって掻き消されてしまう場合がある。この時には、さらに上級の法廷に訴えるしかない、というのです。人間は極限的な場合には、全知全能の神の判断、常に誤りなき神への信頼によってかろうじて自己を維持することができる。スミスの想定する人間的自然は究極のところは神的啓示によって支えられているのです[12]。

私はこうした観点から、参考文献にあげた書物で、スミスのいう共感的経験それ自体がプロテスタント的な禁欲、修練の所産といえるのではないか、という議論をしてみました。隣人との立場の交換といっても、それはスミスのいうように社会生活の中から自然に生まれるのではなく、ある種の宗教的訓練の中で培われたものではあるまいか、と考えたのです。例えば、スミスが用いるキーワードに自己支配（Self-Command）というものがありますが、これは内容からいえば、ピューリタニズムの指導者たちがいったSelf-Governmentとほぼ同じ意味で、スミス自身もSelf-Governmentという言葉を用いています。ピューリタンたちは、神の眼から見た自己の生活の規制に努めたわけですが、スミスのいう隣人の眼から見た規制もそうした宗教的基盤の上に生まれた、というのが事実に近いのではあるまいか。こうした視点を、私はヴェーバーの『プロテスタンティズムの倫理と資本主義の精神』の研究の延長上に導き出したのですが、残念ながらオーソドックスなスミス研究者から広く賛同を得ているという状況にはありません(13)。

七　森有正における日本人の経験と二項結合方式

ところで、『道徳感情の理論』の世界が禁欲的プロテスタンティズムに特有な世界を前提としているのではあるまいかという問いは、実は大学院生の頃スミスを最初に読んだ時の直観ですが、その時期、森有正の『経験と思想』を読んでいたからでもあります(14)。アダム・スミスと森有正という組み合わせは、ほとんど想像を絶するものですが、『経験と思想』は、スミスの『道徳感情の理論』と比較できるものを含んでいます。森は「日本人とその経験」を論じるに当たって、日本人の経験は二人の人間関係を定義する、その意味で二項関係になっている、と指摘しています。森が日本人の経験、これを簡単に生き方といってもよいかも知れませんが、日本人の生き方を二人の人間関係から分析することは、先に見た、人間行動のあり方を二人の関係から説明するスミスに似ているのです。二人の人間の間には想像上の立場の交換が起こり、相互の共感が発生するが、そうした社会的経験を通してそれぞれは「公平な観察者」を胸中に宿すことになり、その第三者の判断を内面化して行動する――それがスミスのいう社会的な自我の発生のプロセスでした。

ところが森は日本人の二項結合方式からは第三人称は出てこない、と実に驚くべきことを述べています。その二項関係においては、相互に相手（汝）を思いやって、自分というものがいつまでも汝の中の汝となっている。つまり、私なりに言い換えますと、日本人はいつまでも、双方向から相手に合わせることを考えて行動する。したがっていつまでも汝と汝の関係であって、自分が出てこない、我と汝の関係とはなっていかない。我、すなわち自我を生み出すものとはならず、そこでは個人と社会に辿り着くことはない。日本社会には社会がない。あるのは、さまざまな対人関係の束だけで、それが合わさって日本社会を構成しているというのです。

森によれば、日本人の二項関係は、ひとつには親密性、相互嵌入性という特徴をもっている。ここでは、心の底を打ち明ける、腹を割って話をする関係であり、秘密を共有する関係となり、他者に対しては私的な排他的な関係となる。二項関係のもうひとつの特徴は、二人の関係が対等な水平的関係ではなく、上下の垂直的関係であることです。親子、君臣、上役下役、雇用主と雇人、先輩後輩、こうした既成の社会的な上下関係が基礎にある、といわれます。

森のこの論述は経験科学的なものではなく、言語的分析を基礎としていて、日本語の助詞の使い方、敬語法を通して、また助動詞の機能から説明しています。日本人の人間関係は二項関係の束であるという森のこの指摘は、日本の経済関係の記述としても十分に説得的なものです。例えば、日本の会社間のいわゆる系列取引がまさしくこの二項関係そのものです。上下関係を伴い、他者に対して排他的な取引慣行は、まさしく親会社―子会社と呼ばれるものであり、また企業別組合に見られるように、労働者の連帯自体さえも普遍的な広がりを持たないのです。今日では、日本の系列取引はむしろ経済効率を高めるもので、経済原則に沿っているとの指摘もあります。しかし、以上の分析に従う限り、市場経済の原則とは本質的に異質なものといわざるを得ません。そもそも市場とは、平等ないわば相互に共感し合う者の間に成立する関係であり、市場価格とはまさしく第三者の判断に他なりません。人間関係の中に第三者が発生しない限り、市場価格も発生する余地はあり得ないのです。(15)

この森の分析は、先ほど述べたアダム・スミスの共感論に対するチャレンジといえます。つまりスミスが、人間の社会的自然として、「公平な観察者」、第三者の視点をもとに自己の感情と行為とを方向づけるというのに対して、森は、日本人の経験に照らせばそうではない、日本人の人間関係は和辻哲郎流にいえば、「間柄的存在」として、いつまで経っても二項関係として閉じており、自我と社会という関係には向かわないといいます。森によれば、日本語において三人称を主格にしている文章でも、助動詞の働きによって二人称的関係に包みこまれてしまう。「日本語が本質的に二項関係の内閉性を持っており、そういう意味で閉鎖的な会話語である」、これに対してヨーロッパ語における二人称は、「いつでも、一人称―三人称に変貌することのできる開放的超越的会話語である」といいます。森に従えば、スミスの社会化へと導かれる二項関係は、ヨーロッパ的な思想的・文化的風土に限られることになります。私はむしろ禁欲的プロテスタンティズムの風土とより限定して考えたのですが、それはともかく、スミスのあるいはヨーロッパの社会科学者がもつ基本的前提の限定性を示唆するものなのです。

この森の分析は、スミスがあくまでもプロテスタント的な文化世界の中にあったという議論を、別の角度から裏付けるものなのですが、森の分析はそれに止まらず、さまざまなことを考えさせるものです。スミスが共感の経験を基礎に社会科学を組み立てたように、森のいう二項関係から日本社会分析を組み立てることができるかも知れない。これはいわば積極的な応答ですが、逆に絶望的に見える面もあるのです。なぜなら、森が日本語を基礎にして二項関係を説明した結果、日本語を話す限りそこから抜け出すことはできないとの疑念も生むからです。森の分析が正しいとすれば、日本の社会科学者はどこに自己の発言の足場を求めたらよいのか。日本の社会科学者は三人称的関係――これを市民社会と言い換えてもよいと思います――のない社会、市民社会のない社会にあって、何ができるのか。

ともあれ、森の議論を正当に踏まえる限り、日本の社会科学者は三人称関係―市民社会関係を、いわば社会的自然として、所与のものとして出発することはできないことを銘記する必要があります。つまり、日本の社会科学者は、自己の職分の基礎的部分に、日本社会における市民社会形成に参与することを、意識的な課題としなければならないのです。すなわち、ヨーロッパ文化の中で育まれた市民的秩序なりルールなりを、個々の内面においてもう一度辿り直すことが、社会科学者としても一市民としても求められるのです。しかもそうした局面でこそ、今回のテーマであるキリスト教と社会科学、神学者と社会科学者が協力すべき局面があるのではないか。ここで、ようやく今日の主題を積極的に議論する出発点に辿り着いたのですが、話がいささか抽象的になってしまいましたので、もう一度、日本の社会科学の原点にいる福澤諭吉に戻って考えてみたいと思います。

八　福澤諭吉における市民社会形成と「学者の職分」

福澤諭吉の『文明論之概略』の「第九章　日本文明の由来」には、森有正が提示した日本人の経験の分析を思わせる一節があります。福澤はヨーロッパ社会には権力の多元性があるのに対して、日本社会には「権力の偏重」が見られる、あらゆる人間交際において権力の上下関係が見られるというのです。「ここに男女の交際あれば男女権力の偏重あり、ここに親子の交際あれば親子権力の偏重あり、兄弟の交際にも是あり、長幼の交際にも是あり、家内を出でて世間を見るも亦然《またしか》らざるはなし。師弟主従、貧富貴賤、新参故参《しんざんこさん》、本家末家、何れ《いず》も皆その間に権力の偏重を存せり」(16)。福澤はこの「権力の偏重」をもって伝統日本の「負の遺産」と考えました。すなわちヨーロッパにおいて自立した展開をみせた宗教や学問、経済活動といったものは、伝統日本ではすべて武家政治の中に籠絡されていると見たのです。

しかし福澤の出発点にあったものは、そうした伝統的秩序が音をたてて崩れているという事実でした。とりわけ廃藩置県の後に封建的主従関係が崩れ、伝統的な人間関係を支えてきた道徳的紐帯、モラル・タイもまた失われていった。精神的な空白が生じている、すべてが銭次第の世の中になってしまったというのです。ここに福澤は、日本の文明化というイデーを掲げ、「文明の精神」の啓蒙に乗り出したのでした。その意味では近代日本における市民社会形成の課題は、福澤諭吉によって強く意識されたことでもあったのです。

福澤の文明社会、市民社会のイメージは、「多事の世界」とも表現されています。「人事漸く繁多にして身心の需用次第に増加するに至て、世間に発明もあり工夫も起り、工商の事も忙わしく学問の道も多端《たたん》にして、又昔日《せきじつ》の単一に安んずべからず。戦闘、政治、古学、詩歌等も僅《わずか》に人事の内の一箇条と為りて、独り権力を占るを得ず。千百の事業、並《ならび》に発生して共にその成長を競い、結局は此彼《しひ》同等平均の有様に止《とどまり》て、互に相迫り互に相推《お》して、次第に人の品行を高尚の域に進めざるを得ず。……今の西洋諸国の如きは正《まさ》に是《こ》れ多事の世界と云ふべきものなり[17]」。すなわち、日本の古い体制の特徴が政治的束縛にあったのと対照的に、文明社会においては経済、学問などさまざまな事業が相競いながら併存していること、そこに活発な知力の働きが見られると福澤は言うのです。

ところで、その文明社会における「学者の職分」についても、福澤は一言しています。ひとつは、政府の職分と学者の職分は区別されなければならないということで、政府の職分が「事物の順序を司りて現在の処置を施す」のに対して、学者は「前後に注意して未来を謀る」ことだといいます。すなわち、今の必要に応える、現在の課題に対処するのが政府の仕事であるとすれば、学者は一歩退いて、当の問題の処置を広い視野から位置づけることです。その場合学者は、衆論（パブリック・オピニオン）を導くものとも指摘されています。衆論、公衆とは、まさしく市民社会に他なりませんから、福澤は一方では文明化、市民社会形成を促しつつ、そこで生まれて来る公衆に語りかけつつ歩むことを自己の課題としたのでした。

九　国家という超越とその限界

ここで再びキリスト教の問題が発生してきます。このようにキリスト教抜きで西洋文明を受容した福澤が、市民社会形成に取り組み、「学者の職分」を語るとすれば、そこにキリスト教が欠如していることで、どのような問題が生ずるのでしょうか。洋学をイロハから始めた福澤を今日の研究水準から安易に批判することはできませんが、福澤は市民社会論と宗教の接点を検討していないということは指摘できます。先に述べましたように福澤は、ギゾーやウェーランドを手掛かりにして、文明社会論や職分論を組み立てているのですが、ギゾーやウェーランドにおいて当然の如く前提とされていた、宗教的背景について十分な配慮はありませんでした。

例えば、今引用した『文明論之概略』の一部の、「多事の世界」のさまざまな分野で活発な活動が展開していくという下りですが、さまざまな領域で発展があり、人々の知的能力の開花がおこる、すなわち社会と人間が共に進歩をしていくことを福澤はギゾーに学んでいます。そのギゾーの論述を受けて、それが実現するのは、「造物主の深意というも可なり」と述べています。あるいは、「学者の職分」という場合の職分という言葉ですが、これはウェーランドの duty の訳語と考えられます。『学問のすゝめ』では、「政府の職分」、「人民の職分」などとも使われますが、この部分ははっきりとウェーランドを参照しています。ウェーランドの場合には、まず第一に神への愛、神への義務、職分が問題とされていました。しかし、福澤は神への職分には触れずに、市民社会の職分を問題としています。

仮に、福澤がこの市民社会を支える職分論を発生史的に理解していくとき、どうしてもキリスト教、というよりもプロテスタンティズムの思想に直面しなければならなかったはずです。しかし、福澤はその問題に取り組むことはしませんでした。福澤がそうしなかった理由として、先に述べたようなキリスト教観があったのですが、福澤個人の事情として、彼が精神的に成人し、道徳的背骨がすでにできあがっていた後にキリスト教思想に触れたことが大きいのではないかと思います。福澤は西洋文明に接して、知的な面ではともかく、道徳的な面でこれまでの生き方を揺るがされる経験はなかった。むしろ、開国によって深部から魂を揺り動かされたのは、西洋文明の流入を少年期に経験した世代で、内村鑑三、徳富蘇峰、山路愛山といった人々です。

それはともかく、先にも見たように『文明論之概略』の中で、道徳の次元では東西にそれほどの差はない、と福澤が述べたのは行き過ぎです。もちろん、今日のたいていの日本人と同じく、日本人は道徳的には西洋人に劣るところはないと強調したかったのかも知れません。しかし、「多事の世界」を支える職分論は、儒教倫理から導きだすことができるでしょうか。福澤はキリスト教抜きで市民倫理を想定した場合、文明社会の効用ゆえに市民倫理を評価したのでしょうか。福澤はJ・S・ミルをも読んでいたようですが、福澤を純然たる功利主義者ということはできません。大阪生まれで軽妙な商人気質も身に付けていたとはいえ、福澤には古風な武士の精神が息づいてもいたのです。

福澤の職分意識を支える超越的なものとして、日本の対外的危機を背景として、藩意識を脱して国家にまで高められた、文武官僚としての武士の責任感があったと考えられます。私が注目したいのは、『学問のすゝめ』でいえば、福澤が「一身の独立」と「一国の独立」を並行的に論じていることであり、また『文明論之概略』でいえば、日本の文明化と日本の独立が並行する課題とされていることです。つまり福澤においては、「一身の独立」を果たす者が「一国の独立」を可能とするという思想と共に、「一国の独立」を憂うる者が「一身の独立」を果たすという思想があります。文明の精神を持つ者、市民倫理を持つ者が日本の独立を確保するという思想と共に、日本の独立を憂うる者が文明の精神、市民倫理を身に付けるという思想があります。つまり、この前者の思想に立つかぎり、福澤は普遍主義者であり啓蒙思想家ですが、この後者の思想に立つかぎり、福澤は開明的なナショナリストということができるわけです。福澤が、市民倫理の超越的なモメントをキリスト教に求めなかったのは、この国家という超越があったためかも知れません。もとより、あくまでも冷静な福澤はその国家をも物神崇拝することなく、あくまでも現今の対外的な危機を前提とする状況倫理として相対化してもいたのですが。

だからといって、私は福澤を低く評価するわけではありません。福澤諭吉は、近代日本を代表する市民的思想家であり、明治の初年に福澤を得たことは、日本で市民社会の形成を志向する者にとって、希望であることには変わりません。しかし、その福澤にしてキリスト教という超越に目を閉じつつ、市民倫理を支える超越的モメントは国家理性に求めざるを得なかった。したがって、近代日本の「神学なき社会科学」、「信仰なき市民社会」の問題点を指摘するとすれば、国家という疑似的な超越物を持ち出すことに問題はないのか、ということになります。たしかに、幕末から明治の初年にかけて、キリスト教国でもある西洋列強の前で、日本国が独立を維持することは、切実で正当な目的でありました。しかし、その日本が日清・日露戦争を勝ち抜き、東アジアの大国となっても、小国としての被害者意識から抜け出すことができず、国家理性の観点からも無謀なアジア・太平洋戦争に突入していったことは、国家をコントロールすることがいかに困難な課題であるかを思い知らせます。

戦後日本は開放的な世界経済体制のもと、日清・日露戦争に比較すべき二度の石油危機を乗り切って、高能率の経済国家を作り上げたわけですが、ここに来て大きな曲がり角に到達したと言わなければなりません。一方では、世界経済の先頭に立つことにより、経済発展を支えたこれまでのルールが批判され、規制緩和の掛け声と共に国際社会のルールを採用することを求められ、他方では、そのことが会社企業のみならず農業や流通業など後進的な分野に劇的な変化をもたらすことが懸念されています。ここに到っても、それらの諸問題は市民社会のルールの普遍性、公平性、機能性の側面で議論されるというよりも、やはり国家の危機として、国際社会の現状にどう対処するかという問題設定から捉えられています。このことは、ついに今日に至るまで、多くの日本人が市民社会のルールを内面的な基盤、思想的裏付けなしに受け取っていることを示すのです。

もとより、今日地球経済の拡大の中で国民国家の役割がなくなったわけではありません。しかし、どのような国内問題も、地球的市民社会との関わりの上で普遍的に議論すべき時代となっています。国内の利害調整を、国家の危機に関わる問題として取り上げて納得させるという時代ではなくなっています。また、国家の枠組みを越えて経済も学問も、職業団体、地方公共団体や教育機関、それにさまざまな非政府組織などが自由に交流し合う時代となってきました。福澤のいう「多事の世界」が世界的規模でさらに拡大しつつあるのです。日本という巨大な経済大国が、国際社会において、また国内社会において、そうした開かれた平等なさまざまな市民的関係を支える内面的基盤、市民倫理を持ち得ていないことは、危惧すべきことではないでしょうか。

一〇　むすび

私は、今日の日本において社会科学者は、社会科学者の存立の前提というべき市民社会を前提することはできず、市民社会形成を自己の基礎的課題とすべきであること、またそこにキリスト教文化と社会科学の接点もあると指摘しました。そうした観点から、より具体的な課題として次の三点を指摘したいと思います。第一は、近代ヨーロッパにおける市民社会の成立過程におけるプロテスタンティズムの役割、社会科学の成立過程におけるキリスト教思想の意義を、繰り返し問い返すことです。もとより、現実の市民社会のルール、社会科学の規範は、それ自体に独立した領域を形作っていますが、それが発生史的にどのような内面的基盤、宗教的磁場の中から生まれてきたのかを知ることは、とりわけ社会科学を外から受け取らざるを得なかった所において重要な課題となります。事実、そうした分野でプロテスタント知識人の秀でた業績があることはいうまでもありません。

ところが、そうした作業は日本社会において、あるいは日本の社会科学者の中で決して歓迎されない事情があります。近代日本の知識人の多くにとって、キリスト教を抜きにしてヨーロッパ文明を受容することは、いわば見果てぬ夢であり、その夢に冷水をぶっかけることは喜ばれることではありません。否、そうした問題設定自体が、キリスト教文化、キリスト教的社会形成を目指すものではないか、そうした研究自体がキリスト教の伝道の一翼ではないかと、白い眼で見られることもないではありません。それに対して私は、そういうあなたの思想的基盤、宗教的背景は何なのかと問い返すことにしておりますが、批判者の側にそれが欠如している場合が多いのです。つまり、広い意味でのヒューマニズム、あるいは理性主義の立場に立ち、少なからぬ人が迷信と宗教の区別すらできていない場合が多いのです。

近代以前の伝統的な日本の知識人はそうではなかったと思います。儒教倫理にせよあるいは仏教にせよ、伝統的知識人の方が現代の知識人よりも、超越的なるものへの感覚をはっきりと持っていたのではないか。だから、市民社会形成の宗教的次元に注目することは、実はまったく宗教離れをした知識人よりも、伝統日本をよく理解できるのではないか。ここに第二の課題がありますす。つまり、伝統の真の良きものを発見することによって、伝統から離れた近代人の精神的空白を示唆し、その上でキリスト教的経験と対話の場を設定する、そうした仕事があると思うのです。考えてみれば、内村鑑三の『代表的日本人』がそうした著作ですし、『甘えの構造』の土居健郎、『日本人とユダヤ人』の山本七平、『日本の政治』の京極純一、『サザエさん』の長谷川町子など、キリスト教文化の理解者が日本人の内面のよき観察者であることも少なくないのです。

第一の課題が、ヨーロッパ近代の発生史的理解であり、第二の課題が、日本の伝統と近代の間を架橋することであるとすれば、第三の課題は、現代の日本社会において、市民社会の生みの苦しみを担っている人々とのフィードバックです。実は、これまで述べてきた近代日本における市民社会への志向は、ともすれば、伝統からの遊離と現実へのコミットメントの回避、いわば高等遊民の文化となる危険があります。今日の日本における経済活動のグローバルな拡がり、情報ネットワークの展開、さまざまなレベルでの「多事の世界」の躍動は、好むと好まざるとにかかわらず、外面的ではあれ市民社会的ルールを日本社会に浸透させつつあります。そこには、キリスト教的良心を持つ職業人はもとより、キリスト教的背景を持たずとも、市民的ルールの内面的意味に目覚めた人が少なからずいることが予想されます。職場の中であるいは地域社会の中で日常的に、伝統的で閉鎖的な上下関係を伴う関係との葛藤、戦いが行われているはずなのです。そうしたいわば良心的市民、堅実な生活者の生き方と洞察力を、後方から支援すること、そうした仕事も社会科学者の責任ではないかと思います。

私の場合は、こうした三つの課題を念頭に置きつつ、現代日本において市民社会形成に関わるような社会科学を目指したいのです。それはおそらくモラル・サイエンスとしての社会科学の再建となり、神学なき社会科学を突っ走っている欧米の社会科学への批判ともなり、また、今日の知識社会における大学のあり方への探究とも関わることとなろうかと思います。そのようにして初めて、最初に申し上げました古屋安雄先生の『大学の神学』へのレスポンスとなり得るわけですが、「日暮れて道遠し」、すでに予定の枚数も超過しておりますので、私の話はこの辺りで終わらせていただきます。

（一九九四年一一月一一日、於・聖学院大学）

注

（1）古屋安雄『大学の神学――明日の大学をめざして』（ヨルダン社、一九九三年）九五ページ。
（2）以下のウェーランドについての記述は、藤原昭夫『フランシス・ウェーランドの社会経済思想――近代日本、福沢諭吉とウェーランド』（日本経済評論社、一九九三年）に多くを負っている。ウェーランドはアメリカ大学史にも名を残しているが、それについては、潮木守一『アメリカの大学』（講談社学術文庫、一九九三年）を参照。
（3）久保芳和『アメリカ経済学の歴史』（啓文社、一九八八年）七一ページ。
（4）例えば、伊藤正雄『福澤諭吉論考』（吉川弘文館、一九六九年）。
（5）福澤をとりまく思想的な状況については、丸山真男『「文明論之概略」を読む』下（岩波新書、一九八六年）二二八ページ以下参照。
（6）フランシス・ハチスンについては、W. R. Scott, *Francis Hutcheson*, Cambridge, 1900.
（7）ジョン・レー『アダム・スミス伝』大内兵衛・大内節子訳（岩波書店、一九七二年）六八ページ。
（8）ハチスンとスミスとの関係については、梅津順一「ハチスン体系とスミス」、早坂忠編『古典派経済学研究Ⅰ』（雄松堂、一九八四年）参照。
（9）R. B. Sher, *Church and University in the Scottish Enlightenment*, Edinburgh, 1985, p. 58; R. B. Sher and J. R. Smitten ed., *Scotland and America in the Age of the Enlightenment*, Edinburgh U.P. 1990.
（10）アダム・スミス『道徳情操論』米林富男訳（未来社、一九六九年）七三ページ。
（11）同書二六〇ページ。

（12）同書二八八ページ以下。

（13）梅津順一『近代経済人の宗教的根源——ヴェーバー・バクスター・スミス』（みすず書房、一九八九年）第四章参照。

（14）森有正『経験と思想』（岩波書店、一九七七年）。

（15）今日、押しも押されもせぬ経済大国である日本について、市場経済が作用していないかのような議論は非常識のそしりを免れないが、自由競争を支える内面的基盤が欠如していることを示す事例は少なくない。公共事業をめぐるいわゆる「談合」をはじめ、身近なところでは就職協定などは守られた試しがないのではあるまいか。

（16）福澤諭吉『文明論之概略』『福沢諭吉著作集』第四巻（慶応義塾大学出版会、二〇〇二年）所収、二三四ページ。

（17）同書三二、三三ページ。

あとがき

本書は、本年三月に刊行した『その神の名は?――キリスト教への招待』(教文館)の姉妹編と言えます。前書は、青山学院院長としてのメッセージや大学チャペルでの奨励をまとめたものですが、本書は主として「キリスト教大学」に関わる一〇編の講演をまとめたものです。前書は一般の方々に、キリスト教学校におけるキリスト教への理解を求めたものですが、本書は日本社会におけるキリスト教学校の存在理由を語ったものです。もっとも、これら一連の講演は、必ずしも一書を構成するものとして準備されたわけではありません。そこで、それぞれの主題と関連について、少し説明を加えておくことにします。

「日本国を建てるもの」との書名は、内村鑑三を取り上げた第4章の章題から取りました。内村は「日本国」の表現を好み、日本の興国への強い関心がありました。内村に限らず、第一部で取り上げた明治日本のキリスト者は、ほとんどが文明日本のために、キリスト教が必要と考えていました。青山学院初代院長のマクレイ博士は、東アジアの福音伝道に集中した方ですが、アジア諸国の近代的な国づくりにはキリスト教が必要であると意識していました。本多庸一の回心も、自分の回心だけではなく、日本国のための回心であり、徳富蘇峰は民主的社会の道徳的支柱は、プロテスタンティズムに由来する「平民道徳」でなければならないと考えました。いずれも青山学院、同志社の建学の精神でありました。

第二部では、戦後日本の再出発に触れています。第二次世界大戦後の日本では、民主日本、戦後憲法体制を支えるものとして、また、日本国が「国際社会において、名誉ある地位を占める」ために、キリスト教に学ぶことは当然と考えられました。とくに、アメリカ由来のリベラルアーツ重視のキリスト教大学は、民主社会を担う健全な常識、批判精神をもった市民教育を目指すものでした。戦後の青山学院大学出発の時も、戦後設立された国際基督教大学でも、これが強調されていました。

しかし、明治のキリスト教会と学校も、戦後日本のキリスト教会と学校も、成功物語を紡いでいるわけではありません。アメリカの植民地期の大学を原点とするキリスト教大学もさまざまな変化があり、日本の教会と大学が過去に果たした役割も歴史的な検証を必要とする時期になっています。第三部、最後の講演の「神学なき社会科学、信仰なき市民社会」は、二一世紀に入った日本社会の現状について私の着目点を述べたものです。明治期も戦後期も、日本が西洋先進諸国に学び追いつくことが課題でした。しかし、世界がグローバル化しているなかで、一般に多文化主義、諸宗教の共生が標榜され、なぜキリスト教かとの理由は不明瞭になっています。「神学なき社会科学、信仰なき市民社会」の点では、日本は先進モデルだと言う人も出てくるかも知れません。

その今日に、なお「日本国を建てるもの」を掲げることは、時代錯誤に響くかも知れません。しかし、内村鑑三は、日本国を興すものは、「日本国の天職」を遂行し世界に貢献することであると言い、戦後の日本も、平和国家となり「自国のことのみに専念して他国を無視」しないことが、存立の条件であると認めました。しかし、日本を永遠のものとせず、永遠の相の下に日本を見ること、日本をあくまでも世界の国々のひとつと見ることは、果たして今日の日本の常識でしょうか。グローバルな世界の中で、日本固有の道徳教育に固執する考え方はないでしょうか。今こそ世界の中の日本となるためには、真剣に「世界宗教」に向き合う必要はないでしょうか。

本書を準備しながら、キリスト教学校がキリスト教会と双子の関係にあったことを改めて実感しました。日本で、世界各地でキリスト教宣教に従事した人々は、教会を建て、学校を建てました。その歴史的過去を共有する教会と学校は、相互を必要とし、相互に学ぶ必要があります。また、キリスト教学校は、今日流にいえば教育ＮＰＯであって、自発結社としての社会サーヴィス団体です。今日の世界は、そうした大小の公共プロジェクトによって社会が運営されています。それは福澤諭吉がかつて言った、千百の事業が展開する「多事の世界」であって、その自発結社の原点は、植民地期アメリカから知られるように、自由教会に他なりません。今日の市民社会の健全な発展には、教会の役割は欠かせないのです。

本書が成るにあたって、新教出版社の小林望社長にはその意義をご理解いただき、こころよく出版を引き受けていただきました。編集を担当された工藤万里江さんには、全般にわたり丁寧に目配りをしていただきました。記して深くお礼致します。

また、この機会に、ほぼ二年前に青山学院院長に就任して以降、学院のなかで少しずつ広がるチームワークにも感謝します。図らずも本年六月に、キリスト教学校教育同盟理事長に任じられましたが、この本が、青山学院のみならず日本のキリスト教学校の前進のために、少しでも役立つことを願っています。

最後に、同労の妻、梅津裕美（日本基督教団荻窪清水教会主任牧師）に感謝します。わが夫婦はそれぞれ、学校と教会の重責を担っておりますが、妻の立場では、一信徒をキリスト教学校に派遣している位置づけであり、おのずから二つの仕事には聖なる秩序が付けられています。

二〇一六年七月

梅津順一

〈別記〉

本書に収められた論考の初出は以下の通りです（第1章、第4章、第9章は未発表）。

第2章　『青山総合文化政策学』6（1）、青山学院大学、二〇一四年。一部改題。

第3章　『人文科学研究（キリスト教と文化）』44、国際基督教大学、二〇一三年。

第5章　『青山総合文化政策学』4（1）、青山学院大学、二〇一二年。一部改題。

第6章　『青山総合文化政策学』5（1）、青山学院大学、二〇一三年。

第7章　『キリスト教史学』64、キリスト教史学会、二〇一〇年。

第8章　『アジア文化研究別冊』21号、国際基督教大学、二〇一六年。

第10章　『キリスト教文化学会年報』42、キリスト教文化学会、一九九五年。

著者略歴
梅津順一（うめつ・じゅんいち）

1947年生まれ。国際基督教大学卒業、東京大学大学院経済学研究科修士課程修了、博士課程単位取得満期退学。経済学博士（東京大学大学院）。

現在青山学院院長、キリスト教学校教育同盟理事長。

著書『「文明日本」と「市民的主体」――福沢諭吉・徳富蘇峰・内村鑑三』（聖学院大学出版会）、『ピューリタン牧師バクスター―― 教会改革と社会形成』（教文館）、『ヴェーバーとピューリタニズム――神と富との間』（新教出版社）他多数。専攻は、経済思想史。

日本国を建てるもの
信仰・教育・公共性

2016年8月25日　第1版第1刷発行

著　者……梅津順一

発行者……小林　望
発行所……株式会社新教出版社
〒162-0814 東京都新宿区新小川町9-1
電話（代表）03 (3260) 6148
振替 00180-1-9991
印刷・製本……河北印刷株式会社

ISBN 978-4-400-21324-6　C1016